中国报业数字化30年

马　涛◇著

中国传媒大学出版社

序

马涛转型小记

马涛，山西临汾人氏，本科就读中传大新闻传播学院的新闻系，硕士转入广告学院在我名下。马涛有很深的做新闻情结，估计这与她接受的本科教育有关，如果再往前说，和高中老师的忽悠有关。即使进入商业气息浓厚的广告学院，马涛也没有忘记她那些专业理想，所以，一到广告学院就加入周艳领导的媒介研究所，直接参与《媒介》编辑部工作。硕士实习阶段，我曾问过她的就业志向，她说希望到媒体工作，做新闻人，实现自己的理想抱负。她去了北京交通台，希望通过实习寻觅就业的捷径，然而，大名鼎鼎的北京交通台应聘者实在太多，经过几轮选拔，马涛被淘汰出局，去了一个很有名的事业单位做广告经营。一年试用期满，用人单位没有续约，灰头土脸的马涛跑我家楼下麦当劳见面，希望能给她一个落脚的地方。我说那就去《媒介》吧。因为周艳跟我说过，《媒介》缺人手，需要记者也需要经理，不妨让马涛回来双肩挑。

马涛重返《媒介》，一边做记者编辑，一边做总经理助理，负责客户业务。而后，抱着"试一试"的心情报考博士生考试，考上了之后，又给自己增加了一个"博士生"的头衔。博士三年，我看到马涛着实忙碌：学习，研究，采访，还有经营，幸好所做的一切都是和媒介业务串联起来的。博士论文开题之前马涛告诉我，她打算就着媒介做一个关于传统媒介转型的论文。我说，转型的话题都被说烂了，你打算说谁转型，她回答说，想聚焦报纸媒体。

以前，《媒介》杂志有很多报社的客户，也有不少关于报纸经营的内容报道，可是，近年来报纸客户和报纸报道都大幅度减少，马涛对我说，想就着表面的问题深入下去，看看报纸在新的经营环境之下如何转型。我听了还是不太满意，一是觉得报纸这个骨头比较难啃，好多老牌新闻传播院校做报纸转型的研究可谓汗牛充栋，很难有突破；二是转型的概念切入还是比较空泛，这种论文容易掉进一个习惯的大筐，面面俱到却隔靴搔痒。

开题的时候，马涛还是坚持研究"报业转型"，在陈述当中强调两点：一是以三十年报纸经营和技术演进史为切入点，顺时间纵轴推进；二是锁定报业的技术转型，由技术推演其他。在广告学院，论文开题要比论文答辩难过，评委老师比较开放且踊跃批判，学生的选题常常被批得"体无完肤"，马涛的开题遭遇了什么样的炮轰我记不得了，我会上只说了一点：方向对头了，但是道路很崎岖，光就那个三十年资料梳理就会让人忙得个口吐白沫。

事实也是如此。这三十年来中国社会一直处在急速的转型当中，作为传统媒体代表的报业，正处于矛盾焦点的交集，变化无始无终，情况异常复杂。三十年演变有经历缺记录，有记录缺观点，如果想认真做一个梳理，研究者必须拳打脚踢，在故纸堆里寻找文献线索同时要与无数的经历者采访对话，日夜劳碌堪称学术民工。马涛说她不怕，因为在《媒介》当惯农民了，练就一身脚勤嘴快脸皮厚，既可以圈在小屋整资料，也可以见缝插针找人谈。

记得有一次报业协会在海口举办研讨会，马涛挣得一个出席会议的名额，她的理由很简单，可以帮我整资料，顺便听听我的意见，也可以见到许多报社同人做深访。对于我的深访就是在海口的大马路边，陪我暴走同时举着录音笔，边走边问整整近两个小时。还有一次，论文临近收尾，马涛总觉得没有说透，在我的导师课三番五次讨论发表也没有结果。那天我出差回北京，马涛自告奋勇来接机，说可以途中讨论讨论。一下飞机就由我开车，马涛坐在助手席上，一页一页说问题。

如此的较劲如此的辛劳就是为了一个博士论文的通过吗？可以说是，但也不完全。这种辛劳背后有马涛的学术良心，在她的后记有如此印证：

“作为80后的我亲历了网络媒体的成长和壮大，那个当初怀揣新闻理想、无限憧憬人民日报、新华社的新闻专业毕业生，自己却在一天天远离报纸、投身网络，当初的梦想早已不在。选择中国报业数字化这样一个研究议题，对我来说本身就是一件很纠结和困扰的事。事实也再次证明，整个研究过程中无比艰难，目睹国外一家接一家报业机构倒闭；中国报业广告下滑不断告急；报业数字化尝试的遇挫受阻……技术进步不可逆地解构了传统报业的信息采集和传播方式，加速了因循守旧的传统报业的瓦解。这一场革命对报纸来说可以说是‘血与火’的革命。技术浪潮之下，报业经历了怎样的兴衰起伏？为什么现在会落得如此处境？报业是否进行了抗争？行业乃至个体都进行了哪些尝试？这些尝试为什么没有使报业实现翻身？报业数字化一直难见起色的真正原因是什么？报业到底还要不要继续数字化？我寄希望于在历史回顾中找出答案。”

马涛寻觅的答案找到了吗？我把结论留给诸位看官。马涛完成该论文取得博士学位之后，留校进入研究系列。她能由学生转型为学者吗？这个判断就留给历史吧。

就此打住。

黄升民

二〇一四年一月二十日

前 言

当前，中国报业的发展是如此广泛而深刻，简单的归纳梳理已经无法概括这种复杂多元的变化态势，也难以说明事物之间的内在联系。回顾报业的发展，本研究试着从“技术”的视角来把握其变化的脉络：报业已经经历的和正在经历的种种变化其实是一种互动体系的表征，在头绪纷乱的历史事件与现实经历背后，隐含着某些内在的动因，而这些动因所产生的压力和冲撞，引发了报纸行业内部的反应与变化，两者间的冲突与平衡决定了报业发展演变的起伏变化。

一、技术引发中国报业转型的历史考量

（一）技术催生的转型是中国报业当前的真实处境

从现实来看，当前中国报业的真实处境，即报业正在经历的，是在技术数字化浪潮下催生的报业转型。

2012 年，有关国外平面媒体的坏消息不断：近 80 年历史的老牌杂志《新闻周刊》停止发行印刷版，新闻集团创刊不到两年的 iPad 版日报 *The Daily* 宣布停刊……一个是旧帝国，一个是新世界，都遭遇到了同样的命运。

同年，中国报业遭遇了近年来最为艰难的日子：报业广告全面衰落；报刊机构收入也全线下滑。根据 CTR 调查数据，从 2011 年第四季度开始，报纸连续处于负增长状态，广告刊登面积也明显减少；2012 年 1－9 月，报纸是传统媒体中广告投放唯一下降的媒体，降幅达到 8.2% [①]；根据慧聪研究报告，2012 年 1－5月，全国报纸广告按刊例价计算为 397.8 万亿元，下降 5.10%[②]；从报纸广

① CTR 媒介智讯：《2012 年前三季度中国传统媒体广告市场回顾》（上），《媒介动量》第 67 期。

② 郭全中：《报业拐点已出现》，《青年记者》2012 年第 9 期。

告的行业资源特征看，最重要的前3个行业同时出现不同程度的同比缩减，房地产、零售业、汽车3个行业所占报纸广告总规模已经下降到52%。当支柱行业资源均出现问题时，整体的下滑根本无法抑制。[①] 面对这样的境况，业内称其为报业广告的“第三次低谷”。此前的2005年和2008年，报业也遭遇了不同程度的广告困境，但这一次低谷带给报业的震动明显强于前两次。

此外，从市场份额来看，报业广告占整体经营额的比重也在逐步下降。根据国家工商总局统计数据，报业广告经营额占整体广告经营额的比重在1985年达到最高点(36.36%)之后，从2004年开始，增长速度出现大幅度下滑，逐步下降到2011年的15.02%。

另一方面，2008年新浪的广告收入已达25850万美元，约为人民币17.5亿元，逼近全国广告额最大的《广州日报》(2008年广告按刊例价计算为22.06亿元)，成为新媒体发展的里程碑。互联网广告收入超过报纸指日可待，2011年已经有个别机构的调查数据显示，互联网广告收入已超过报纸，成为第二大广告媒体。此外，从利润来看，新媒体的利润总额和利润率远远高于报纸。根据新闻出版总署的统计资料，2011年全国报纸利润总额为98.61亿元，而腾讯2011年的利润总额为102.248亿元。腾讯一家的净利润已经超过整个中国报业的净利润，百度2011年的净利润也高达66.4亿元。

报业广告的下滑，反映出中国报业正在全面进入衰退时期，仅靠广告收入的单一经营模式已难以应付市场的波动，过去以广告收入作为主要营收的经营模式已经走到尽头；新媒体的强大也已表明对手的竞争实力，报业要反超难度将更大。针对上述变化，数字化、全媒体转型成为传统报业在新媒体环境下谋求生存和发展的共识，有危机感的报媒机构近年来一直在进行各种尝试。各种新产品层出不穷，从办新闻网站、数字报纸、手机报到二维码、APP、云报纸、报纸微博，等等。但这些努力至今还没有真正使报业摆脱困境。

以上列举的现实表象虽然有些庞杂，但是依然可以发现其规律和特点。在技术推动下，报业告别铅与火迎来了光与电时代，又在计算机技术的大潮中进行了诸如电子刊、网站等以互联网为载体的探索，后受到数字技术的冲击，报业寄希望于通过数字报业、手机报、报网互动等探索改变处境，直到近年来颇为热门的报业“全媒体”……纵观这些年报业的发展，技术进步的主导，是根本性的，也是颠覆性的。传播技术的升级，信息终端的换代，近年来报业饱受冲击的

① CTR媒介智讯:《2012年前三季度中国传统媒体广告市场回顾》(上)，《媒介动量》2012年第67期。

是——由技术革新而导致的生产手段、商业模式乃至管理意识层面的变革。

(二)技术变革贯穿报业发展演变历史

历史上报业经历的发展过程,也是技术进步带来的。不过,过去技术进步带来的媒体型态的变革,代际特征、介质特征都非常明显,而且时间较长。技术变革并不是报业的特殊事件,而是存在于报业漫长的发展历程中。报纸媒体的每一次重大变革都可以看到技术的身影(见下图)。

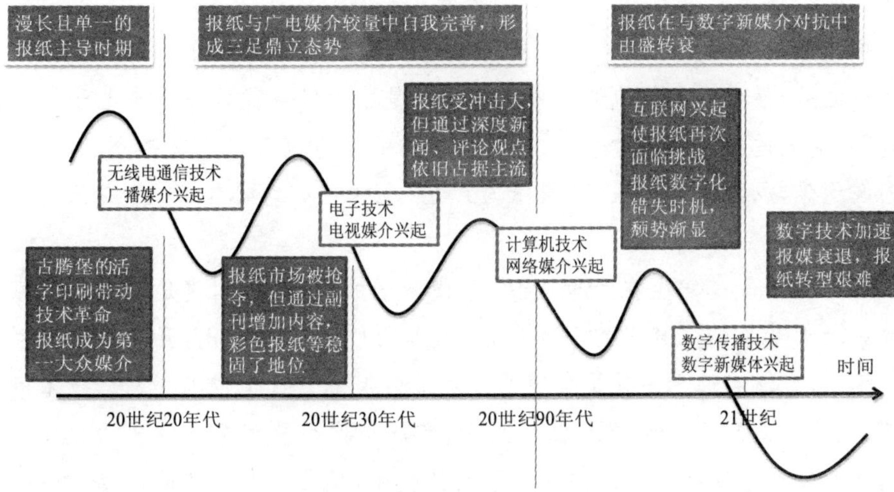

技术变革贯穿报业的演变历史

第一次技术变革是印刷技术的进步,机器代替手工劳动,解放了双手,依靠强大的印刷"复制"力量,报纸成为主宰一个世纪的第一大众传媒,直到广播电视出现。第二次技术变革是电子技术,广播电视兴起,报纸则通过发展图文报纸、广播报纸的方式,探索使用电子技术。第三次技术变革的标志是计算机的发展,计算机技术为报纸带来了生产效率的提升,计算机采编系统使报纸实现了从硬件到软件管理的革命性变化,生产流程得到改善。

第四次技术变革应该是发生在当下的数字技术和网络技术,它们促成了当今社会的信息化革命。为迎合这一发展趋势,报纸选择了网络化、数字化的转型道路,在技术创新的引领下,报纸网站、手机报、数字报等多种形式的报纸新媒体相继问世。得益于一系列以网络化、数字化为核心的技术研发和新媒体实践,报业的数字化能力、技术水平都得到了提升。但是苦于在经营空间探索无果,报纸的数字化探索仍然举步维艰。不过,技术对于产业的变革力量也让报业看到了未来的希望。

技术力量对报业发展的影响非常清晰。媒介作为信息产业，技术的分量会越来越重，信息形态会更加多样融合，使用更加自由，传播更加交互化。随着媒介的发展，技术的推动力量会占主导，且在媒介内部对技术的要求和价值会显得格外迫切。

二、技术变革事关报业的生死存亡

报业曾是人类历史上第一个居统治地位的大众传播媒介。自广播电视相继问世之后，报纸的垄断地位已被打破。但是在无线电通信技术与电子技术的冲击下，报纸适应并调整过来了。此时，媒体的努力范围已经重新分配，电视兼具图像优势，成为最后的赢家，报纸与广播、电视平分媒体市场，形成三足鼎立的传播格局。

真正的革命是发生在上世纪90年代开始的技术革新，这是由发达国家掀起的一场大革命，从20世纪下半叶，尤其是20世纪90年代，开始形成以互联网为标志、广泛渗透于高科技领域的技术革命浪潮。数字技术和网络技术的应用速度、应用范围比工业技术更加快速、广泛。推动数字革命的核心技术——互联网的发展速度超过了以往所有的其他技术，作为大众媒体的广播、电视、报纸等，也被带进了这股网络化浪潮，互联网和各种新媒体的发展群雄并起，世界传媒生态环境发生巨变，传统报业走向衰落的过程大大加速。

在报业对互联网的大举侵犯由漠视到警觉，再到紧张进而敌视的时候，我们都忽略了一个不容置疑的问题：互联网一直是一个典型的技术推动的产物。

依靠技术手段的不断演进，互联网在一步步蚕食包括报纸、电视、广播等媒体的市场，也在吞并诸如游戏、商务等文化和经济领域的业务。自2010年来，以谷歌、苹果、亚马逊为代表的IT终端企业同样凭借着智能的操作系统、多样的终端设备、平台式的业务内容，迅速成为经济力量中的重要一极，并且侵蚀了出版业、音乐产业、通信业、传媒业等传统产业。

毫无疑问，技术进步不可逆地解构了传统媒体的信息采集和传播方式，加速了因循守旧的传统媒体的瓦解。这一场革命对报纸来说可以说是“血与火”的革命，这种技术不是对原有技术的修修补补替代，而是一场变革。传播技术的进步，从长远看，引发的可能正是决定传统报业生死存亡的关键。所以，对因传播技术进步而改变的受众消费习惯的研究,对传播技术进步本身的研究和利用,对于依然坚守在传统媒体的人来说,是一个生死攸关的命题。数字化技术可以决定报纸媒介的生死,而报纸媒介却无法阻挡"数字化"的滚滚潮流。

三、报业经历兴衰沉浮,转型艰难

不论是当前现实,还是历史回顾,都再次印证了技术对于报业发展变革的推动力。报业围绕技术引发的变化而做出的相应的调整和应战,或是随意的追赶潮流,或是面对威胁时的主动反抗,或是战略层面的产业政策,种种反应正是报业这些年来起伏变化的主线以及产业的发展历程。

伴随着各种新兴技术的发展,几乎所有的报社都创办了自己的新闻网站、开通了手机报、新建了电子报纸等。一时间,报业的数字化如火如荼。但是,近十多年来,报人的热情与现实的尴尬境地形成鲜明对比:大规模的资金、人力投入后,报业的新媒体并没有带来实质性的利益,"赔本赚吆喝"的成分很大,报业数字化进程艰难且前途迷茫。

担忧、骚动、郁闷是近五六年来中国报人的普遍心态:担忧是因为网络媒体的兴起对传统媒体造成了冲击,虽然报纸会不会消亡这一问题仍在争议、难有定论,但报纸影响力的流失却是事实;骚动是因为报业不愿坐以待毙,这是各种拯救报业行为的内在动力,谋求转型升级因而成为全行业的集体行动;郁闷是因为报人的大多数努力化为泡影,报业一直找不到遏制新媒体崛起或摆脱自身困境的有效方法。这时候,最需要静下心来进行反思。

从产业发展的大趋势来看,传统报业必须实现自身的彻底转型才能不被新产业所抛弃,而要实现自身的转型又面临诸多难题。在长达十多年的时间里,报业不仅错失了改革时机,而且犯下了严重的战略性错误:一方面,迄今为止没有建成数字化经营新模式;另一方面,却自行破坏了原本有效的传统经营模式和自身品牌,一路执迷于"眼球越多,广告越多"的幻想,甘愿将网络内容免费白送。这无异于自毁长城,助长了网络竞争对手做大做强。报纸这个历史悠久的行业正在为近十年间的数字战略摇摆付出代价,并试图进行一次艰难的转型。①

大众传播早期的报刊业的盛景不再,这个曾经影响过时代进程、见证过历史发展的媒体,正面临着前所未有的危机,几乎是站在命运的门槛上。作为传

① 黄升民、马涛:《在挑战中奋起,在竞争中转型——2012 报业盘点》,《中国报业》2013 年第 1 期。

统媒体大势已去的代言人,报业面临的是连续几年整体衰退的窘境。而衰退的加剧,既是转型的预示,也是转型最佳的时间窗口。衰退时期,报业正可以反思通过何种手段来真正实现报业的转型突围,中国报业也可以借此认识到产业转型和技术创新的必要性和紧迫性。[①] 因此,在这个时间点来讨论报业转型过程中的种种问题,就显得十分必要。报业需要对转型有基本的认识和判断。

四、基于技术视角回顾报业数字化进程

本书将借用经济学、新闻传播学的相关理论知识,借用新经济增长理论的方法论基础,建构本书的理论基点,同时把新闻传播学的理论思想贯穿其中,分析技术与媒介形态变迁的关系作用。

在媒介与技术的复杂关系问题上,技术决定论的观点在大多数学者眼中走向了某种极端。显然,技术并不是媒介发展过程中唯一起作用的条件,在某种情况下,技术的力量也有可能被遏制。例如,当技术在一个阶段之内极大地促进了媒介产业的发展时,制度的问题必然会涌现出来,有时,制度也会对技术起到制约的作用。尽管如此,当我们对技术在媒介发展中的影响力进行重新审视时,仍然不能不被其巨大的能量所震撼。与此同时,技术的力量以及技术逻辑发生作用的领域并不仅仅局限于媒介发展的范畴。然而事实上,在经济学的领域中,对技术创新与社会经济发展的关系问题也存在着不同的观点。审视人类社会、经济发展所走过的道路,梳理技术的影响力是非常有意义的。

① 黄升民、马涛:《在挑战中奋起,在竞争中转型——2012 报业盘点》,《中国报业》2013 年第 1 期。

目　　录

第一章　早期信息技术引发的报业生产革新

20 世纪 80 年代到 90 年代中期，是报业技术变革历史的开端。研究这一历史时期报业早期的技术变革，离不开两条线索：一是诱发了报业变革的技术；二是报业自身的发展规律。报业如何导入技术，技术又是如何促使报业发展变化的？二者如何相互作用？带来了怎样的影响？

回顾这一时期，报业的技术变革经历了三个明显的发展阶段：第一阶段是 20 世纪 80 年代末，报业完成了"告别铅与火"的第一次技术革命，其主要内容是排版革命，以激光照排替代铅活字排版，实现了从"铅与火"到"光与电"的飞跃；第二阶段是 90 年代初，报业技术革命波及更广泛的领域，其重点是在采编环节进行采访编辑的电子自动化管理，实现以"光与电"代替"纸与笔"的跨越；第三阶段是在广告经营、发行管理领域的计算机化革命，一大批生产管理软件应运而生（见图 1—1）。

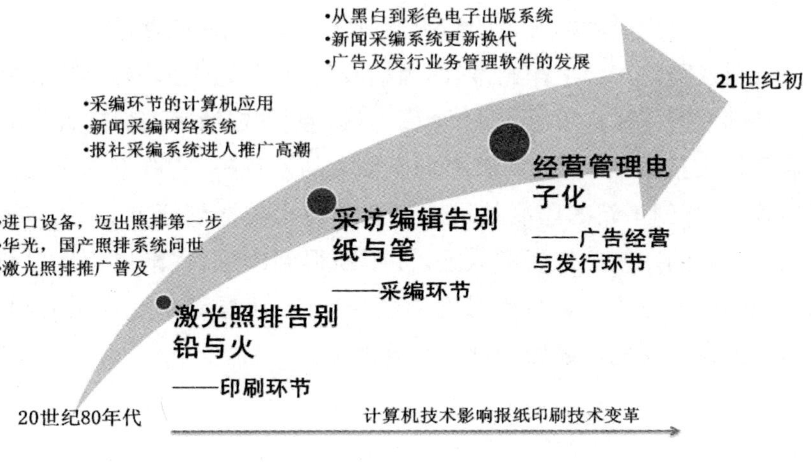

图 1—1　早期信息信息技术引发的报业生产革新

第一节 计算机技术诱发印刷技术变革

现代报纸体系的形成是由各种各样的技术革新促成的。客观地说，19世纪的报业史是技术的发明和使用的历史，其中有40年代的滚筒印刷机、80年代的纸浆造纸法、90年代的自动排字机以及由照相技术而使插图印刷成为可能的单色印刷法等。进入20世纪以来，技术同样诱发了报纸的发展变化，每一次突破性的进展都有着深厚的技术背景，都是对新技术的应用和普及的结果。在这些技术中，电子计算机技术才是推动各种技术改革——激光照排、电子采编系统等硬软件技术应用的真正动力。

一、报纸的技术革命缘起：铅活字印刷技术改造

在媒介传播历史上，平面媒介的诞生发展离不开活字印刷技术。作为最古老的大众媒介，活字印刷术在报业历史上曾经扮演着重要的角色。“某种意义上说，活字印刷技术的发明催生了真正意义上的大众传媒。”[①]而报业的技术变革历史也正是起源于对这一古老的印刷技术的改造革新。

(一)11世纪中叶，活字印刷术在中国诞生

公元7世纪隋唐时期产生的雕版印刷术，是印刷术的起源。公元1041年，毕升在杭州发明胶泥活字印刷术，即用细胶泥刻烧成泥字进行活字排版。后人又在此基础上进一步采用了木头、金属等材料制作成活字进行排版印刷。

活字排版技术的发明，是印刷史上伟大的里程碑，它既继承了雕版印刷的某些传统，又开创了新的印刷技术。当这种技术传播到西方后，立即受到使用拼音文字国家的印刷工作者的欢迎，并不断得到改进，逐渐成为世界范围内占统治地位的印刷方式。但是当时的中国受冶金、机械等工业水平的制约，活字印刷始终没有能够取代雕版印刷的主导地位。

---

① 郭庆光：《人类传播的发展进程，印刷传播时代》，《传播学教程》，中国人民大学出版社1998年版。

(二)15世纪,德国人古登堡用铅字取代泥、木、铜活字,印刷业进入“铅与火”时代[①]

15世纪40年代,德国工匠古登堡在中国活字印刷和油墨技术的基础上,创造了金属活字排版印刷术,并把造酒用的压榨机改装成了印刷机。在古登堡的时代,活字印刷技术早已存在,欧洲各国的冶金及合金技术也相当发达,各种基本形态的印刷机也广泛应用。古登堡对印刷界的最大贡献在于他整合了活字排版技术和合金铸形技术,在原有的泥、木、铜活字基础上成功地发明了由铅、锑、锡三种金属按科学合理比例熔铸而成的铅活字,并改良了印刷机的部分结构,成功地设计出了第一套完整的印刷系统,采用机械方式进行印刷,使得文字信息的机械化生产和大量复制成为可能。“古登堡的印刷术标志着印刷时代的新纪元。”[②]印刷机的出现迎来了近代报刊的诞生,机械印刷使手抄小报逐渐变成了印刷日报。

随着印刷业的日益发达,全世界第一批近代报刊终于在16—17世纪发轫于欧洲。15世纪下半叶已有印刷的新闻传单流行。16世纪后又开始出现印刷的小册子和新闻书,比原始的传单更进一步,不但信息容量大增,而且逐渐趋于定期发行。17世纪初,定期报刊开始兴起。最早的一批定期报刊兴起于欧洲西北部的尼德兰与德国,继而由此扩散开来。1665创刊的《牛津公报》是历史上第一张真正的报纸,即现代型报纸。

西方各国以此为先导,在文艺复兴和工业革命的推动下,开创了以机械操纵为基本特征的世界印刷史上的新纪元,印刷业开始进入“铅与火”的时代,从此欧洲文明进入了飞速发展的时代。19世纪中期,西方的铅活字印刷技术开始传入中国,逐步成为中国印刷业的主宰,直到20世纪中期,铅活字印刷术始终是世界上最主要的印刷方式。

对报纸而言,近现代报纸的诞生及其形态演变,都是与铅活字的发明及其技术进步分不开的。在500年的时间里,铅排作业在出版印刷领域始终居于统治地位。随着技术的进步,拼音文字在铅排中的机械化程度越来越高,但是字量庞大的方块汉字成为机械化的一大难题。新中国成立后,曾专门组织技术力量,从20世纪50年代起研制汉字铸排机,以期用机械方式取代手工方式拣字

---

① 本部分主要内容由〔日〕佐藤卓己:《现代传媒史》,北京大学出版社2004年版;〔美〕埃德温·埃默里、迈克尔·埃默里:《美国新闻史》,新华出版社1982年版;李彬:《全球新闻传播史》,清华大学出版社2005年版书中相关内容整理写成。

② 〔美〕A. B. 索恩、C. L. 奥根、J. 鲍里奇:《报业管理艺术》,中国人民大学出版社1991年版。

排版，减轻工人的劳动强度。尽管多种汉字铸排机相继问世，但由于汉字排版需用的字数多、模库大而重，限制了铸排速度，经济效益低，很难推广使用。①

19世纪初，随着英国工业革命的发展，海外殖民地的迅速增加，对商情信息的迫切需要以及交通运输的变革和火车、轮船的发明，1814年英国《泰晤士报》采用德国人柯尼格设计的新式印刷机，将蒸汽动力用于印刷，使报纸的生产效率从每小时百十张一跃而达到了每小时1100张。②

1855年瑞士人达林那兄弟俩发明了纸型，使铅版开始用于《泰晤士报》。1853年，美国人普诺特在纽约州的《布鲁克林日报》第一次运用双面印刷机，每小时可出2500张。1865年，美国人布洛克发明了卷筒纸印刷机，1867年，布洛克的专利为鲁伯尔特荷公司购买，改进成滚筒双面印刷机。1875年，美国工程师泰克尔对比加以改进并加上了折页机，每小时可出报15000份。1888年，莱诺成行铸排机制成。1889年，多滚筒印刷机试制成功。1892年，照相排字机开始试制。1904—1906年，胶印机制成。1938年，美国制成滚筒纸胶印机。③

19世纪中期以后，城市的发展带来了读者人数的飞跃性增长，铁路的发展带来流通空间的扩大，报纸的发行频度增加，从月刊到周刊再到周报，轮转印刷机普及。英国较早建立起全国统一的邮政制度且完成了铁道网的建设，全国性报纸随之发展起来。美国在1869年建成了横贯全国的铁路，随后全国性报纸也出现了。但即便是在这种需求的促动下，我们也可以想见，如果没有一小时内能够自动印刷上万份的印刷设备的出现，全国性报纸的发展和平面媒体发行规模的扩大也是难以想象的。④

(三)20世纪，计算机诞生，西方世界印刷技术率先告别“铅与火”

进入20世纪，电子技术和光学技术迅速发展。1946年，西方发明了第一代照排机，率先采用“电子照排技术”进行印刷。但直到20世纪70年代，由于汉字照排系统的技术问题一直没有得到圆满解决，中国的印刷行业还处在沿用近百年铅字印刷的阶段，仍是“以火熔铅，以铅铸字，以铅字排版，以版印刷”。铸字耗用的铅合金达20万吨，铜模200万副，当时价值人民币60亿元，能耗巨

① 闵大洪：《我国报业技术的划时代变化》，《新闻研究资料》1992年第2期。

② 参见支庭荣：《印刷革命与信息产业》，《西方媒介产业化历史研究》，广东人民出版社2004年版。

③ 同上。

④ 郭庆光：《人类传播的发展进程，印刷传播时代》，《传播学教程》，中国人民大学出版社1998年版。

大，不但严重污染环境，而且印刷能力极低，报刊的数量品种也十分贫乏。[①]

20 世纪 80 年代，中国报纸印刷仍普遍采用热排铅印工艺，即手工拣字拼版、机械压纸型、浇筑铅版、轮转印刷。报纸印刷技术落后，装备陈旧，报纸时效性差。仅靠手工操作，拼一块版要 70－80 分钟，从发齐稿件到付印平均为 180 分钟。读者见报时间晚。以北京为例，市区投送到户要到上午 10 点以后，二环路要到 11 点，三环路附近要到下午，远郊县的个别地区根本见不到当天的报纸。各省省报当天见报率也只有 50%多一点。[②]

随着计算机的发明，信息时代来临，西方国家的印刷技术很快与计算机结合，发生了革命性的变化。它对人类文明发展的推动作用有目共睹，文字进入计算机处理已经是社会普遍的共识，由此产生的人类社会文化发展和文明进步将超过过去一千年的贡献。而在发明了活字印刷术的中国，由于汉字的特殊复杂性，却面临着文化传承的严重危机。如果仍停留在铅印阶段，怎么能跟上世界发展的步伐？这个问题困扰着当时的科技工作者、政府管理部门，成为严重的社会、政治、科技发展的难题。

二、信息技术革命使信息处理能力大大增强

支庭荣在《西方媒介产业化历史研究》一书中对信息技术革命曾有这样的表述：在 20 世纪的最后 10 年里，人类到达了一个决定性的历史关头，即正在脱离建立于第一次工业革命之初以国家为基础的工业社会，走向在新的技术影响下出现的以信息为基础的全球化经济体制。这种大转变也就是世界的信息化和世界的全球化。[③] 以计算机信息技术为主导的新技术革命浪潮席卷全球。

自 1946 年第一台电脑诞生以来，即开始了其从主要用于数据处理及信息储存和检索，到用于包括各种层次的传播活动在内的信息处理工作的发展历程。尽管最早的电脑是一个操作复杂的庞然大物，尽管在 20 世纪 50 年代早期，电脑的电子记忆及处理储存数据的程序编制还是“科学的奇迹”，但是电脑作为能帮助人脑工作的数字化机器，很快在其发展过程中因技术的进步和成熟而得到了优化，并实现了微型化，达到了能够用于全方位信息存储、处理、检索、

---

① 中国印刷技术协会编：《中国印刷年鉴(1989－1990)》，印刷工业出版社 1991 年版。

② 参见中国印刷技术协会编：《报纸印刷技术的历史发展》，《中国印刷年鉴(1991－1992)》，印刷工业出版社 1992 年版。

③ 支庭荣：《西方媒介产业化历史研究》，广东人民出版社 2004 年版。

发送和接收等工作的境界。

1981 年 8 月 12 日，IBM 公司在纽约推出了全球首台个人电脑——IBM PC 5150，这是全球首款采用开放式架构的计算机产品，也是计算机发展方向由大型机转向个人机的里程碑。以 PC 为开端，20 年来，计算机技术的发展促进了媒体业的发展，并正在逐渐改变着传统的传受关系。[①]

新闻事业发展史表明，每一项新技术的出现（如纸张、印刷、电报、广播、电视等）都曾使当时的新闻活动形式出现一次新的飞跃。[②] 现代计算机所具有的高效率的信息处理、存储、通讯等功能，正在对新闻活动的旧形式产生强烈冲击，必将取代传统的手工模式。计算机不仅能处理数字和文字，还能处理声音和图像，也就是说，新闻信息的不同形态（文字、声音、图像）都将转换成数字式电信号由计算机来处理。特别是随着智能计算机和“神经网络”等技术的发展，新闻信息系统的智能化将大大增强。

20 世纪 70 年代，电脑给美、日、西欧等发达国家和地区的新闻出版业带来了翻天覆地的变化，而我国在 80 年代中后期才刚刚从铅字印刷中解放出来。这 15 年的差距，经过近 10 年的努力，终于渐渐缩短。[③]

第二节　告别“铅与火”的印刷革命

印刷技术是报业中的核心技术，在印刷技术环节，最具有技术创新价值的便是从“热排铅印[④]”向“冷排胶印[⑤]”的变革。从古登堡时代（15 世纪中期）开始，印刷生产就与“铅”不可分割地联系在一起。冷排技术是在感光照相排字的技术基础上发展起来的，而基于感光成像原理的照排技术，则使报纸印刷与铅完全脱离了关系。

---

① 贾靖峰、刘博：《计算机技术的里程碑与中国传媒发展》，《中国记者》2001 年第 11 期。

② 胡正荣：《传播学总论》，北京广播学院出版社 1997 年版。

③ 〔美〕A. B. 索恩、C. L. 奥根、J. 鲍里奇：《报业管理艺术》，中国人民大学出版社 1991 年版。

④ 传统铅印工艺流程与铅合金熔化有着紧密的联系：首先要熔化铅锭，铸制铅字；随后要拣选铅字，拼合成版，并在铅版上压制纸型；此后，又要熔化铅锭，在纸型上浇铸整块铅合金印版；整块印版上机印刷，制成印件。压制纸型后拆散的铅版中的铅字、铅条，废弃不用的整块铅版，都要重新熔化，浇铸为铅锭，供后续生产周期中铸制铅字、浇铸铅版使用。铅合金的熔铸温度高达 400－500 度，因此被称为“热排铅印”。

⑤ 基于感光照相原理，配合现代高速滚筒纸胶印机的高效率，报纸印刷与铅作业完全脱离了关系。照相排版在室温下进行，相对于需要熔铸铅合金的“热排”，这种照相排版被称为“冷排”。

从20世纪40年代美国人最早研制的手动照排机，到70年代中期研发的激光照排机，照排技术在西方国家已经发展了四代。面对国外先进报纸印刷技术和新技术革命的挑战，我国报纸印刷技术则落后甚远，与先进水平差距很大。如何在20世纪末接近国际上80年代的水平，是报纸印刷技术改造的紧迫课题。[①]

报纸印刷环节由铅排改为照排，是"七五"初期开发、试点，1988年开始在面上推广，1988年底进入高潮的。此时，普及面约为20％。1990－1991年，报纸照排的普及工作全面铺开。这一阶段，中央各报，各省、市、自治区、特区、计划单列市的报纸，几乎无一例外都应用上了照排技术；近400家地、市、县级报纸约有60％用上了照排，中央各部委及群众团体的60余家报纸也有50％以上配备了照排系统。全国各主要报纸，主要的地、市级报纸大都配备了双套照排系统，有的配备了三套、四套。至1991年底，全国报业拥有照排系统约700套。[②] 从1988年算起，仅仅4年时间，由于电子编辑、排版系统的普及，我国报业实现了全行业的技术改造，报业出版能力增加3倍以上，人员减少近三分之一。[③]

一、计算机照排技术在西方报业的应用

20世纪40年代，运用照相工艺在感光材料上进行排版的作业方式在西方国家崭露头角，这种工艺告别铅字排版所需要的"热处理"，因此被称为"冷排"。照相排版与铅字排版比较见表1－1。

表1－1　照相排版与铅字排版比较

	铅字排版	照相排版
字模数	一字多模大量重复	一字一模多次使用
字　型	不同字型不同铅字	不同字型不同字模
字　号	不同字号不同铅字	不同字号同一字模
字版重量	厚重	轻便

资料来源：〔美〕A. B. 索恩，C. L. 奥根，J. 鲍里奇：《报业管理艺术》，中国人民大学出版社1991年版。

① 中国印刷技术协会编：《中国印刷年鉴(1984－1986)》，印刷工业出版社1986年版，第21页。
② 任伟泉：《方正与现代传媒技术创新之路》，《中国传媒科技》2004年第11期。
③ 盛玉麒：《语言文字信息处理》，山东大学出版社2006年版。

(一)文字照排技术的发展历程

从技术发展来看,照相排版一共经历了四代不同的技术①:第一代是20世纪40年代美国发明的手动照排机;第二代是整体字版自动照排机,也称光机式照排机,1956年由美国福顿(Photon)公司研制成功;第三代是数字化点阵照排机,又称阴极射线管照排机,1965年由德国海尔(Hell)公司研制成功;第四代是激光照排机。20世纪60年代是激光技术加速发展的年代,激光技术在信息处理领域取得突破,1974年英国蒙纳(Monotype)公司在结合电脑技术与激光技术的基础上成功研制出激光扫描照排机。在全世界出版印刷业中,第四代激光扫描成像系统全面取代铅排。实际上,从第三代机开始,排版原理已经超出照相工艺的范畴,但"照相排版"的名称却一直沿用下来(见表1—2)。

表1—2 照相排版印刷技术(印前)的发展

印刷技术	出现时间	诞生情况	应用情况
铅活字印刷	15世纪40年代	德国人古登堡发明铅活字印刷术	铅活字印刷统治近现代印刷业400年
第一代手动照排	20世纪40年代中期	1946年第一台手动式照排机在美国问世	用透明胶版替代铅字,手工选字照相,是打字机和照相机的结合体
第二代光机电式照排	20世纪50年代中期	美国福顿公司1956年研制成功	用计算机控制排字组版和字体变换,用光学和机械方法在字模板、片等上选取字符,逐字照相组版
第三代数字化点阵照排	20世纪60年代中期	1965年德国海尔公司研制成功	采用二进制数字化技术表示字形信息,以逐点扫描方式在阴极射线管上显示字形
第四代激光照排机	20世纪70年代中期*	1974年英国蒙纳公司研制成功,并于1976年向市场推出	采用计算机控制激光束进行扫描照排制版,第四代激光扫描成像系统全面取代铅排

*资料来源:根据文献历史资料整理。

上述四代照排机可直接运用于以罗马字母为基础的各种拼音文字的排版,却不能直接运用于汉字的排版。日文中采用了大量汉字,因而最早考虑研发汉

① 盛玉麒:《语言文字信息处理》,山东大学出版社2006年版。

字电脑排版技术的是日本人。日本经济新闻社在第三代照排机面世后不久的1967年，就作出了将电脑技术引入日文报纸排版的决策。这家报社开发电脑化排版系统(CTS)的计划被命名为ANNECS(Automates Nikkei Newspaper Editing & Composing System)，ANNECS的关键技术，即电脑排版软件技术，由日本经济新闻社委托美国IBM总公司的研发部门——联邦系统事业部(FSD)负责开发。IBM公司组织了250人的研制队伍，花费数10亿成本，历时3年，才完成了这项委托研究任务。1971年12月26日，《日本经济新闻》报道了"电脑新闻开发成功"的消息。这一天的《日本经济新闻》便有两个版面是用电脑排版印制的。①

(二)照排技术在西方报业的应用

新技术革命的兴起，尤其是电子计算机的广泛应用，迅速改变了传统行业的作业方式。从20世纪60年代中期开始，国外就开始利用计算机进行报刊排版，开创了电子出版系统的新纪元。1977年，美国94%的日报已经从热排过渡到照相排版，65%采用了电子计算机，57%采用了录像显示终端机；80年代，扫描仪使色彩分解后通过卫星传输成为可能，其价格也变得能为大部分日报所接受。② 但是直到70年代末，电子出版系统都是用庞大的计算机系统来实现的，最小的也是用小型计算机作为排版主机，一些配套的设备体积也很大，价格昂贵，而且不便于使用。70年代末，美国推出了微型计算机，很快便在各行各业推广应用，排版行业也随着发展，到80年代便出现了以微机作为主机的排版系统。由于它价格低、工效高，迅速冲击了原先的大型专业排版系统，并直接导致了著名的照排系统制造商MonotyPe公司在80年代后期宣告破产倒闭。别的老牌照排系统公司或被兼并或转业。与此同时一批从事微型机排版系统技术的新型企业应运而生，在短期内便取得很大的成功。③

上世纪70年代，计算机编辑照排系统在报纸出版业进入实用阶段，《日本经济新闻》是推进这一高新技术的最先实践者。自1971年建立起全自动报纸编辑制作系统ANNECS起，《日本经济新闻》便有两个版为这一系统制作；1977年，《日本经济新闻》彻底实现了计算机电子排版。

---

① 屠忠俊、吴廷俊：《网络新闻传播导论》，华中科技大学出版社2002年版。

② Blanchard, Margaret, *A History of the Mass Media in the United States*, 1st ed. Chicago, Fitzroy Dearborn, 1998.

③ 尹德刚：《方兴未艾的中国报业技术革命》，《新闻大学》1996年第2期。

在世界范围的新技术革命中，发达国家依靠其科学技术实力，在研制开发计算机激光编辑排版系统方面自然又处于领先一步的地位。英国、美国、德国、日本等国竞相推出不断改进的系统，使之性能越来越完善、操作越来越便捷、全程自动化程度越来越高。像日本经济新闻社的 ANNECSⅢ型，在 1985 年便实现了从文稿输入到计数捆包的报纸制作过程的自动化，1991 年建立起更为先进的计算机中心，将报社内三大计算机系统，包括报纸照排系统、大型经济数据库、速报系统等更为有机地连接在一起，同时 ANNECS 也升级为性能更为完善的Ⅳ型。

二、计算机照排技术在我国报业的应用

(一)进口设备，迈出照排第一步①

我国告别铅作业的历程是从进口照排系统开始的。以报纸编辑制作为例，第一张采用冷排方式出版的报纸是 1981 年 6 月 1 日在北京创刊的《中国日报》。由于这是一张英文报纸，自然可以对英文照排系统拿来就用。它采用的是美国康普格兰菲克(Compuraphic)公司的照排系统，属于第三代产品，没有组版系统，需贴版，照排机采用 CRT 作为电子光源。这套系统运行了 10 年，随后才更新为激光照排系统。英文版《中国日报》是我国第一张采用冷排方式出版的报纸，也是我国第一张通过国际通信卫星传送版面到国外印刷发行的报纸。

1985 年 7 月 1 日，《人民日报》(海外版)正式创刊。这是我国第一张用冷排方式出版的中文大报。为适应海外华侨、华人的阅读习惯，采用繁体汉字出版。报社使用的是日本写研公司的照排系统，包括 13 台录入终端以及小样机、补字机、照排机、冲洗机等设备，需贴版，CRT 照排。作为第三代产品的这套系统，在技术上已达到十分成熟的地步，性能可靠，直到 1991 年底仍在使用。日文中虽然有一定数量的汉字，但当时对汉字尚没有找到一种快速简捷的输入方式。

1988 年，人民日报社引进美国 HTS(High Technology Solutions)公司的照排系统投入运行。这是第四代产品，包括 40 台录入终端、16 台组版终端、11 台数据文件服务器，以及小样机、大样机、激光照排机，在报社内部称之为“大系统”(与海外版使用的系统相对而言)，7 月 15 日正式用于出刊国际副刊版。

---

① 根据闵大洪：《我国报业技术的划时代变化》，《新闻研究资料》1992 年第 2 期整理。

这套系统的主要设备当时确实是第一流的，然而在很长一段时间内，运行却很不理想。根本原因在于：编辑软件非人机对话式，操作不便，易于出错；排版软件仅采用批处理方式，操作延误时间；所收汉字字体、字号少，不能满足需要。这一事实说明，采用照排系统编排报纸成功与否，除了取决于各项主要设备的性能外，在很大程度上还取决于编辑排版软件的水平。

使用进口照排系统的还有光明日报、山西日报、金融时报（以上均采用美国王安电脑公司产品）、解放日报（日本写研公司）、文汇报（美国通用电器公司）、新疆日报（英国蒙纳公司）等报社。进口照排系统需要大量的外汇，少则 100 多万美元，多则 400 万美元，这对国内绝大多数报社来说，绝无可能问津。另外，无性能优秀的中文专用软件，也无法发挥硬件（设备）的优势，而这一点又恰恰是进口照排系统很难做到的。因此，根本的出路在于用国产照排系统装备我国的报业。

（二）华光——国产激光照排系统问世

我国照排系统的研制，从一开始就坚持高起点，选择激光照排这一方向，超越国外通常所走过的第二、第三代发展阶段。1974 年 8 月，国家重点科技攻关项目“汉字信息处理系统工程”，简称“748”工程立项，“精密汉字编辑排版系统”即是其中三个大项目中的一项，北京大学王选教授为技术总负责人。经过多年的不懈努力，项目团队逐步解决了困扰我国 30 年的汉字照排问题，于 1981 年研制出中国华光 I 型汉字编辑激光排版系统的样机。在此基础上，1982—1984 年又在新华社经过近三年时间的研制开发，研制出计算机汉字编辑排版系统的华光 II 型机，实现了可以用计算机出版书刊及小报的工作，并于 1985 年 4 月通过国家鉴定。中文激光照排技术的发明及相关软件的发展，使中文计算机字库取代了铅字，排版软件取代了人工拣字与排字，激光照排取代了铅版和纸型，让报纸的印前排版迅速实现了“告别铅与火，迎来光与电”的转变。

国内自主研制的汉字激光照排系统有几个重大突破：一是王选教授首先提出汉字存储描述算法，解决了当时硬件条件下的技术难关，这是一个重大发明；二是跨国 CRT 技术直接生产第四代激光照排机；三是中文整版报纸排版软件研制成功。这些技术成果使得中国研制的中文照排系统在世界中文处理技术领域处于领先地位。[①] 华光系统成为我国报业新的精良装备，并为全社会所瞩

① 闵大洪：《我国报业技术的划时代变化》（续），《新闻研究资料》1992 年第 3 期。

目，是从Ⅲ型机在经济日报社投入使用开始的。

1987年5月22日，《经济日报》使用华光Ⅲ型出版了世界上第一张采用计算机激光编辑照排、整页输出的中文报纸。1987年12月，华光Ⅲ型计算机激光汉字编辑排版系统通过了部级技术鉴定和国家验收，从此宣告了中国汉字激光照排系统的成功，随后投入批量生产。经济日报社对电脑排版经过一个阶段的试用以后，从1986年开始正式用于编辑、排版，获得了显著的社会效益和经济效益①（见表1—3）。

华光Ⅲ型一共生产销售了43套。除经济日报社外，科技日报、工人日报、解放军报、石家庄日报、辽宁日报、长江日报、消费时报等报社也相继采用。

表1—3　华光照排机的发展历程

时　　间	事　　件
1981年5月	华光Ⅰ型激光照排机样机通过验收
1982年5月	华光Ⅱ型激光照排机开始用于报纸印刷，在新华社印刷厂排印日报和旬报
1986年	推出华光Ⅲ型激光照排机
1987年5月22日	经济日报社印刷厂用华光Ⅲ型激光照排机排印出世界上第一张整页输出的中文报纸
1988年5月	华光Ⅳ型激光照排机推向市场
1988—1993年	汉字激光照排技术占领了国内报业市场的99%

根据历史资料整理。

(三)激光照排技术的推广普及

1988年推出的以微型机作为排版主机的华光Ⅳ型（见图1—2）操作方便、性价比高，很快便作为成熟的商品机型被全国各大报社采用，进而推广到地市报社和书刊出版社。华光Ⅳ型自1988年投入市场后，到1989年底共销售500多套（繁体字排版系统已销往我国台湾、香港、澳门地区及新加坡），其中100多家用户是报社。

1988年初，《经济日报》刚刚通过国家验收，就有20多家报社订货，到1990

① 中国印刷技术协会编：《中国印刷年鉴(1989—1990)》，印刷工业出版社1990年版。

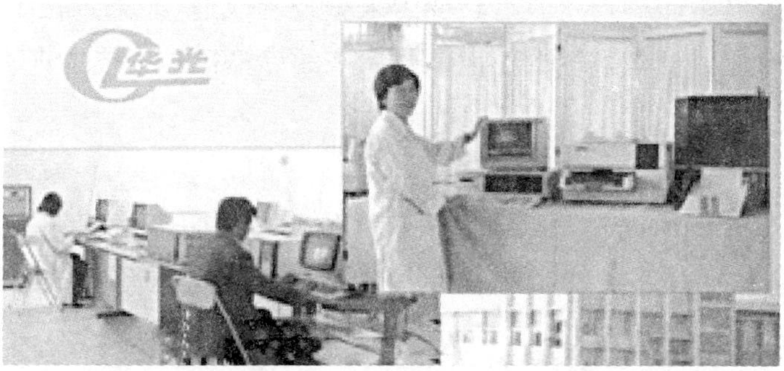

图 1—2　华光照排系统

年，我国中央和省市级报纸除《西藏日报》外，全部采用了国产激光照排系统。1992 年，《西藏日报》用藏、汉两种文字编排的激光照排机也投入使用，1995 年全国 1500 多家报社全部采用了激光照排系统。[①]

经济日报印刷厂采用激光照排在 1986—1989 年效益增长明显(见表 1—4)。

表 1—4　经济日报印刷厂 1986—1989 年经济效益增长表

年份	排报种数	排期刊种数	排字量		总产值		利润	
			万字	增长%	万元	增长%	万元	增长%
1986	10	5	4.800	—	270	—	60	—
1987	20	7	8.500	77.0	365	35.18	86	44.33
1988	28	9	14.000	64.7	555	52.05	192	123.25
1989	39	10	29.200	108.5	670	20.72	243	26.56

资料来源：中国印刷技术协会编：《中国印刷年鉴(1989—1990)》，印刷工业出版社 1990 年版。

为了解决印刷设备器材工业落后的局面，从 1988 年起，国家安排专项拨款和贷款，进行造纸、油墨、PS 版、胶片、印刷机方面的技术改造。这些改造项目与“748”工程配合，全面提高了我国印刷行业的整体技术水平，为全国范围内的报业印刷大面积改造准备了技术条件。从 1988 到 1990 年，三年时间内，中央各报及 80%的省报普及了激光照排。从 1991 到 1993 年，用三年时间，省级报纸全部、地市级报纸的 80%实现了激光照排。到 1996 年，报纸全行业实现了激光照排。1988 年，我国报业印刷技术水平大约比先进国家落后 25 年左右；到 1996 年已基本达到国际水平，与先进国家相比也只落后三五年。此时，报业技

① 闵大洪：《我国报业技术的划时代变化》(续)，《新闻研究资料》1992 年第 3 期。

术改造的任务已由印刷技术改造转变为采编技术改造，而采编技术的改造又带动了报社综合业务处理系统的建设以及后来的计算机网络技术进入报社。

(四)技术进步使报纸种数和发行量大幅增加

印刷环节的技术改造，极大地支持和促进了新闻出版事业的发展。1983年，全国的报纸种类只有792个，全年总印量为222亿对开张；1996年，报纸的种类达到2163个，增长了171.11%，总印量达到540亿对开张，增长了143.24%(见表1—5)。1992年以前，全国各大报每天都是出4版，1993年以后开始扩版，现在多数为8版，上海、广州、深圳、北京、沈阳、哈尔滨以及江苏、浙江、福建、山东、河南、四川等省的一些大中城市报纸已扩为16版、24版甚至48版。1993年以前，报纸没有彩报，1994年开始出彩报；1996年全国彩报只有50种左右，1998年底达到400种左右。[①] 所有这些发展，没有新技术的支持，都是绝对不可能实现的。

表1—5 1983—1996年全国报纸总数

年份	报纸种数	年份	报纸种数
1983	792	1990	1442
1984	1049	1991	1514
1985	1205	1992	1666
1986	1359	1993	1775
1987	1022	1994	1951
1988	1276	1995	2089
1989	1496	1996	2163

数据来源:《中国新闻年鉴》(2003年卷)，中国新闻年鉴社2003年版。

第三节 采编环节告别纸与笔

汉字电子激光照片系统和计算机排版系统的使用使中国报业彻底摆脱了旧工艺的束缚，拉开了新闻出版行业技术改造的序幕。报纸的出版，从稿件的传递起，一直到印出报纸，共有20多个工序，计算机电脑排版只是其中的一个

① 《1984—2003年中国报纸出版发行简目》，《中国新闻年鉴》(2003卷)，中国新闻年鉴社2003年版。

组成部分。在解决了印刷输出的问题之后，报纸生产过程中的前端问题日益凸显，如何提高编审流程的效率，缩短出报时间，实现编审人员的协同工作，成为采编系统实现网络化的内在动力。编辑从依靠纸与笔到借助计算机系统进行稿件的编写、修改、校正、审批甚至组版，带来了告别“纸与笔”的新一轮技术革命。

一、采编环节的计算机应用

发达国家依靠科技实力，在研制计算机编辑激光照排系统方面处于领先地位。英国、美国、德国、日本等国竞相推出不断改进的系统，使之性能越来越完善、操作越来越简单、全过程自动化程度越来越高。日本经济新闻社的ANNECSⅢ型在1985年便实现了从文稿输入到计数捆包的报纸制作过程自动化。

在中国国内，报纸出版采用计算机是从印刷厂的排字和拼版工艺开始的，但编辑部的工作仍然在纸上写稿、改稿，在版样纸上计算字数、画版。由于版面编排使用了激光照排，所以排版用到的稿件和图片都需要进行数字化处理，之后才能使用计算机编排。但传统的方式是记者、编辑在稿纸上手写稿件，并在稿纸上修改稿件，最后再由专人负责录入计算机中。这就使得报纸采编时效性的瓶颈不再出现在出版阶段，而迁移到了稿件编写阶段。

与此同时，计算机及网络技术已经得到了逐步普及。因此借助计算机编写稿件，成为解决这一问题相对高效和成本较低的方法，它一方面剔除了录入环节，另一方面降低了稿件录入可能产生的错误。

二、报社新闻采编系统的推广

新闻采编网络系统（以下简称“新闻采编系统”），就是利用电脑技术、网络技术、数据库管理技术和现代通讯技术，实现新闻稿件和新闻图片从采写、修改、传递、编辑、审定、签发，到稿件的跟踪、检索、查询、异地传送的多项统计和多项管理功能过程的“无纸化”处理，实现采编作业的自动化与网络化。

新闻采编系统的应用普及实现了新闻稿件采编流程的网络化管理。从1992年开始，有些技术力量较强、率先完成了激光照排工艺的报社，与计算机公司开始了编辑部门直接采用计算机作业的试验，开发计算机采访编辑系统。

例如，青岛晚报社在当时几十人的编辑队伍中开始使用初型的编辑系统，尽管当时的软硬件环境还很不完善，但是文稿的编辑流程已经形成。经过两三年的开发和实践，至1994年，有些报社基本上完成了第一代编辑系统应用软件的开发。此系统的基本内容包括：记者和编辑全部用计算机写稿、改稿；群众来稿及特约的稿件等工作程序全部在计算机网络上流动；原本体现在纸上的编辑、主任编辑直到主管总编的删、改、定，全部体现在计算机上，并保留每层工作的痕迹，限定工作权限，保证编辑工作的安全。该系统与数据库联网，可以直接查阅或者选取有关材料，调入见报稿内。该系统包括了各版的分工、转版以及与广告的配合等等。①

1994年，方正文韬新闻采编系统在《深圳晚报》应用，实现了报社采编流程的计算机化，报社告别了“纸与笔”的时代。随后数十家报社用网络系统装备自己，增添技术实力，其中的大手笔如光明日报社。该社于1995年9月22日正式开通方正综合新闻业务网，该网连接170多台微机，其规模为国内报社之最。在1200平方米的采编中心，每人一台电脑工作桌，实施无纸笔文字处理。②

经过几年的开发普及，至2000年，全国各主要报纸已经普遍采用新闻采编系统，编辑记者放下纸和笔，操作计算机，这一过程被称为中国报业出版的第二次革命。

第四节 报纸经营管理电子化

20世纪90年代中期，中国经济的繁荣给传媒行业带来了空前的高速发展，引发了对广告业务管理的迫切需求，扩充版面和广告数量的大幅度增长，给手工管理带来了巨大的压力，于是计算机处理广告预订管理、自动画版、自动拼版、费用清算等功能应运而生。以工艺生产为目标的生产型软件在报业出版印刷中的应用迅速推进，这些应用带动了报社经营管理系统的信息化进程。

20世纪90年代中期以后，互联网的迅速发展将报刊社的全面数字化提上议事日程。这一阶段的标志是报社综合新闻业务网（NISN，News Integrated Services Network）的建立和运作，它构成了报社的数字化平台。这一自动化管

---

① 《从“铅与火”到“光与电” 印刷术见证科技创新》，[EB/OL]. http://news.xinhuanet.com/tech/2009—09/19/content_12079379_3.htm

② 汤代禄、孙晓滨：《报纸采编流程变革中的技术身影》，[EB/OL]. http://news.xinhuanet.com/newmedia/2008—06/02/content_8299220.htm

理的网络系统实现了对报社生产和管理的全过程，即新闻采编、资料检索、电子报刊、财物管理、广告管理等全部流程的一体化控制。

一、印刷生产软件化

报社印刷技术改造的成果——激光照排系统，在这一阶段发展为“印刷厂照排车间管理系统”或“印前处理系统”，包括文字录入、图片扫描、动态打印、组版、发排等多个工作环节，且各个环节在技术水平上有了不同程度的提升。

20 世纪 90 年代以来，随着计算机技术走向普及，以工艺生产为目标的生产型软件在报业出版印刷中的应用迅速推进，成为推动报纸出版业持续多年快速发展的根本动力。

报纸生产型软件主要有以下几类：色彩管理类软件，主要有数码打样软件、屏幕软打样软件等；印前类软件，印前软件已基本实现了印前工艺过程的软件化，使以前的排字、制版以及照排工序整合为印前工序，主要软件有组版软件、拼版软件、RIP 等输出软件，以及整合了上述工艺过程的印前生产流程，如方正的畅流等；印刷生产型软件，包括印刷机内部的控制软件、自动套准系统、自动清洗系统等。①

典型应用如色彩软件，实现了报纸从黑白到彩色的跨越。1987 年到 1991 年基本上是黑白激光照排系统的推广应用时期。我国在上世纪 90 年代由北大计算机研究所开发研制成功了彩色桌面出版系统，且达到国际先进水平，1991 年在《解放日报》开始试用。1992 年 1 月 21 日，北大方正彩色照排系统在《澳门日报》投入使用，每天出版 4—6 版彩色报，成为世界中文报业的首家。

生产型软件已成为生产的重要“设备”，它使得由人工和机械工艺的操作进步到软件流程的自动控制，改善了操作环境，增加了生产灵活性，提高了生产效率。而目前印前生产流程如畅流等软件的应用，则整合了整个印前各环节的工艺操作，将更多的人工操作转变为计算机操作。从这个角度上讲，印刷生产中生产型软件的应用不再是辅助性的，而已成为重要的生产过程操作工具。

---

① 李保强:《生产型软件，报纸生产数字化的核心》,《印刷技术》2010 年第 7 期。

二、综合新闻业务系统

1996年是中国报业全行业实现激光照排的一年，而早在此以前，一些报社已经转入了建设报社内部计算机网络，对新闻业务进行综合性计算机处理的新技术改造阶段：自1993年青岛晚报社率先在采编环节上建成新闻采编网络，成为国内第一家实现编辑工作全面电脑化的报社之后，1995年，光明日报社开通连接170多台电脑的综合新闻业务网，报业技术改造及时进入建设新闻综合业务处理系统的新阶段。

所谓报社综合新闻业务处理系统（综合新闻业务网），实际上是报社内部的一个电脑网络，用来处理报社的新闻业务工作和日常经营管理工作，它是实现报社印刷、编辑、经营管理多个环节自动化、网络化、智能化的大型高技术集成环境。[①]

综合信息系统中的各个业务管理软件，是实现业务资源整合的有效手段。它将具有相同运作规律和模式的业务，如编采业务、广告业务、发行业务等进行整合，充分实现资源共享和优势互补。

（一）新闻采编系统更新换代

因为编采业务是报社的核心业务，包括写稿、编辑、图片处理到排版等环节，因而报业综合业务信息管理系统软件的应用，就是从新闻采编管理系统开始的。综合业务处理系统下的新闻采编系统对报社编辑部的业务工作实行了全面的技术改造，完成了采编环节技术上的更新换代。

第一代新闻采编系统是以文件和文件夹的方式来控制稿件和流程的，功能和应用模式都非常简单；第二代是简单数据库的模式，但数据库仅用于存储文档；第三代是以数据库为平台的应用模式，有严整的权限体系和流程控制，但流程固定、功能刻板、运作模式单一；第四代是以具有强大管理和控制功能的大型数据库为核心的智能群组模式。

第一和第二代采编系统的主要作用是为报社提供稿件生产的流水线，以实现对稿件处理的规范化、流程化，大幅度提高编采的效率和质量。所以第一和第二代采编是报纸内容的生产工具。

---

① 屠忠俊、吴廷俊：《网络新闻传播导论》，华中科技大学出版社2002年版，第21页。

而第三、第四代采编系统的重点则超越了稿件生产的范畴，不断地将越来越多与编采有关的管理职能融入软件系统中，如绩效考核、新闻线索管理、图片管理、采访管理、编采状况监控等。此时的采编系统已逐步成为报社编采业务的有效管理工具。

由于国内报社数量众多，且差异性较大，因此20世纪90年代国内报社采编系统的使用状况参差不齐，多数报社使用的系统以第三代采编居多，处在向第四代升级的阶段。

由国家经贸委和国家新闻出版署共同主持的“南方日报社采编现代化技术改造项目”于1995年4月立项，历时3年，共投资7700万元，于1998年6月18日通过验收。这一项目使新闻采编、稿件传送、卫星传版、信息处理及报纸印刷、广告管理等技术实现了升级换代。尤其在采编环节，能够做到保留稿件修改文字痕迹，形成每篇见报稿件从一审至出大样的修改历史，编辑在改稿时能方便地对照上一审至前几审的修改情况，提高了改稿针对性。[①]

（二）广告及发行管理系统的发展

随着国家报业政策的一步步变革以及市场化方向的基本明确，经营工作已经逐步成为报社工作的核心之一，而报业技术装备的发展也转移到为报社的经营和管理服务上来。随着业务的快速发展，报社对广告业务管理和报纸发行业务管理的软件系统需求逐步显现，并逐渐成为报社技术发展的重点和主流。同时，报社对这些业务管理软件的功能要求，也随着报业市场化程度的不断深化而逐渐变得严格和全面。除采编系统外，综合业务管理系统可对报社广告部门的工作实行多方管理。

1. 广告管理系统

广告管理与制作系统的出现为报社提供了有效的管理工具，通过对业务流程和业务数据全面而细致的管理和控制，报社提高了对广告业务的管理能力和水平。

随着报业市场化程度的不断深入，报业广告市场的竞争逐步显现并不断加剧，广告系统的核心、价值也随之发生转变，广告业务的重心从管好内部流程转变为应对广告市场的外部竞争，这就要求广告业务管理系统具有灵活多变的价

① 闵大洪：《数字传媒概要》，复旦大学出版社2003年版，第12—13页。

格体系，能够适应多种渠道的不同销售方式，能够实现丰富多样的销售手法，能够采取灵活机动的促销手段，能够提供适合不同客户的多种多样运作模式等。广告业务的数据也不再仅仅承担提供业务报表的功能，而是通过对业务数据的总结、挖掘、分析和提炼，为广告业务的经营决策提供量化的依据，进而实现对决策执行过程跟踪和监督。广告系统由此发展为报社广告业务的深度管理和经营工具。

2. 供应发行系统

报纸的广告价值是通过报纸的发行来实现的，报纸的自办发行是报纸广告业务市场化发展的产物。降低成本并不是自办发行的关键目标，追求更大的发行量和更好的发行效果是为了提高广告收益。可以说，自办发行是广告经营的组成部分，而服务于自办发行体系的报纸发行业务管理系统，从一开始就是要满足报社经营方面需要的。报纸发行业务管理系统不但要管理多达数十万甚至百万的客户，每天要处理数十万计的投递和零售业务，更为重要的是，它还肩负着提高发行量和提高发行质量的重任。

发行系统能够改善发行体系的服务能力和水平，为读者提供更为便捷的销售渠道；能够采用各种促销手段，赢得更多的读者；能够对读者信息进行收集、汇总，并通过对这些数据的分类和总结，了解读者的分布情况，进而通过调整发行资源优化读者的定位，提高发行的质量。

(三)其他重要子系统

综合新闻业务系统除了采编、广告、发行等核心部分外，还包括远程图文传输系统、信息资料检索系统和财务管理系统。

- 远程图文传输系统——通过公用电信线路，包括电话网络、数据传输网络、通信卫星等手段实现报纸稿件、图片、版面的远程传输；
- 信息资料检索系统——实现对数字化信息资料如过期报纸内容、资料、稿件、图片、版式的检索和再利用；
- 财务管理系统——实现对全报社财务的网络化管理，此系统还可与人事(用于获取奖金发放等数据)、行政(用于审核各种行政开支)、广告(用于广告收费对账)、发行(用于获取发行量、纸张开销等数据)子网连通，进行有关数据的交换和共享，此外还有人事管理系统等。

经营的复杂性决定了经营型应用软件的复杂性，而经营又是整体性的，各业务之间既有独立性，又有关联性。例如广告系统与采编系统的关联与协同，可以实现版面规划、画版和排版等环节独立与集中的交叉工作模式，不但提高了运作的效率，同时也给报社实施跨业务整合经营做了很好的铺垫。

各环节业务的关联关系以及对潜在关联关系的不断探究，使得报社不再独立地看待综合信息管理系统中的每一个子系统的作用，开始关注综合信息管理系统的整体性。这在很大程度上促进了信息系统的改良，使得综合业务信息系统逐渐从满足业务流程和基本经营管理的层面转向支持深度经营和管理的层面。

三、经营管理信息化对传统报纸产生的积极作用

信息技术带来了报纸出版的技术性革命。激光照排的应用使报纸印刷告别了铅与火，新闻采编系统使采编业务告别了纸和笔，移动发稿平台使稿件编排告别了办公室。这些新技术提高了报纸出版的工作效率，降低了生产成本，产生了极大的效益。

信息技术带来了报业经营管理手段和运行机制的变革。财务管理系统、广告管理系统、发行管理系统的应用，改进了报业经营管理的业务流程，提高了对各项经营业务的管控能力。在此基础上，将各类经营数据进行阶段性对比分析和预测的决策支持系统，更有助于提高报业经营决策的科学性，保持报社发展的竞争力。同时，信息技术不仅是报业发展的推动力，也是报业改革的催化剂。报业的信息化，是业务模式、生产流程和管理方式的数字化、网络化再造，反过来也促进了报业管理体制和运行机制的改革和完善。

第五节　报业完成技术革新，释放生产力

20 世纪 70 年代末，当封闭已久的国门打开之际，中国报界人士看到了电子计算机在当代报业发展中发挥着越来越大的作用，看到了报纸出版用冷排代替热排的发展趋势，看到了我国报业的技术和装备已远远落后于世界先进水平。

80 年代初，中国开始引进外国的计算机编辑排版系统（以下简称照排系统），迈出了报业技术变革的第一步。在改革开放的年代，中国科技人员的聪明才智得到了充分发挥，在国产华光照排系统（全称为华光计算机—激光汉字编

辑排版系统，又称华光电子出版系统）研制成功后，在短短几年时间内，又使产品不断升级。1988年，华光IV型以完善的性能大批量投入市场后，新技术的浪潮在我国报业形成大势。同时，照排系统脱离软盘操作，实现网络化，打破时空限制，实现版面异地远程传输；建立数据库，使信息进一步得到开发利用；采用彩色照排系统直接印制彩报；建立新闻采编系统，结束落后的笔和纸的文字工作方式等，一批项目在一些报社纷纷上马并付诸实施。

可以说，这一轮技术进步是以提升纸质报纸的印刷出版能力和技术装备水平为目标的。在个别报社的示范作用下，全国报业采取“跟进”的策略参与这一波技术改造，因为技术并未涉及报业的组织结构和经营模式，在推广上也未见有难度。

一部报业印刷技术改造的历史，就是由“热排铅印”向“冷排胶印”过渡的历史。“冷排胶印”对于报业发展的意义，从回溯既往的角度来说，是甩掉了“铅与火”；从展望未来的角度来说，是将电脑技术引入报业，为报业发展使用多媒体电脑网络技术的综合信息服务产业打下了基础。

一、计算机技术开启了报纸技术变革的历程

从报业技术装备的发展历程看，每一次技术装备的进步都推动了报业的整体发展，特别是信息化技术的发展与应用，更是为报业开辟了一个崭新的时代。

在大约近百年的时间里，报纸印刷中的热排（铸字铅排）方式始终未变。直到20世纪60年代中期，报社才开始进行几项重大革命：从热排到冷排（照相排版）；从纸笔书写到屏幕打字；从蓝领印制到白领操作。所有这一切都发生在过去的几十年间，而这一过程在中国这一后发国家，只用了不到10年的时间。

（一）计算机技术通过印刷技术的改造渗透到报业领域

以电子信息业的突破与迅猛发展为标志的科技革命改变了人类社会生活的方方面面，报纸印刷技术也受到了这场革命的洗礼，发生了彻底的变化。信息技术改进了现代印刷业的生产工具，引发了印刷业的技术革命。计算机技术成为推动这场报业变革的关键因素，从早期报纸的产生，到机械式印刷，再到大规模作业、批量生产，都可以看到技术的身影。

而随着报业信息化的不断发展，信息技术已经渗透到报纸出版、经营管理流程的方方面面；报业与信息技术的关系，就像空气与人那样，一刻也不能分离

了:信息系统已经成为报纸出版和经营管理赖以进行的基础,成为提高报业核心竞争力的利器。

(二)汉字计算机排版技术打破了汉字与印刷机之间的天然障碍

早在公元600年,中国人就发明了印刷机。但受制于中国汉字特殊的字体类型,这项伟大的发明技术并未在中国发扬光大。后来这种技术传入西方,进入拼音文字的语境,得到了相关文化的支持。究其原因,是因为“表意文字与印刷机大批量生产文本是不可兼容的”。汉字与印刷机不可调和的现实一直难以解决,使得批量印制文本步履维艰,最终造成报纸这种大众印刷媒介常年蹒跚而行。直到现代,“计算机排印终于扫除了表意文字排版的障碍,给‘铅字’的选择赋予电的速度,使得数以千字的选字排印不费吹灰之力了”。①

20世纪70年代,一项由国家支持的科技攻关项目“汉字信息处理工程”开始启动,成为汉字激光照排的诞生之始。这项由王选教授发明的系统将复杂的汉字笔画信息通过独特的压缩技术进行高倍率压缩后存入计算机,用计算机组版,用计算机控制激光照排设备输出制版,淘汰了铅排铅印的传统工艺,引发了中国印刷业的技术革命,推动了我国报业的跨越式发展。资料显示,使用华光型照排机,可以使一个大型日报印刷厂的排版能力,在人员减少30%—40%的情况下,仍可提高五倍左右。②

(三)激光照排技术带动了计算机技术在报社其他环节的应用

从20世纪80年代中期开始的计算机激光照排技术的开发和应用,使报纸的制作告别了铅与火,采用了胶印,改变了报纸的制作手段,提高了新闻的时效性和报纸的印刷质量。但当时这种技术改造只涉及印刷厂。

新闻采编网络的建立,使作为报社主体的记者、编辑的工作实现了计算机网络化,让他们丢掉了纸和笔。报纸的信息有两类:文字和图片。笔记本电脑和数码相机的采用实现了报纸信息采集的数字化。新闻综合业务网的建立,则实现了报社新闻采集制作和经营管理全面现代化。新闻数据库检索系统在一些大的新闻单位已建成运行,并开始为社会提供远程联机检索服务和新闻数据光盘。

---

① 〔美〕保罗·莱文森著,何道宽译:《软利器:信息革命的自然历史与未来》,复旦大学出版社2011年版,第18页。

② 屠忠俊、吴廷俊:《网络新闻传播导论》,华中科技大学出版社2002年版,第20页。

照排技术、采编网络、新闻综合业务网等的采用，使传统的报纸制作方式和经营管理手段向数字化迈进，改变了传统的报纸制作手段。此后，计算机技术逐步深入中国报业越来越多的环节：光盘存储、远程传版、局域网络等系统在《科技日报》投入使用。这表明，报业印刷技术的作用和影响是一个大循环。在这一段时间里，报纸不仅实现了文字的计算机录入、排版，还实现了图像的数据化扫描，通过卫星和电话对报纸版面进行远程数据化传输，实现了网络化。之后，又逐步建立了数据库，解决了彩色报纸桌面系统的分色处理，把计算机引进编辑部，开发并不断完善了采访的编辑系统。同一时期，有不少报社对广告、发行、财务及日常办公等也实行了计算机管理。到1998年底，报纸出版的印前部分基本达到了国际先进水平。

二、报业经过三个阶段完成技术改造

20世纪80年代到90年代，中国报业的信息化经历了三个阶段：一是20世纪80年代报纸出版采用计算机激光照排系统，印刷环节告别铅与火，这一过程被称为“印刷革命”；二是20世纪90年代中期报纸出版引入综合新闻业务网络，新闻采编环节告别纸与笔，这一过程被称为“采编革命”；三是20世纪90年代末，报业的印刷、出版、发行、广告等经营管理业务的信息化建设提上日程，有学者称这一过程为“经营革命”①。这是报业发展历史上的一个重大变革，它推动了报纸的广告、发行等活动走上整合经营管理的道路。

回顾这一阶段的报业技术史(见图1—3)，可以发现这个时期报业在技术发展上独有的特点和规律；此外，仔细研读报业在三个不同阶段的实践与探索，还可分辨出每一阶段的技术变革各有特色、侧重点不同。尽管如此，报业经过这一时期的技术变革，整个报纸行业发生了巨大的变化。

(一)早期报业技术改革的特点规律

从早期中国报业技术变革发展的历史来看，第一个阶段是铅排改照排，这个变革发生在印厂的排字车间；第二个阶段是采编网络化，这个变革发生在作为报社主体的采编人员中；第三个阶段是报社经营管理的电子化，主要涉及报社的广告、经营、发行等部门。

---

① 石磊：《分散与融合——数字报业研究》，中国社会科学出版社2010年版，第117页。

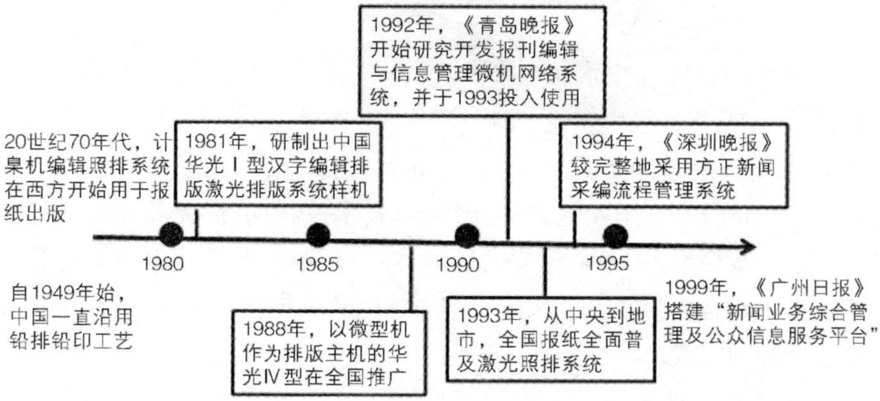

图 1—3　20 世纪 80 年中国报业技术革新时间表

1. 起步晚、发展快

1974 年英国蒙纳公司研制成功激光照排印刷机，并于 1976 年向市场推出。虽然我国报纸印刷技术与国外技术在研发时间上有差距，但是自 1981 年王选教授研制出中国华光Ⅰ型汉字编辑排版激光排版系统的样机后，中国报纸印刷技术已经与国外同步。激光照排系统从 20 世纪 80 年代中期开始研发，到 90 年代初在全国范围内普及，报纸可谓是我国最早在全行业普及电子技术的行业之一。

1988 年至 1990 年的 3 年时间，中央各报和 60%的省市报及少数地方报都配备了照排系统。至 1993 年，从中央到地市，全国报纸出版全面普及了激光照排系统，全行业淘汰了铅排作业。在用计算机改造传统产业方面，其普及面之广、速度之快，是其他行业少见的。报业完成的这次技术革命，为日后报业的发展奠定了基础。

2. 瞄准先进，一步到位

这一特点主要表现为报社在印刷技术改造时，跳过了第一、第二、第三代照排机，而直接使用第四代激光照排机；另外，报社在建设新闻综合业务处理网络时，同样跳过了我国在 20 世纪 80 年代初期选用的 Omninet 网络和 80 年代中期选用的 3COM 和 3+网络，直接选用了 NOVELL 网络。[①] 以上种种，均反映出"瞄准先进，一步到位"的策略思维，而这一策略对于在技术改造中处于后起者地位的国家而言无疑是非常明智之举。

---

① 屠忠俊、吴廷俊：《网络新闻传播导论》，华中科技大学出版社 2002 年版，第 25 页。

3.技术发展周期完整

报业在这一阶段的技术革命非常完整，包括技术导入、技术普及、技术成熟。技术导入期：华光汉字激光照排机在《经济日报》的示范运行大大带动了报纸行业的技术应用；技术普及期：技术设备商带着《经济日报》的经验向全国推广，同时加大研发投入，不断完善华光设备；技术成熟期：激光照排印刷机在报业的应用进一步循环，从印刷环节向采编、经营环节的电子化等更具前瞻性技术应用延伸。正是因为经历了这样一个完整的技术创新过程，所以此次报业技术革命才能顺利完成。

4.技术装备不断提升

信息化技术的发展与应用，使得报社的技术装备不断改进和提升，电子出版系统、新闻采编、报纸广告、报刊发行管理以及网上出版、检索系统、办公自动化等应用系统已经成为大多数报社业务运作的必备工具。

但技术装备在报社的发展并不是独立的，而是与报业的生产、经营、管理等变化相关联的，其间经历了从以硬件为主到以软件为主、从生产型到管理型再到经营型、从被动服从于生产和业务拓展的需要到主动服务于管理和经营提升的发展历程。

(二)三个阶段各有特色和焦点

第一阶段是由活字排版发展到现在的电脑激光照排，大约发生在80年代末期，被称为“告别铅与火，迎来光与电”。这个阶段的关键是解决资金问题，只要购置了激光照排设备，培训一些操作人员，就可以投入使用。报纸的小样和大样都有专人操作完成，相对独立，编辑记者还是依靠笔和纸。

第二阶段是记者编辑开始使用电脑写稿和编辑，进入了电脑单机应用的阶段。这个阶段的关键是解决技术问题，主要是促使编辑记者接受技术培训，积累一些必要的电脑知识，有些“悟”性好的编辑记者开始尝试“换笔”。这个阶段是必不可少的，事实证明，企图跨越这个阶段，便可能带来不尽如人意的结果。

第三阶段是由单机运用扩展到局域网(Intranet)，实现新闻写作、编辑、校对、排版、印刷的整体作业。这个阶段对编辑记者素质、报纸管理水平以及科技投入都有较高的要求。在这个阶段，网络要求编辑记者整齐划一地采用电脑撰写稿件，哪怕只有一个编辑达不到要求，都会影响整个网络的正常运行。在这个阶段，网络维护的费用加大，那种一次投入终身受益的观念开始动摇；与此同时，报纸管理流程和管理权限需要重新划分，这种重新划分的合理性又制约着网络运行,传统管理与现代管理的冲突达到白热化,解决问题的关键是提高报社的管理水平。

(三)技术对于报纸生产过程的全面革新

发起于激光照排技术,计算机技术对报业的各个生产环节都产生了重大的影响。报业的印刷系统、采编环节和发行环节在计算机信息技术的改造之下,发生了巨大的变化。

1.印刷环节:告别铅与火,迎来光与电

在传统报业的产业价值链中,印刷是一个重要环节。激光照排技术确立了印刷环节的数字化工作流程。"数字化工作流程就是以数字化的生产控制信息,将印前、印刷和印后三个分过程整合成一个不可分割的系统,包括从扫描输入、文件处理、打样、制版到印刷和印后等各个环节之间数据处理及交换的过程。"[①]报纸出版管理的数字化流程以ERP(Enterprise Resource Planning,企业资源规划)管理流程为主导,包括印前图文处理、数据远程传输、色彩处理、印刷的版数控制、制版、打样、印刷机油墨预置、运行监控、印刷自动套准等报纸生产工艺流程。

在印刷环节,激光照排系统代替了人工铅字排版,平版技术和彩版技术相继兴起。以印务系统为核心的排版自动化、数字化工作流程的确立,带来了我国报业集团印刷工艺的巨大飞跃。报纸出版效率大大提高,发行量剧增。业界将这一转变形象地概括为"告别铅与火,迎来光与电"。

2.采编环节:告别笔与纸,迎来电脑和网络

在传统报业中,新闻采集、编辑与后期制作是各自独立的工作。记者负责采集新闻,编辑负责审稿、改稿和画样板,操作员负责打字和组版。由于三方各自为政,之间的矛盾十分明显。例如编辑指责记者字迹潦草,记者指责编辑吹毛求疵;编辑指责操作员做事马虎,操作员指责编辑瞎折腾。20世纪90年代以来,随着计算机技术广泛运用于采编环节,采编关系理顺,内耗减少,工作效率明显提高。

计算机技术介入采编系统是从报社建立新闻采编综合业务网开始的。新闻采编综合业务网主要包括文字稿接收系统、图片存储系统、采编网运行系统、采编网发排系统。这些系统将记者、编辑和操作员的工作融为一体,成为以编辑部为

---

① 苏钟:《我国报纸印刷发展概略》,《印刷世界》2007年第2期。

核心的新闻综合网络处理系统。记者采集新闻时,不再用笔和纸,而是用录音笔、数码相机、笔记本电脑,采集完毕即可在电脑上完成写稿工作,通过网络传到专用电子邮箱,无需再像以前那样先传真,再录入、校对、改稿。编辑则通过计算机方便地进行审稿和改稿工作。编辑通过专门的组版软件,能够轻松地按照自己的设想组版。过去通过操作员打字和组版的工作环节被省掉,工作效率大大提高。

后来报社以此为基础,建立了更大的新闻综合业务网。目前我国大多数报社使用的是北大方正新闻综合业务网。这个网络系统一般包括以下子系统:新闻采编子系统、集成组版子系统、信息检索子系统、远程图文传输子系统、记者站稿件传输子系统、图片管理子系统、稿酬管理子系统、发行管理子系统、广告管理子系统等。由此可以看出,新闻综合业务网实际上是一个集硬件和软件于一体的综合性新闻业务工作平台,是包含新闻采集、新闻编辑和新闻管理的一个整体办公系统。

从新闻采编综合业务网到新闻综合业务网,传统报业借助数字技术实现了新闻业务的自动化和网络化改造,不仅提高了报业的采编能力,也改变了采编业务的工作流程。业界将这一转变形象地概括为"告别笔与纸,迎来电脑和网络"。

3.发行环节:告别邮局,迎来卫星

长期以来,我国报纸统交邮政部门发行,实行"邮发合一"。但是陈旧的邮政发行系统效率低下、反应迟钝。1985年,河南《洛阳时报》在全国首家脱离邮发,开自办发行的先河。这一发行形式迅速在全国推广,尤其在省级报和地市级报,自办发行网点多、服务好、市场灵敏度高,极大地提高了报纸的销售业务。现在几乎所有报社都有自办发行渠道,不过,对全国性发行的报纸来讲,邮政发行依然是不可替代的发行方式。对地方性报纸发行而言,一旦超出本埠范围,也还是要借助邮政这一传统方式。20世纪末,一些报社开始尝试通过卫星传版、异地发行的模式[①]。卫星传输技术的应用,解决了跨地域发行的难题,也提高了新闻内容生产的时效性,在时空两方面实现了新的突破。业界将这一转变形象地概括为"告别邮局,迎来卫星"。

---

① 基本原理是先将报纸电子版传输到租用的卫星信道上,再由在异省市或异国设置的地面接收小站接收电子版,通过印刷系统实现异地多点同时印刷和发行。

三、技术进步带动了报业经济的繁荣

(一)技术提升推动报业经济的繁荣

改革开放以后,中国经历了市场经济改革,报业也参与到了市场经济中来。报业不再单单是宣传工具,还是市场经济中不可缺少的重大因素,其发展也进入了市场化的运转轨道。报业扬长避短,先后经历了广播和电视的竞争与挑战,很平稳地渡过了市场竞争,并发展得更加完备。

技术手段提供了必要的技术条件。报业经营模式的基础是发行量,而大量报刊的发行必须依靠印刷设备和技术的提升。古登堡在 15 世纪发明的人工印刷术在随后的 3 个世纪未有改进,这也直接限制了印刷品的传播和发行。直到 19 世纪两次工业革命,印刷技术才产生了巨大的变革,机器印刷取代人工印刷,再加上印刷技术不断升级换代,为报业发行提供了技术支撑。

读者受教育水平的提升使得报纸大量发行和普及成为可能。报纸是传播文字信息的媒体,它对读者的识字能力有一定的要求。工业革命时期,欧美大量人口离开农村进入城市,接受教育,开始了比较文明的城市生活,这使得报纸的读者范围大大拓展。中国从 1986 年颁布《教育法》,开始实施九年制义务教育,降低文盲数量,提高国民素质,这在客观上为报纸的大量发行和报业经济的突飞猛进打下了读者群基础。

新中国成立之后,报纸作为重要的宣传工具,在政策传达、舆情引导、知识传播上发挥了重要作用,办报水平也获得了长足发展;特别是改革开放之后,随着 20 世纪 90 年代初晚报的繁荣和 90 年代中期都市报的崛起,中国报纸随着市场经济的纵深推进,开始了市场化的转型。

从 20 世纪 80 年代末期开始,中国报业逐步走上了自主经营、自负盈亏、自我约束、自我发展的道路,相当一部分报纸被“断奶”,报纸的生存主要依赖广告、发行和开办经济实体。到 80 年代末,报纸种数达到 1496 家,行业报、专业报特别是晚报占有不小的比例。单一的机关报体制得以突破,一个“以党报为中心,多报种、多层次”的报业体制开始形成。90 年代中期,晚报达到鼎盛期:全国晚报 1990 年为 44 家,1992 年为 66 家,1993 年增加到 100 家,特别是上海《新民晚报》还率先将触角扩至国外,1994 年开始在美国发行,1996 年推出了美国版,甚令同行钦慕。

与此同时，中国报纸的发行模式发生了重大变革，由邮局发行转变为自办发行，报纸的发行量猛增。中国报纸蓬勃发展，连党报都迎来辉煌，80年代，《人民日报》的发行量创历史地达到了600万份。

20世纪90年代中期，中国报纸进入都市报时代。1994年，中国第一家都市报——《华西都市报》在成都问世。《华西都市报》定位于"市民生活报"，并开创了"敲门发行"模式，迅速占领市场，大获成功。随后，都市报风靡全国。在广州，《南方日报》创办了《南方都市报》；在福州，《福建日报》创办了《海峡都市报》；在石家庄，《河北日报》创办了《燕赵都市报》；在武汉，《湖北日报》创办了《楚天都市报》……在20世纪的中国，报纸始终主导着媒体市场，堪称"独领风骚"，无论是在社会效益还是在经济效益方面，报纸都取得了前所未有的大丰收。

可以说，印刷技术的勃兴推动了平面媒体，特别是报业的诞生和发展，印刷技术在此后每一个阶段的进步也直接带来了报业新的发展和繁荣。

(二)技术变革推动经营方式变革：广告赢利模式确立

随着印刷与照排技术的革命，厚报和彩报成为可能。一方面，技术革命推动了厚报和彩报时代的到来；另一方面，厚报和彩报也是社会经济文化发展的必然结果——大众对资讯的不同需求和对阅读享受的追求是这个时代的社会、受众以及受众心理需求的必然反映。在资讯泛滥的年代，在互联网还未能普及的时候，厚报是唯一能够承载大众资讯需求的载体；而彩报的出现对于过去只能阅读黑白报刊的中国读者来讲则是另一大进步。

然而，阶段性的技术革命并不必然带来生产成本的下降。恰恰相反，印刷和照排技术的革命虽然大幅度提高了媒体的生产效率和媒体产品的质量，并相当程度地削减了媒体的采编人力成本，但却大大提高了媒体生产过程中的硬件成本：纸张（对纸张质量的要求提高了）、印刷设备（极其昂贵）、照排系统、电脑普及。而且这些设备的折旧更新速度也是惊人的。加上从1990年代中后期中国一方面对进口新闻纸采取反倾销措施，一方面新闻纸价格却不断飙升，印刷企业的人力成本和管理成本随着社会发展同样水涨船高，在实际生产中，单张报纸或者单个印张的成本大幅度提高了。相对应的是，报价虽然也提高了，但由于基数过低，在厚报和彩报时代，传统的报纸发行赢利模式在我国陷入了困境。这个时候，报纸发行量越大，报社经营亏损越大。[①]

---

① 朱学东：《有效、精确发行之谬（续一）——平媒困局反思之一》，[EB/OL]. http://blog.voc.com.cn/blog_showone_type_blog_id_32789_p_1.html

而从 1990 年代中期开始，报业广告经营开始兴盛并飞速上升，经营大户从早年的机关党报、行业报转向新型都市报/市民报。比如，早年的报纸广告大户如《经济日报》《解放日报》《文汇报》《南方日报》《成都晚报》等逐渐让位于《广州日报》《华西都市报》《扬子晚报》等。

一方面是发行利润的急速下降甚至巨额亏损，一方面是广告经营额的高速飙升。报纸赢利模式从发行为主广告为辅到发行广告并行再到广告经营为主，这已经成了一个必然的逻辑结果。这是中国社会爆发式发展的产物。

在这个渐进的过程中，报社经历了观念的转变和工作重点的转移，报社的经营能力和水平也在市场的风浪中得到不断的提升：从不得不面对市场到主动出击；从加强管理堵漏洞到提升业务的运作能力和竞争力；从一张报纸的单兵作战到报业集团的规模化运作；从各个业务的相对独立到报社的整体经营。

报业技术改造的发展过程，也正是报社向经营方向转变与发展的过程。因此，从某种角度看，报业技术装备的发展历程正是整个报业变革和发展的写照。

(三)报业技术革新的重要背景：中国经济快速发展

社会经济的发展直接促进了报业经济的产生与发展。欧美廉价报纸产生的 19 世纪正是工业革命蓬勃发展的时期，工业发展、城市化进程、商业繁荣等催生了对信息和广告强烈而迫切的需求，作为当时主要信息载体的报纸当仁不让地承担起了沟通读者和市场桥梁的责任，大量的广告信息成为报纸的主要经济来源。上世纪 90 年代中国报业的腾飞，也同样是经济建设提速和市场经济发展的产物。

中国报业在这一历史时期的技术改革成果有一个重要背景。由于历史的原因，中国报业错过了 20 世纪电子技术初现端倪的 60—70 年代，但是从 80 年代开始中国政府对计算机信息技术的历史趋势有了深刻的把握并采取了积极应对的措施。通过改革开放，我国报业在国家政策导向、市场化经营探索等方面都为充分利用信息化带来的历史机遇做好了充分的准备。

毋庸置疑的事实是：虽然有种种波折，在自主创新研制的激光照排印刷技术的鼓舞下，在一些中央大报的示范作用下，中国报业的电子信息化开始起步并迅速成长起来，中国报业在市场化、集团化趋势的改革发展中同电子信息化有机地结合，加快了报业发展的进程，造就了中国报业发展历史上的第一个辉煌时期。

第二章 报纸网络化探路:从电子版到网站

20世纪90年代中期以来,报业进入了互联网时代。从1993年到1995年,在互联网技术的快速发展影响之下,报纸触网最早从电子版或网络版开始,并在世界范围内发展开来。虽然只是简单的电子版,且大多是直接把报纸内容按版面或类别搬到网上,但报纸电子版是报纸突破纸质形态的一个重大尝试和探索。电子版引发了报纸上网的两次热潮,也使得报纸网站这一新的媒体形态从萌芽到逐渐成长壮大。

继报纸电子版之后兴起的报纸网站在这一时期的发展经历了两个阶段:第一阶段是1996年到1999年,报纸实现了从电子版向报纸网站的过渡,也是报纸网站的萌芽时期;第二阶段是2000年以后,报纸网站初具雏形,进入以新闻为主的综合性网站阶段,通过改造传统报纸的网络版,适应互联网互动性的特点来满足上网用户的需要。报纸网站在新闻和信息内容的数量、质量及表现形态、各项服务功能的提供、基础设施和工作平台的改善、内部资源的整合与对外战略合作、自身机制体制的改革与完善、经营领域的开拓等诸多方面,不断登上新台阶,报与网之间开始尝试进行"报网合作"(见图2—1)。

第一节 互联网技术的兴起

虽说激光照排和计算机采编系统给报业带来了最早的技术革命,但这两项技术仍是报业的技术手段和辅助性后台支撑。随后,计算机、网络等新兴技术逐渐渗透到报业的各个方面,深深融入到报业内容生产和传播之中,而传统报纸也在追随科技步伐,探索向信息技术领域的拓展和延伸。

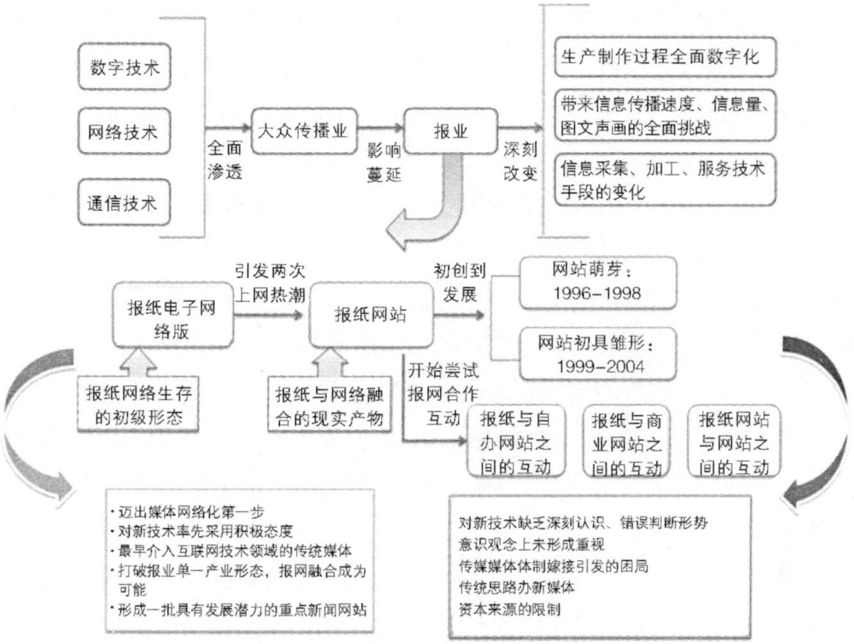

图 2—1　1996—2004 年报纸网络化探路

一、影响报业技术变革的技术元素

在技术革新的推动下，报纸实现了一次次的发展。技术的发展对报纸整体发展意义重大。20 世纪末，影响报纸发展的技术主要包括数字技术、网络技术和通信技术。当然，这里只是一个十分简要的概括和交代，在以后的章节中，本书还将充分展开每一个技术领域的核心，深入探究这些新技术是如何影响报纸发展的。

(一)数字技术

1995 年，美国麻省理工学院教授兼媒体实验室主任尼葛洛庞帝推出了一部科普作品《数字化生存》(*Being Digital*)，该书迅速风靡全球，他的名言“计算不再只和计算机有关，它将决定我们的生存”[①]也为世人皆知。其后，一股数字化浪潮席卷全球。

作为“信息的 DNA”——比特(bit)，正迅速地取代原子而成为人类社会的

---

① 〔美〕尼葛洛庞帝著，胡泳、范海燕译：《数字化生存》，海南出版社 1997 年版。

基本要素。比特是计算机能够识别的最小信息单位——“0”或“1”，它只是一种存在状态：开或关、真或假、高或低、黑或白，总之，简记为0或1。基于这种数字技术的原理，无论文字、图像、声音还是视像，在计算机存储和传播时都可分解为一系列比特的排列组合，即数字化“0”或“1”的排列组合。

比特易于复制，且复制的质量不会随复制数量的增加而下降，而且比特以极快的速率传播，在传播时时空障碍完全消失。所以借用这种数字技术用以记录表示信息，可以提高数字信息的记录密度，可以用计算机处理，可以借助计算机网络进行远距离传输，达到最理想化的传播效果。

中国社会科学院新闻与传播研究所研究员闵大洪从传统媒体数字化的角度出发，将数字化定义为：“信息领域的数字技术向人类生活各个领域全面推进的过程，包括通信领域、大众传播领域在内的传播技术手段以数字制作全面替代传统模拟制式的转变过程。”①

在数字化浪潮中，新传媒、新产业、新市场不断涌现，并且逐渐成为世界各国的战略发展重点和社会工程。如20世纪90年代相继出现了三个重要概念：信息高速公路、知识经济和数字地球。

(二)网络技术

网络技术具体说来就是指计算机网络，它是把若干地理位置不同且具有独立功能的计算机，通过通信设备和线路相互连接起来，以实现信息传输和资源共享的一种计算机系统。

早期制造的计算机，一台机器由一人使用。这种使用方式效率非常低，很快被“计算中心”的模式取代。在计算中心的模式下，一台计算机同时由许多用户使用，计算中心使用户得以共享计算机系统的资源，这是计算机技术发展和使用方式的飞跃。但是计算中心仍然把用户限制在一个地方和一台机器上。计算机网络的出现，则把许多计算机或计算中心联结起来，其中的每一台计算机都有可能通过网络为任何其他计算机上的用户提供服务。网络使用户脱离了地域的分隔和局限，在网络达到的范围内实现资源的共享。不管是什么用户，也不管在什么地方，都可以使用网络上的程序、数据与设备，即使访问千里之外的计算机，也像用本地计算机一样。

计算机网络按其计算机的分布范围，通常被分为局域网和广域网。局域网

---

① 闵大洪：《数字传媒概要》，复旦大学出版社2003年版，第3—5页。

指那些联结近距离内计算机的网，广域网则指实现计算机远距离联结的网。自20世纪70年代以来，世界各国先后建立了几十万个局域网和几万个广域网。在这个过程中，为了在网络之间交换信息，又在不同范围内实现了网络的相互联结，形成若干由网络组成的互联网（Internet）。互联网将世界范围内许许多多计算机网络联结在一起，成为当今最大的和最流行的国际性网络。

作为人类科技史上具有深远意义的新起点，计算机技术的不断提高和广泛使用，大大提高了人类处理、存储信息的能力；而计算机网络的出现和近年来的全球普及（国际互联网从20世纪90年代中期开始在各国各地区普及）对于全球信息传播的作用和影响力则是首屈一指的，人类信息交流的空间在很大程度上得到拓展。

互联网的发展使人类社会进入了网络社会。网络社会论的代表人物之一是美国的社会学者卡斯泰尔。他在《网络社会的崛起》一书中指出，作为一种历史趋势，信息时代的主要功能和方法均是围绕网络构成的，网络构成了我们社会新的形态，是支配和改变我们社会的源泉。在《特色的力量》中，卡斯泰尔对网络社会进行了再思考。他指出，信息技术革命已经催生出一个新的社会模式——网络社会，它的表现特征为经济行为全球化，网络成为社会的组织形式，工作是灵活而不固定的，劳动是个性化的。网络通过改变生活、空间和时间的物质基础，来构建一个流动的空间和无限的时间。这种社会的新的组织形式，正渗透全球，遍及整个世界。[①]

（三）通信技术

通信是人类社会传递信息、交流文化、传播知识的一种非常有效的手段。随着人类社会的进步，生产力及科学技术日益发展，人们对通信的需求越来越多，要求也越来越高，通信业务已深入到社会的各个方面，渗透到世界各个角落。因此，在现代社会中通信起着越来越大的作用。通信的最基本形式是在点与点之间建立通信系统，将众多的通信系统通过交换系统按一定拓扑结构组合在一起即成为通信网，它能使某一地区或不同地区的任意两个终端用户相互连接起来。

通信技术种类主要包括：光纤通信、卫星通信、移动通信和个人通信等。

1. 卫星通信技术

卫星通信技术在报纸的应用主要在于版面传输方面。通过卫星进行报纸

---

① 崔保国：《信息社会的理论与模式》，高等教育出版社1999年版，第75—77页。

版面传输是我国卫星应用的新领域之一。20世纪90年代以来,已有一些报社采用卫星通信技术进行版面传输,取得了一定的效果。报纸采用卫星通信传输报纸版面的方式,简称为卫星传版。卫星传版不仅可以实时,并且能高效地将报纸版面直接传到代印城市的印刷厂。卫星传版的另一个特点就是采用广播的方式,一次传输可以完成全部代印点的版面传输,而其他的方式都是点对点,也就是说每个点都需要传送一次。

随着现代技术的不断进步,环绕地球飞行的人造卫星成为结构越来越复杂的精密仪器,从而带来了整个人类通信、传输渠道的大变革。通信技术与网络技术结合得更紧密,整个趋势是向着高速、标准化、开放系统的方向发展。在地球轨道上运行的卫星,随着容量和功率的增大,其承担的业务种类也在逐渐增多。除报业新闻媒体外,卫星通信技术在广播、电视领域里也得到了应用,卫星数字广播、卫星数字电视快速发展。

2. 个人通信技术

与报纸技术变革较为相关的是移动通信技术和个人通信技术,它们的加入大大丰富了报纸的媒介形态和传播方式。随着技术的不断成熟,报纸也会出现另一种新的传播方式——专门针对移动和个人通信的新的传播方式。移动通信是指通信双方或至少一方处于移动状态的通信,而要使通信的一方或双方在移动时实现通信,就必须采用无线方式。个人通信是通信到人而不是设备终端,它利用对通信网透明的个人电信号码,在任何时间、任何地点使用任一个固定或移动终端,与任一对方进行任何业务形式的交流。因此,个人通信网必须是宽带、智能、个人及综合业务网。目前,个人通信和移动通信与广播结合得异常紧密,比如大家熟知的短信平台等。

二、新兴的网络信息技术向传统传播业渗透

2002年出版的《新媒体革命:技术、资本与人重构传媒业》一书对于信息技术的发展有着这样的认识:

> 信息技术的发展,正在深刻地改变着传媒业的版图,这种改变是持续而剧烈的。信息技术,正在创造一个又一个新媒体样式,一个又一个商业神话。虽然今日有人将网络媒体称为泡沫,将方兴未艾的传统媒体投资及仍处在襁褓中的宽带与无线互联称为"下一个泡沫",人

们仍然义无反顾地投身其中。而被技术与资本联手改造的媒体,反过来,也将对社会、经济、文化等各个层面进行全方位的改造。[1]

在数字时代,传媒最本质的变化就是数字化,也就是说,数字技术成为当代各类传媒的核心技术和普遍技术。它带来的显著变化表现为:一是各类传统大众传媒的数字化步伐日益加快——对于传统报业来说,尽管最后的形态还是以纸介质呈现在受众面前,但制作全过程已经数字化;二是基于数字技术的新传媒及新技术手段层出不穷,如手机、数码相机、数字摄录机、数字录音笔、MP3 播放器、电子游戏机等等,以及用于媒体的各类数字专业设备。

闵大洪在其 2003 年出版的《数字传媒概要》中就充分认识到数字技术和网络技术将给传播格局和传媒自身带来重大变革。他认为"数字化最本质的特点是开放、兼容、共享",数字传媒不仅能够创造新产业,还能颠覆传统产业,如 MP3 对传统唱片业的冲击,数字化沟通了以往泾渭分明的信息(计算机)业、电信业、大众传媒业三大领域,出现了业务的相互交叉。

对于大众传播业来说,闵大洪认为数字传媒带来的改变包括:

"分众""小众"特点更加适应受众需求的多样化和受众市场的细分化;改变单向传播,具有双向互动的功能,信息接收的主动权向受众方面转移;改变信息发布受控严格局面,使信息传播流通更为自由,尤其是互联网通过其各种强大的功能,形成了海量信息源;改变以往众多传媒地域性传播特点,使传播范围扩大至全球;改变以往受众个体只能是信息接收者的局面,使受众个体也可成为信息的发布者;数字传媒成为"数字内容提供者",其发布信息可以通过各种传播平台进行传播,而受众亦可以通过多种数字化终端进行接收。

济南日报社的李光明在《中国新闻科技》上撰文称,互联网技术带来的是"报业的第三次技术革命"。他认为:

这次以因特网为平台的全球化、多媒体化的第三次技术革命的挑战,表面上是对新闻的多样性、实时性、准确性、全球性的挑战,实际上是对信息采集、加工、服务等技术手段的挑战,是对报社产业结构的挑战,是对报社生存的挑战,所以说报业第二、第三次技术革命的新闻技

---

① 陆群、张佳昺:《新媒体革命:技术、资本与人重构传媒业》,社会科学文献出版社 2002 年版,第 2 页。

术现代化已经成为迫在眉睫的问题。

总之，在20世纪伊始，数字技术和网络技术的影响力和作用力已经在传播领域蔓延，作为最具影响力的传统大众媒介——报纸，自然也处在变革的前沿。然而，此时大多数的中国报业还处在大规模集团化和产业结构的调整之中，并未真正意识到这一场技术革命的来临。

第二节 报纸与网络的起源：报纸电子版

报纸与网络的起源，是始于报纸电子网络（以下简称“电子版”）的[①]。报纸从长远眼光出发在网络上建立网站、开设网页、出版电子网络版。这种电子网络版在初期没有广告和订户收入，但可以使报纸传媒——哪怕是一个地区小报——在一夜间拥有国际读者。创办报纸电子网络版，是报纸平稳过渡到网络平台的最佳选择，报纸电子版也是报业真正数字化转型的早期探索。

一、报纸电子版的出现

当代信息技术应用于报刊业，并形成一定的市场规模，经历了一个技术进步和市场发育的必然过程。电子新闻及信息服务的探索始于20世纪70年代的英国，但终因当时技术尚不成熟及费用过高而宣告失败。美国在80年代投资这一行业时，也因技术、市场的原因而未能形成气候。[②]

而在报纸电子版出现之前，报纸对于打破纸质这种单一形态的试验探索已经在一些成形的电子形态产品上得到了突破。如典型的光盘形态，还有其他一切借助电子传播手段传播其信息的形态，如数据广播形态、图文电视形态，乃至

---

① 本书中，报纸电子网络版等同于网络版、在线版。学者对报纸电子版和网络版概念也有不同理解。如刘学红在《中国传统媒体网站的模式与尝试》（刊载于《中国记者》杂志2000年第11期）一文中指出：“报纸电子版是指把传统纸质媒体的内容电子化，是报纸的电子翻版。而网络版则在外延上宽泛了许多，除了电子化的报纸信息以外，还根据网络的特点，做了一些功能性和资料方面的拓展，如制作便于查询、阅读的新闻专辑；提供一些热点新闻的背景资料，建立数据库，实现新闻全文检索等。”本书将二者都归为一类，都视为早期报纸网络化的新生事物，只是在不同的发展阶段有不同的特点而已。

② 美国在20世纪80年代已经开始用电缆电视传递电视杂志、电子报纸以及直播电视节目。但是1983年115家开展电缆服务的报纸中，只有11家报纸盈利。且因为需要巨额的投入，几乎只有大型报业集团才敢开展这项基于电视电缆的“电子报纸”服务。

通过无线移动电话系统、无线寻呼系统传播的形态等。

而报纸真正的网络形态产品,则要数报纸电子版。互联网络上的电子报刊的特点是时效性强、跨国界传播、廉价(很多是免费的)、读者选择性强、打印复制方便,而且电子报刊为读者提取阅读提供了多种灵活方式,如将过期杂志的全部内容存放在服务器中,全世界各地的用户可根据需要随时调阅其中任何一期。报纸也可根据需要存放若干月,读者可随时调阅其中某一天的内容。更重要的是,电子报刊的出现将使任何人进行编辑出版活动成为可能,以往大众传媒业所有权集中和垄断的局面便被打破。

自互联网诞生后,利用互联网传播信息成为传统报纸的新使命,报纸的电子版(网络版)①由此发端。文献显示,国外的电子版报纸已有近 30 年的历史。早在上世纪 70 年代后期,美国的一些报纸如 *Knight Ridder*、*Time Mirror* 等都曾加入电子版的研发,但最后均告失败。②

(一)海外传统报纸电子版的出现

美国的《圣何塞信使新闻》是世界上第一家上互联网发行的报纸,这是多年来我国新闻出版界广为流传的一种说法。但经过人民日报社林穗芳③进一步查证和考究,认为《圣何塞信使新闻》是认真对待互联网的第一批报纸之一,但远远谈不上第一。最老的连续不断出版的在线报纸大概是《沃思堡明星电讯报》,该报在 1982 年启动了《星文》(Star Text)BBS 系统。

根据《圣何塞信使新闻》报社网站上的自我介绍,"该报创办于 1851 年,以硅谷报纸闻名于世,《圣何塞信使新闻》带开创性的在线版是 1993 年推出的"。据戴维・卡尔森的《在线大事年表》介绍,《圣何塞信使新闻》最初在 1993 年 5 月 10 日上美国在线网,在线版使用的名称为 Mercury Center(信使中心)。在

---

① 报纸的电子版在 20 世纪 90 年代兴起之后,在全球范围内主要有四大类:1. 通过计算机联网发行的联机电子报刊。这种电子报刊是全文型电子报刊。可像印刷报纸那样征订、发行。2. 通过广播网络的双向公用电视系统(CATV)、文字多重播送系统(TEIJETEX)、情报传视系统(VIDEOEX)、图文电视系统(TELETEXT)等出版发行的电子报刊,我国的电子报纸较多地采用图文电视出版发行。3. 以传真出版发行的电子报刊。以传递新闻和商业信息为主,如美国的《华尔街日报》《芝加哥论坛报》《纽约时报》等。4. 电子信箱型报刊。其特点是具有很强的报文传送功能,用户可根据自己的需要直接在报文中加载表格、声音、图像等信息,用户只要向电信部门申请一个电子信箱,便可方便地接收和发送电子报刊。本书中的报纸电子版(网络版)是指传统报纸在电脑网络的基础上,利用电子网络和电子信箱发展起来的一种新的媒体形态。

② 林穗芳:《电子编辑和电子出版物:概念、起源和早期发展》(上),《出版科学》2005 年第 4 期。

③ 林穗芳:《电子编辑和电子出版物:概念、起源和早期发展》(下),《出版科学》2005 年第 5 期。

线版《信使中心》在1994年12月推出万维网测试版，1995年1月20日正式在万维网上完整地推出，带有广告。

美国传统报纸第一次创办电子版的浪潮始于20世纪80年代初，带探索和试验性质，通过自有的或商用的计算机网络进行，时断时续。第二次浪潮始于90年代初，以互联网上新开发的万维网等工具为主要依托，逐渐扩展到全球。从佛罗里达州圣彼得堡市波因特研究所图书馆馆长戴维·谢登(David Shedden)编《新媒体大事年表(1969—1998)》和卡尔森《在线大事年表》提供的资料可知，有10家报纸在90年代初至1996年推出在线版，按时间顺序依次为：

1992年1月，《圣路易邮报》以Post-Link(邮报链接)的名称使用Star Text(星文)软件出BBS版，1995年改上DelPhi(德尔法)网。

1993年9月，《米德尔塞克斯新闻》上互联网推出Gopher版。

1994年3月，《阿特兰大日报和宪法报》上Prodigy(神奇)网，网站名Access Atlanta(接入阿特兰大)。

1994年5月，《哥伦布电讯报》上ColumbusFreenet(哥伦布免费网)。

1994年6月，《纽约时报》上美国在线网，网站名@Times，1996年1月上万维网。

1994年10月，《洛杉矶时报》上Prodigy(神奇)网，网站名Times Link(时报链接)。

1994年11月，《旧金山纪事报》和《旧金山考察者报》在互联网联合创办旧金山门户网站(The Gate)发布新闻。

1995年6月，《明尼阿波利斯明星论坛报》上Interchange(交换)网。

1995年7月，《华盛顿邮报》上Interchange网，网站名为Digital Ink(数字墨水)，1996年6月上互联网。

上述10家传统报纸中，通过互联网发行网络版在1993－1994年有3家，在1995－1996年有2家；其余的5家通过互联网以外的网络发行在线版，或在1996年以后陆续上互联网。由此可以大体作出判断：美国传统报纸只有少数在90年代上半期(1990－1994年)通过互联网发行电子版，多数是在1995年以后才上互联网的。[①]

---

① 林穗芳：《电子编辑和电子出版物：概念、起源和早期发展》(下)，《出版科学》2005年第5期。

(二)中国早期的报纸电子版

在国外海外报纸纷纷上网的情况下,中国报界面对挑战也积极应对。我国的电子报刊是从 20 世纪 90 年代初起步的。作为早期报纸网站网络化的主要方式,报纸电子版将纸质媒体呈现的内容以网页的方式复制到相应的网页中,或不加任何编辑,通过扫描转化为电子形式,提供网络下载或在线阅读。

1.专门在互联网络上创办的电子报刊

这一类电子报刊通常为某一组织、团体、机构甚至若干同仁所办。中国国内第一份上网的中文电子刊物是《神州学人》。它由国家教委投资 200 多万元,于 1995 年 1 月 12 日正式发刊。该刊是文摘性的新闻周刊,从国内几十种报纸杂志中摘取每周最重要的信息,每周五由中关村地区教育与科研示范网络(NCFC,国内最早的全光缆计算机网络,1993 年 12 月主干网开通,1994 年 4 月与国际互联网络联接)送入国际互联网络。[①] 创办仅一年,它的直接订户就已达 3000 多个,不定期读者在 15 万人以上。《神州学人》给许多身在异国他乡的海外华人以特别的欣喜,尤其是满足了留学生们了解祖国情况的渴望。它除了大量提供国内的信息外,还随时接收电子邮件(e-mail),并提供问答服务。[②]

2.地方报纸《杭州日报・下午版》触网

如同英、美等发达国家的报纸电子化是由一些名不见经传的小报社开始搞起来的一样,中国首先进行电子化尝试的也是一家地方报纸——《杭州日报》。1993 年 12 月 6 日,《杭州日报・下午版》通过该市的联机服务网络——展望资询网进行传输[③],拉开了中国报纸电子化的序幕。《杭州日报》率先采用电脑及通讯载体发行报纸内容及要目索引,其具体操作是:报社编辑部通过通讯线路将已在电脑中编好付印的报纸内容输入电脑联机服务公司的网络,用户通过电话线,用单位或个人的电脑即可调阅已进入联机服务的报纸内容。[④]

在当时中国尚未与国际互联网络接轨的情况下,这张网络小报仅仅局限于

---

① 闵大洪:《起步中的中国电子报刊》,《中国新闻年鉴》1996 年版。

② 闵大洪:《电子报刊——报刊业一道新的风景线》,《新闻记者》1996 年第 9 期。

③ 《杭州日报》推出的"电子报纸"通过杭州的社会化联机服务网络——展望资讯网与杭报出版同步加载传输,读者可迅速从计算机显示屏上看到整版的报纸内容或所需的时政要闻、文体新闻和股市行情、外汇牌价等部分内容,大大提高了新闻的时效性和竞争力。

④ 姜青青:《杭州日报"触网"记》,《中国报业》2012 年第 4 期。

杭州一隅，而且这种“触网”在技术上还显幼稚，所以影响也十分有限。

3. 中国最早的中英文报纸电子版

1994 年 5 月《中国日报》开通了电子版，成为我国第一家全国性英文电子报纸，当时还没有接入互联网，但国内外的读者通过长途电话，可以在计算机屏幕上看到报纸内容。《人民日报》海外版在 2000 年曾报道：“早在 1994 年，《中国日报》就开通了电子版，读者可拨通电话用电脑查询信息。有美国、英国、澳大利亚的读者竟打国际长途电话来看报，这使《中国日报》的编辑深受鼓舞。”1995 年，《中国日报》网站开通，成为国内最早上网的报纸。据《中国日报》编写的《中国日报网站大事记》记录：“1995 年 12 月《中国日报》网络版诞生，成为中国第一家上网的全国性报纸。”①

1995 年是中国计算机业的“网络年”。邮电部开通了中国公用计算机互联网(Chinanet)，即中国 Internet 骨干网和公用网。这便为中国报刊的电子化、网络化提供了有力的技术条件和基础，使中国报刊进入国际互联网络成为可能。

1995 年 10 月 20 日，《中国贸易报・电子报》在人民大会堂举行了开播演示。这是国内第一家正式在国际互联网络上发行的电子日报。该报总编辑孙维佳指出，这一步骤旨在创立一种全新的新闻媒介形式，打破纸介质报纸在出版发行中所受到的时间(时效)和空间(地域)的限制，为广大读者提供更简明、更迅捷的服务。②《中国贸易报・电子版》每天上网的文字量为 1.5 万字(中文 1 万字，英文 5000 字)。它的起点较高，一开播就通过三大渠道向国内外传播：国际互联网络、中央电视台图文电视、全国电子信箱信息服务系统(China Mail)。它的问世引起了国内外新闻界同行的广泛关注，各种媒体纷纷报道，英国路透社还立即前来洽谈，成为该报电子信息的订户。电子版的发行，是《中国贸易报》确定的经营现代化、国际化战略的一个重要组成部分，在中国新闻媒介演进史上，它更具特殊的意义，因为这标志着中国报刊业告别纸笔编排、邮政发行的传统作业方式，进入了电子化的新时代。③

到 1995 年底，国内尝试上网的报刊已有七八家。虽然中国报刊已经迈出了电子化的第一步，这一开端预示着中国报刊业发展的一个新趋势正在形成，但是在很长一段时间(1995－1999 年)里，国内报纸在互联网上的发展基本停留

---

① 李鹏：《媒聚变：媒介融合背景下报纸转型研究》，北京大学出版社 2012 年版。

② 闵大洪：《起步中的中国电子报刊》，《中国新闻年鉴》1996 年版。

③ 赵劲：《电子报刊的现状与发展》，《国际新闻界》1997 年第 4 期。

在这种电子报阶段,电子版只是报纸在网络上的简单呈现。尽管提高了报纸产品的传播率,然而新闻本身所能带给读者的信息并没有发生质的变化。因此,这一变化并没有为中国报纸的运营以及其在新媒体时代的竞争带来实质的促进和提升作用。

二、报纸电子版的发展

从世界范围来看,在互联网上建立网站发布网络版报纸的实践大多起始于1994年。到1994年底,全世界也仅有78家报纸发行了网络版。[①] 可以说,中外报业同仁们几乎是肩并肩地站在一个不可知的未来面前,他们几乎同时起步。

(一)报纸电子版在全球迅速兴起[②]:从地方小报到大报蔓延

进入90年代,随着计算机网络技术、通信技术和多媒体技术的成熟及广泛应用,尤其是国际互联网络成为全球性的信息资源网并为电子报刊首先解决了技术上的难题,电子报刊顺理成章地进入大发展阶段。报刊通过互联网络发行电子版的目的,是想在自己原有的势力范围内保持主要信息来源的地位;当然,另一个目的则是必须跟上传播科技的发展,以新的手段为读者提供更完善的服务。1996年2月,美国新闻学会提交的一份调查报告表明,全世界当时可以通过互联网络阅读的电子报纸有900种,1996年底将达到2000种。

欧洲首家为盲人提供“读版”服务的系统于1993年3月9日进入用户家庭,个人电脑可以接收最新出版的英国《卫报》,并通过语音合成器“读”给盲人听。[③]根据权威的新泽西凯尔西(KELSEY)媒体顾问公司披露,1989年,仅有42家报社加入电子企业研发电子报,到1994年年底,已增至3000家,像《亚特兰大宪法报》《底特律自由报》《芝加哥论坛报》等,都在全国性的大资讯服务线里开设了“窗口”,刊发自己的版面;《纽约时报》开设了专题节目,提供娱乐和文艺服务,《华盛顿邮报》也在1994年秋天推出了自己的电子新闻版。据称,仅《国际网络》(ITER-NET)的电脑网,全球就拥有2000多万个用户。[④]

---

① 毛哲:《报纸的网络化生存》,《南方传媒研究》(第9辑),2009年第1期。

② 摘引自闵大洪:《起步中的中国电子报刊》,《中国新闻年鉴》1996年版。

③ 王琼:《海外的电子报纸》,《新闻大学》1995年第4期。

④ 好知:《21世纪全球将风行电子报》,《新闻记者》1995年第9期。

1994年11月，美国网景公司推出了划时代的软件产品：互联网浏览器Netscape Navigator 1.0，极大地方便了人们在网上搜索与浏览，因而激起了第一次用户上网的高潮。据统计。仅一年时间内，全球上网用户猛增了1倍，达到3 000万人。上网人数的迅速增加极大地刺激了报纸上网的热情。从那以后，美国报纸差不多以每年递增60%的速度在网上抢滩设点。据美国报业协会的统计，截至1997年3月1日，全美1520家报纸中已经有500家在互联网上推出了电子版（网络版），占总数的三分之一；到2001年5月1日，这个数字增加了1倍多，

（二）报纸电子版在中国的发展[①]

电子报刊的发展基于互联网络的发展。1996年，中国的互联网络建设有了飞速的发展，[②]伴随中国互联网络的快速发展，1996年出现了一批报刊踊跃上网的强劲势头。

1996年1月2日，《广州日报》电子版通过新加坡报业控股的服务主站"亚洲一号站"正式进入互联网络。电子版上网的第一天，编辑部就收到来自世界各地的大量中英文电子邮件，对能在网上及时看到中国《广州日报》表示兴奋和激动。为了扩大其世界影响，电子版陆续增加了英文信息的比重和栏目。同日，《中国证券报》电子版也正式面世。它不仅以计算机联网方式迅速传递信息，而且专门开设了一个《公众论坛》栏目，使读者可以随时将自己的信息以最快捷的方式反馈到编辑部。《中国证券报》的重要内容还通过无线寻呼台进行播报，用户使用BP机即可收看到每天的主要新闻。实际上，除了在互联网络上发行电子版以外，图文电视、调频文字广播、无线寻呼播报、电话信息台、语言信箱等都是报刊可采用的电子传播手段。

1996年1月13日，《人民日报》对外宣称，其综合数据库国际平台经过三个多月的调试，开始正常运转，它把当天《人民日报》《人民日报·海外版》《市场

---

① 摘引自闵大洪：《1996年中国电子报刊发展概况》，《中国新闻年鉴》1997年版。

② 当时中国互联网飞速发展的标志除了邮电部主管和负责运营的中国公用计算机互联网（CHINANET）已于1995年开通外，电子部主管和负责运营的"中国金桥信息网"（CHINAGBN）、国家教委主管和负责运营的"中国教育和科研计算机网"（CERNET）、中国科学院主管和负责运营的"中国科技网"（CSTNET）先后于1996年内正式开通。1996年网络服务商（或称上网公司，即Internet Services Provider，缩写为ISP）大量涌现。到1996年底，国内的ISP已达到60—80家，它们在服务和价格方面展开竞争，进一步刺激了互联网络的发展和应用。到1996年底，全国的互联网络用户已达10万个。

报》的全文内容约20万字和部分图片送入互联网络。到1996年底,在互联网络上发行电子版的报纸计有:《中国贸易报》《人民日报》《人民日报·海外版》《市场报》《讽刺与幽默(画刊)》《经济日报》《金融时报》《中国经营报》《中国消费者报》《中国质量报》《国际商报》《农民日报》《解放日报》《新民晚报》《南方日报》《广州日报》《南海日报》《粤港信息日报》《珠海特区报》《深圳商报》《北京日报》《北京青年报》《星星火炬报》;英文报纸有*China Daily*、*Shanghai Star*;计算机类报纸有《国际电子报》《计算机世界报》《中国计算机报》《中国电脑教育报》《产业信息报》等;总计30余种。

总的来看,1996年中国电子报刊的发展仍处在起步探索阶段。受资金、技术、人员等各方面因素的制约,一是制作水平还不高,与国外海外电子报刊水平相比差距较大;二是上网信息少而慢,有的甚至长期不更新信息。

(三)电子版引发的报纸集体上网浪潮

从1996年开始,中国报纸进入了集中上网时期,《广州日报》《人民日报》《光明日报》等传统大报相继上网。

1.中国报刊第一次上网浪潮:1996—1998年

中国报刊第一次上网的热潮是在1996—1998年。截至1996年年底,全国共有30余种报纸和近20种杂志、1家通讯社上网。到1997年年底,在CN注册域名中的报刊数已达95个(总数4066个),大致为当年报刊总数的1%(报纸2149种,杂志7918,两者合计10067种)。1998年,报纸上网掀起新高潮,到1998年底,全国电子报刊总数127家。1996年1月2日,《广州日报》电子版通过新加坡报业控股的服务主站"亚洲一号站"进入互联网络,成为我国第一份上网的地方报纸。

1997年1月1日,《人民日报》网络版正式推出,这是对中国报业的数字化具有重要意义。《人民日报》是中共中央机关报,《人民日报》网络版的推出,意味着"国家队"出击新媒体。1997年6月18日,国务院新闻办正式批准《人民日报》及其所属六报四刊进入国际互联网。此举不仅意味着《人民日报》的网络发展有了保障,也意味着整个中国媒体的网络化之路得到了有关部门的认可。[①]

作为报纸探索网络化的首选途径,电子版只是报纸在网络上的简单呈现。

---

① 石磊:《分散与融合——数字报业研究》,中国社会科学出版社2010年版。

这种传播方式的网络化尽管提高了报纸产品的传播效率，然而新闻本身所能带给读者的信息并没有发生质的变化，因为它并没有为中国报纸的运营以及新媒体时代的竞争带来实质性的促进和提升。

2. 中国报刊第二次上网浪潮：1999—2001年

中国报业的第二次上网热潮是在1999—2001年。1999年，一批冠以“××网”、“××在线”的媒体网站应运而生。如《中国计算机报》网站改名为“赛迪网”，文汇新民联合报业集团改为“申网”，《深圳商报》网站改为“深圳新闻网”。到1999年底，全国上网报纸已有近1000家，具有独立域名的新闻宣传单位已达700多家。随着2000年一批商业性网站拥有了新闻登载资格，网络新闻媒体的阵营更加壮大，到2000年下半年，据北京、上海、广东、四川等25个省、市、区不完全统计，登载新闻的网站已达5000多家。2001年，湖南红网、山东大众网、福建东南新闻网、广东南方网一批地方主要新闻网站诞生。①

(四)报纸电子版的发展走势及潜在问题

报纸电子版作为早期报纸网络化的方式，主要是将纸质媒体呈现的内容以网页的方式复制到相应的网站中，或不加编辑直接通过扫描转化为电子版，提供网络下载或在线阅读。

从内容来看，主要是报纸内容在网站上的直接呈现，网络版提供的信息与纸质版一模一样，排版方式也沿用纸质媒体的分类和组合方式；从赢利模式来看，经营意识和经营手段都非常有限，网络版均由报社和集团出资维持运作，既不承担赢利任务也不主动开展经营性活动；在传播方式上，网络版也仍然沿袭传统报纸的单向传播方式，单纯提供新闻信息，既没有开辟与受众交流的版块，也没有为受众提供意见表达的平台。因此，它们大多被视为母报的附属，缺乏竞争压力，也没有创新力。

1. 报纸电子版的发展走势：网站化

中国报纸的电子版主要表现为三种形式：一是以独立的域名出现，电子版的内容和报纸的内容几乎一模一样，处于电子版发展的初级阶段，到1998年，国内党报、都市报、行业报的电子版大多如此；二是将电子版升级为报纸网站，内容相比报纸更加即时、丰富；三是随着报业的集团化，多家报纸联合组建信息

---

① 石磊：《分散与融合——数字报业研究》，中国社会科学出版社2010年版。

平台,在推出集团内各报独立电子版的同时,打造区域性新闻网站,这也是许多报业集团在 20 世纪 90 年代末采取的模式。

2.报纸电子版面临的困局

报纸电子版作为报纸网络的最早尝试,代表着报纸向互联网迈出了第一步。正因为是“尝试”,故而没有周全准备,难免存在种种问题,而这也为其长远发展埋下了隐患。

一是版权意识淡漠,造成了报纸电子版为商业网站做嫁衣的局面。各大报纸的电子版推出后,报纸产品成为网络公共资源,被各大商业网站免费转载使用。同时,商业网站通过对众多报纸电子版内容的优选整合,反而比单一报纸电子版更受网民的喜爱,从而促进了商业网站访问量倍增,远远超过报纸电子版自身的访问量。同时,由于相关法律、法规不够完善,致使报纸产品遭遇侵权盗版的情况十分严重。①

二是电子版对报纸发行量的负面影响。许多读者在阅读报纸电子版之后,逐渐放弃了对报纸纸版的购买,这势必造成报纸发行量的下降。虽然从总体上来看,综合纸版阅读、电子版阅读以及互联网转载,使报纸新闻产品的传播率有了大幅提高,但是从报纸的经营来看,因为大多数广告客户看重的是报纸版的传播效果,报纸发行量的下降势必对报纸的经营造成不利影响。

三是报纸电子版发展过程中遭遇硬件和软件的难题。首先是与欧美等发达国家相比,中国专业数字传播人才比较缺乏,生产与传播报纸电子版的人才既需要掌握媒体采编经验,又要具备影像声画处理、网络编辑构架等专业知识,还要掌握先进的软件使用技术;同时,在国内报纸电子版的制作与传播过程中,基础设备较为落后,缺乏先进的工具软件,致使呈现报纸电子版的界面呆板、缺乏吸引力,对网民的服务性和实用性不强。②

第三节　报纸与网络深度接触:从报纸电子版到报纸网站

如果说报纸的电子版是报纸的“网络翻版”,停留在照搬报纸内容原版的网络阶段,那么报纸网站则是报纸与网络更深层次的“接触”。与报纸电子版的试

① 毛玉西:《电子报发展的困境与出路》,《中国记者》2007 年第 9 期。
② 赵金、王立纲:《报纸电子版运行情况调查》,《青年记者》2010 年第 1 期。

探、摸索心态相比，报纸对于网站的实践动力更足、态度更坚决，力度因而也更大。

一、中国报纸网上“圈地”，纷纷创建网站

从 1995 年《神州学人》杂志和《中国贸易报》上网开始，中国的绝大部分报纸、杂志、广播、电台和电视台都对建成自己的网络版和网站投入了极大的热情，报纸网站也经历了从萌芽到成长的过程。

根据报纸网站数量、规模的多少、大小和网站服务功能的完备与否，可以将中国报纸网站在 20 世纪末到 21 世纪初的发展进程划分为两个阶段：第一阶段 1996－1999 年，报纸网站尚在萌芽；第二阶段 2000—2004 年，报纸网站初具雏形。

(一)第一阶段：报纸网站萌芽(1996—1999 年)

以 1995 年《神州学人》杂志和《中国贸易报》先后上网为开端，从 1996 年开始，我国报媒进入集中上网时期，《广州日报》《人民日报》《光明日报》等传统大报相继上网，代表着中国报业的中坚力量对互联网的出击。报纸大多采用依附性较强的网络版式，这一阶段是报纸网站的萌芽阶段或初级阶段。

1. 报纸网站数量激增

1995 年以后的五年间，中国各类新闻媒体上网数量飞快增加。据国务院新闻办 1997 年 10 月统计数据，截至 1997 年 5 月，以各种形式上网的报纸约 36 家，大部分是《人民日报》及其子报以及《经济日报》《金融时报》《解放日报》《新民晚报》《广州日报》这样的全国知名报纸。仅仅一年时间，报纸上网数量激增。据中国互联网络信息中心(CNNIC)统计，截至 1998 年底，我国有 127 家报纸上网。尤其是 1999 年以来，众多地方新闻媒体开始形成上网热潮，地级甚至县级新闻媒体也纷纷上网。到 1999 年 6 月，上网报纸已达到 273 家，约占全国报纸总数的七分之一；到 1999 年底，中国上网报纸已经接近 1000 家，其中 42.6%的报纸网站拥有独立域名(见表 2－1)。①

① 李鹏：《媒聚变：媒介融合背景下报纸转型研究》，北京大学出版社 2012 年版，第 15 页。

表 2—1　中国报纸网站萌芽期网站数量变化

截止年份	上网报纸数量	统计数据来源
1997 年 5 月	36	国务院新闻办
1998 年 12 月	127	中国互联网络信息中心
1999 年 6 月	273	中国互联网络信息中心
1999 年底	1000 多	中国互联网络信息中心

资料来源:根据公开历史资料整理。

2.报纸网站网络服务功能欠缺

这一阶段的报纸网站有以下特点:

一是报纸网站在单一地复制母体媒体的内容。大部分上网的报刊内容几乎全是报纸的翻版。不只是报刊,就连广播电台、电视台、通讯社的网站,也多是将传统传播渠道发布的各种信息原样搬移至网上,而很少根据网络信息传播的特性,针对网民的需要,制作出适合网络信息传播规律的有别于母体媒体的信息。二是新闻网站中大多是图文信息,视频与音频信息尚未开发。三是与读者及时交互功能的欠缺。除部分实力较强的新闻网站外,上网的国内新闻媒体一般还囿于传统媒体的运作模式,限于对受众的单向信息传播。四是动态新闻较多而缺乏深度报道信息。五是服务功能单调。上网的中国新闻媒体主要还集中于新闻信息的传播,而考虑利用自己特有的信息资源优势,针对特定的读者群体提供包括商务、旅游、购物、娱乐等在内的各种信息服务的网站还是凤毛麟角。[①]

由于传统报纸在互联网传播领域如何发展是一个全新的课题,一切尽在摸索中,因而各方面的不足与问题处处显露。此外,资金、技术、人才也是各个报纸网站建设与发展面临的普遍难题,有的网站甚至不得不长期陷于停顿,直到后来各方面条件成熟后才重新起步。[②] 这一阶段,网络媒体尚未形成巨大的影响力,不仅表现为自身形态简陋,还表现为上网用户数量十分有限,网络媒体的市场规模很弱小。

① 根据蔡睿:《当前我国传统新闻媒体网站评析》,《新闻视野》2000 年第 5 期文章整理。

② 闵大洪:《网络媒体赢利模式探析》,《现代电视技术》2003 年第 7 期。

(二)第二阶段:报纸网站初具雏形(2000—2004年)

如果说2000年之前我国新闻网站总体上处于"生长萌发期"(除个别网站外,大多数基本上还是"嫩芽"),那么2000年之后,报纸新闻网站则迎来了新的发展。特别是在2000年国际互联网业普遍不景气的情况下,报纸新闻网站却呈现出前所未有的蓬勃发展势头。从网站方面看,数量增加是一个方面,更重要的是,一批领头的网站已经比较有声势地站在了互联网的前沿。这是对新闻网络基本规律有所掌握的结果。管理部门也初步掌握了网络和网络新闻宣传方面的一些基本规律,一些规范化管理措施的相继出台就是明证。

1.国家支持传统媒体兴办网站

1999年5月,当中国驻南斯拉夫大使馆遭到以美国为首的北约集团的导弹袭击之后,中共中央看到了利用互联网传播信息的重要性,更加明确了必须占领互联网这一阵地的决心,以加强传统新闻媒体的地位,迅速改变中国在互联网传播中的被动局面。在这种情况下,党中央全面部署,采取了一系列重大措施。2000年起,有规划地建立了涵盖中央、省、区、直辖市、计划单列市的三级新闻网站,形成了有中国特色的网络新闻传播体系。

在这一发展进程中,出现了行政区域内众多主流媒体合力共建大型网络传播平台的新模式,如2000年最先组建开通的北京千龙新闻网及随后组建开通的各省重点新闻网站。政府主管部门还注重加强对互联网新闻传播的管理,出台了一系列网络管理法规,其中最主要的体现为:对网络媒体采取许可制,只有获得资质的网站才能开展运营;对网络媒体的新闻资源进行限制。

2.提供完善的信息和功能服务

报纸网站经过几年的发展,在掌握和运用网络传播的规律和特性方面不断进步。不少网站已不再将"母体"内容如报刊印刷版的内容照搬上网,而是在信息内容和形态上办出特色,提供网络多种服务功能。

以人民网为例,2000年8月21日,《人民日报》网络版以"人民网"的崭新品牌形象展现在公众面前,从而完成了从《人民日报》网络版向"人民网"的转型。此时,人民网的日更新量超过1500条,建立了中、英、日、法、西五种语言版本。2000年10月28日,人民网启动新域名www.people.com.cn,确立了由"综合新闻网站"向"集团新闻网站"的战略转型。

此后,人民网进行了多次改版升级。2003年6月中旬,人民网以全新面貌出现,这是人民网三年来进行的一次最大规模的改版。改版是人民网向综合性、多功能新闻网站迈出的新的步伐。人民网不仅在新闻提供方面尽可能满足用户“知的权利”,而且还开设 BBS 论坛(“强国论坛”),让用户对国际国内重大事件拥有“表达的权利”,人民网随即被公认为新闻媒体网站中最具影响力的网站之一。①

3.以大型综合网站为今后定位

一些报纸网站已不再称自己是某报网络版或电子版,而是以“某网”“某在线”自称。上海文汇新民联合报业集团网站的名称是“申网”,《广州日报》网站的名称是“广州日报大洋网”,《深圳商报》网站的名称是“深圳新闻网”,《浙江日报》网站除该报网络版外,还包括“浙江在线”这一地方门户网站。名称的改变意味着新闻媒体网站经营理念的提升,反映出一些有实力的地方新闻媒体网站已将自身今后的发展定位为综合服务网站。②

4.联手建立大型网站传播平台

新闻媒体网上发展的一个新景观,是地域内众多媒体跳出单打独斗的思路,联手建立有规模效益的传播平台。

四川新闻网(www. scnews. com. cn)于 1998 年 10 月开始运作,仅一年多的时间已有省内 9 家综合类报纸、42 家专业类报纸、16 家杂志、21 家广播电台电视台共 86 家媒体上网。再如河南报业网(www. hnby. com. cn),虽为河南报业集团所办,但已成为省内众多报刊上网的平台。

2000 年 5 月 8 日,千龙新闻网(www. 21dnn. com)开通,并得到了北京地区传统强势媒体的鼎力支持,由《北京晨报》《北京日报》《北京晚报》《北京青年报》《北京经济报》、北京人民广播电台、北京电视台、北京有线广播电视台和《北京广播电视报》9 家北京市属新闻媒体与北京四海华仁国际文化传播中心、北京实华开信息技术公司共同发起和创办。

由上海多家新闻媒体包括解放日报社、文汇新民报业集团、上海人民广播电台、上海电视台、东方广播电台、东方电视台、上海有线电视台、青年报社、劳动报社、上海教育电视台集中资源优势共同建设的大型综合网站东方网(www. eastday. com. cn)于 2000 年 5 月 28 日零点正式开通,其总体发展策略为“新闻

---

① 闵大洪:《中国报业数字化的进程与前瞻》,《传媒》2006 年第 2 期。
② 闵大洪:《新闻媒体网上发展之考虑》,《新闻战线》2000 年第 3 期。

导入、服务衔接、电子商务拓展”。作为提供媒体上网的平台，东方网与 150 家媒体签约合作，每天新闻更新数量达到 1200—1400 条。

5. 以公司化运作取得发展活力

尽管报业“上网”较早，但由于机制、体制等方面的原因，其发展落后于商业网站。报纸网站在实践中深刻体会到，自身发展受到原有体制、机制的极大制约，不能用办传统媒体的老办法来办新兴的网络媒体，只有找到社会效益和经济效益双赢的发展模式，今后才能驰骋于网络世界。实行公司化运作是传统媒体网站建设和经营的趋势和必然选择。因此，不少媒体网站迈出了积极探索的步伐。

1999 年《电脑报》网站成功融资 500 万美元，率先进行公司化运作，正式推出天极网（www. yesky. com）；《中国计算机报》网站经过多月的筹备，成立了赛迪网信息技术有限公司，并于 2000 年 3 月 23 日正式推出赛迪网；《中国青年报》网站中青在线在经营体制上作出探索，《中国青年报》网络版于 1998 年 10 月 7 日开通。1999 年，《中国青年报》找到外资投入，但按照当时国家的规定，媒体网站不得有外资投入，于是双方成立了一家技术性公司“北京中青在线网络信息技术公司”，进行公司化运作，《中国青年报》负责内容。公司注册资金 500 万元，报社投资 200 万元，外方投资 300 万元。后来外方又追加 2000 万元投资。2000 年 5 月 15 日，中青在线网站开通。

东方网的建设从一开始就具有典型意义，它采取了多元化的投资结构和企业运作模式。具体方法是由上海新闻单位联合东方明珠股份有限公司、上海信息投资股份有限公司，共同发起成立上海东方网际传讯股份有限公司并注册东方网，公司按照股份有限公司的原则建立完善的法人治理结构，网站总投资 6 亿元，其中东方明珠持股 30%，为第一大股东。东方明珠董事长曾明确表示，东方网从成立的第一天起即按照上市公司的要求进行运作，上市是网络公司比较好的选择之一，东方网也必将走上这条路。[①] 不难看出，成为未来能盈利的网站已经是不少有实力的媒体网站的既定战略目标（见表 2—2）。

---

① 《北京青年报》2000 年 6 月 3 日上市公司版《访东方明珠董事长盛重庆》。

表 2—2　部分报纸网站公司化运作

网站	创办时间	网站前身	运营公司	备　注
大洋网	1999 年	广州日报网络版	广州市交互式信息网络有限公司	注册资金 1000 万元,以独立法人和公司化运作方式
天极网	1999 年	《电脑报》网站	天极信息发展有限公司	融资 500 万美元,向独立的 IT 网站发展
赛迪网	2000 年	《中国计算机报》网站	赛迪网信息技术有限公司	成功融资 900 万美元,打造 IT 门户网站
中青在线	2000 年	《中国青年报》网站	北京中青在线网络信息技术公司	外资注入,投资 2300 万元
千龙网	2000 年	北京市 9 家新闻媒体共同发起和创办	北京千龙新闻网络传播有限责任公司	投资金额不详
东方网	2000 年	上海市 10 家新闻媒体联办	上海东方网际传讯股份有限公司	网站总投资达 6 亿元

6. 新的传媒格局正在形成

截至 2001 年底,中国有报纸 2111 家、杂志 8889 家、广播电台 311 家、电视台 358 家、通讯社 2 家。这些新闻媒体建立了数千个网站和网页,涵盖了中央、省、区、直辖市、计划单列市、地市、县四级各类新闻媒体,形成了庞大的规模群体。

我国的传统媒体网站中已经初显了四个层次的架构:国家重点扶持的重量级,以人民日报社、新华社、国际广播电台、中国日报社 4 个近年建立的中央级重点网站为代表;以各省市级新闻单位为基础组建的次重量级网站,以北京的千龙网、上海东方网为代表;以实力较强的行业媒体为基础组建的专业网站,以《电脑报》的天极网和财经类的和讯中金网为代表;以地市新闻单位以及行业或区域性新闻单位为主的小型网站,该类网站的传统媒体背景处于弱势,有的直接挂在一些实力较强的网站下,有的虽然独立但影响尚未扩大,其传统媒体尚处于弱势(见图 2—2)。

有学者就以上的四层级报纸网站格局进行分析后指出,在互联网上虽然无先后、大小之分(仅指站点和网页界面),但由于具有传统媒体背景的一二层级网站拥有良好的品牌形象,掌握了丰富的信息资源以及较强的权威性,更容易

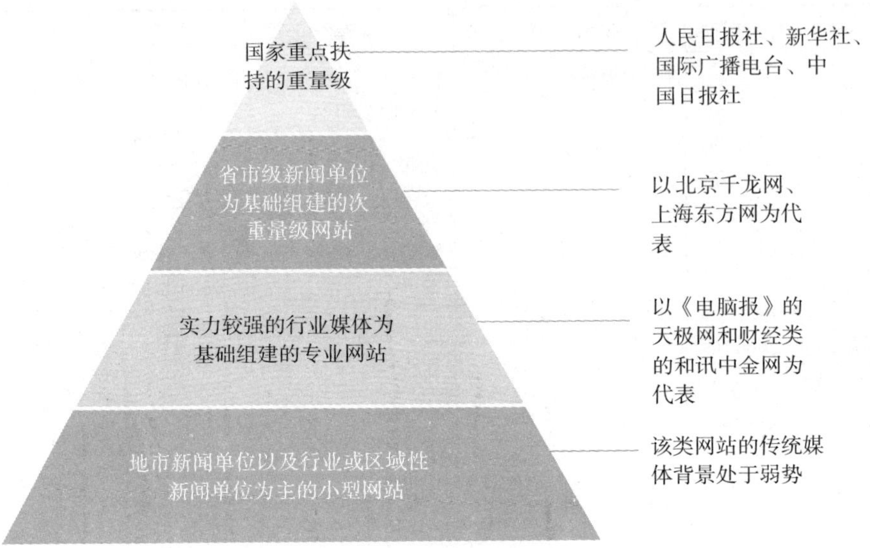

图 2—2　21 世纪初中国传统媒体网站格局

形成网络新闻传播的主渠道。[①]

2002 年,在经历了互联网泡沫、全国报纸压缩、兼并以及国家网络管制等事件之后,我国网络新闻媒体的数量有所减少,并逐渐稳定下来。至 2002 年底,全国 2000 多家报纸、8000 多家期刊、290 多家广播电台和 420 多家电视台约建立了 3000 多个网站或网页;同时,新浪、搜狐等数十家商业网站也获得了刊载新闻的资质。[②] 就规模和影响而言,网络媒体已在中国传播格局中占有极其重要的地位,其自身也由不成熟的媒体走向成熟的媒体。

二、报纸网站的运营模式

(一)报纸机构独立创办

对于大多数的报纸传媒来说,创办网站是介入互联网技术领域的直接路径,报社基于自身的主报电子版内容,打造中央级或省市级重点新闻网站。

---

① 蔡睿:《当前我国传统新闻媒体网站评析》,《新闻天地》2000 年第 5 期。

② 闵大洪:《2002 年中国网络媒体发展概况》,《中国媒体发展研究报告 2002 年卷》,武汉出版社 2003 年版。

方琦在《论我国报业数字化商业模式创新》一文中认为,中央级及省市级重点新闻网站具有以下几个明显的特点:(1)充分利用计算机技术和互联网技术,用网页形式对主报电子版内容进行重新整合和编排,使之符合网络读者的阅读习惯,并使主报新闻在内容、数量、质量、表现形式、多媒体手段、时间延续、各项服务功能的体现、各种资源的整合等多方面获得长足进步;(2)充分发挥主报背后强大的政治资源和政府资源优势,牢牢占领互联网上的新闻传播和舆论引导的制高点;(3)由于有主报及报业集团强大的经济实力作为经济基础,这些新闻网站多数注重社会效益,目前没有什么经营收入,主要靠背后的主报或报业集团养活。[①]

(二)千龙网—东方网模式:整合地方新闻资源,组建专业新闻网站

在报纸网站的建设中,除了人民网这种由《人民日报》单独创办的模式,还有由政府主导的行政区域内众多媒体参与组建的大型新闻网站群——"千龙—东方模式"。千龙网、东方网是由党政主管机构牵头、多家媒体联合的新闻网站,它们作为以公司形式运作的新闻网站,自诞生之日起就十分引人注目——无论是它的运营模式,还是对它在网络新闻方面预期的作为。

千龙网是国内第一家地方重点网站,于2000年5月由北京日报社、北京晚报社、北京晨报社、北京青年报社、北京广播电视报社、北京人民广播电台和北京电视台等多家媒体共同投资组建。该网站自成立以来更多地采用商业网站的模式进行发展,收购了两个商业网站:伊氏女性网和E部落动漫网。

上海东方网与千龙网运作模式大致相似。1999年10月,上海市委决定尽快建设一个综合性的国内一流的大型新闻网站。2000年5月28日,东方网开通。该网与解放日报社、文汇报社、新民晚报社等上海14家主要新闻单位达成了资源共享的协议。不仅如此,在东方网集资的6亿元中,文新报业出资12%,解放日报社出资10%。[②]

从千龙新闻网和东方网的出现,可以发现以下几个特点:

首先,政府主管部门的筹划和支持对此类地方综合性传媒网站产生了决定性作用。正因为这样,所以才有了"新闻单位在资金、人力、信息等诸多方面的全方位投入和支持,是东方网面对激烈的市场竞争的最重要的优势"和"政府的

① 方琦:《论我国报业数字化商业模式创新》,《新闻前哨》2007年第5期。
② 刘学红:《中国传统媒体网站的模式与尝试》,《中国记者》2000年第11期。

高度重视已成为使千龙网获得高速发展的加速器”之类的说法。

其次，千龙新闻网和东方网作为传媒网站，既是担负新闻传播职能的媒介，参办方又有股份公司背景，而且公司的控股方也是股份公司。可见，与传统媒体创办的网络版相比，“千龙—东方模式”更有资本运作的空间。

再次，地方综合性传媒网站的形成本身也是在市场竞争中拼得你死我活的众多传统媒体，为迎接即将到来的共同挑战而走上的“网上联合之路”，这对于提升网上新闻服务的质量有利，对促进网络新闻传播服务质量的竞争也有利。

三、报纸网站对经营的自发探索

中国的新闻媒体网站一直把主流新闻网站作为自己发展的目标，希望能够在资金、信息等方面摆脱对母体媒体的依赖，形成独立运营的实体，通过发布新闻和提供信息服务，形成强大的网络舆论并实现盈利，从而延续传统媒体在网络中的主导作用，使网站成为新的利益增长点。

新闻网站是在互联网接入我国两年以后的 1996 年开始的“投石问路”之举，当年的初创者还怀揣着美好的愿望：“发挥社会主义大家庭的优势，利用传统媒体的原有优势，以股份制形式发展网络新闻事业。中央和地方财政每年拨款给予支持，利用三到五年的时间，使其发展壮大。”①到 2001 年，五年期限早已过去，中央财政也已经按照原计划拨出 3 亿—5 亿元人民币予以扶持，各地政府投入新闻网站的资金也不下 5 亿元。但可以肯定地说，大多数新闻网站还尚未找到一直在苦苦寻觅的赢利概念和赢利模式。正像人民网总裁何加正所说：“现在全球范围内的新闻网站可能都是不盈利的，即使有一些盈利的也只是个别现象。”②

该阶段，我国新闻网站的经营大多处于模仿学习商业网站的阶段，还没有形成自己成熟的赢利模式，其收入来源大体有三部分：内容销售、无线增值、网络广告。内容销售这一模式在中央重点扶持的主流新闻网站中早已使用，如《人民日报》授权人民网新闻资源的网上使用权，其他网站使用《人民日报》的新闻网络版权必须经人民网授权同意。短信等无线增值业务是新闻网站的主要收入来源，例如北青网的这部分收入占到营业额的 70%—80%。此外，新闻网

① 詹新惠：《新闻网站，行走在传统与嬗变之间》，《传媒》2006 年第 10 期。

② 詹新惠：《新闻网站，行走在传统与嬗变之间》，《传媒》2006 年第 10 期。

站广告经营主要有两个层次:一是与传统媒体无关的广告收入,即纯粹的网络广告,这一的广告市场规模不大且不稳定;另一个是与传统媒体做捆绑销售的网络广告,这一广告市场尚不为人重视。

总结来看,国内新闻网站的赢利模式主要有以下几种:①

1. 信息出售赢利模式。即出售新闻及相关资讯资源。根据国家规定,新闻网站对新闻类资讯信息有专营权,其他网站无权原创网络新闻。因此,新闻网站就可以出售新闻类的信息,以获得收入。

2. 网络广告赢利模式。即通过吸引更多的浏览量来吸引网络广告的投放。

3. 电子商务赢利模式。如大洋网的网上书城等。

4. 手机短信赢利模式。网站结合手机短信发送信息,并获取利润。

5. 其他模式。除了上面一些模式之外,新闻网站还根据自己的政策优势等特点,创造新的赢利模式,例如,东方网就在上海成立了一个网吧连锁公司。

四、报纸网站"起大早、赶晚集"的尴尬

郭全中认为②,对于传统的报业集团进入网络媒体,可能需要解决如下三个问题:第一,是做门户网站还是其他网络媒体?要及早确定网络媒体战略;第二,如果做门户网站,只靠一家报业集团的信息资源是否能够支撑一个门户网站?因为在报业市场区域分割的情况下,每个报业集团的信息资源都具有明显的区域性特点;如果不做门户网站,其商业模式是什么?盈利点在什么地方?这些都需要报业集团进行深入研究,而目前来看,尚没有很好的结论;第三,做网络媒体需要大笔的资金支持,根据国内外建立网络媒体的经验,一个网络媒体需要的投资动辄几千万甚至上亿元,这对于长期依靠粗放型增长方式的报业集团来说是一笔不小的开支。

当三大商业门户网站相继宣布盈利、纳斯达克全线飘红之时,当新浪、搜狐、网易等商业网站开始出现中国互联网春天的时候,当传统媒体的广告份额被互联网不断分割的时候,新闻网站却面临着"起大早,赶晚集"的困窘与尴尬。新闻网站是不是应该反观一下自身的症结所在?

---

① 王纯:《新闻网站的核心竞争力》,《青年记者》2006 年第 2 期。

② 郭全中:《中国报业面临的挑战与对策研究》,《中国报业》2007 年第 3 期。

(一)体制机制先天不足

无论是国家重点新闻网站还是省级地方新闻网站,自成立之初,其体制、机制就存在着先天不足。它们一条腿在计划内,一条腿在市场上。比如省级地方新闻网站,起初大多以行政命令方式由各方筹资成立,省委宣传部主管,省级新闻办或互联网新闻中心主办,网站的管理体制存在重重障碍。其中广西桂龙网更为特殊,由于广西没有成立“互联网新闻中心”这一事业单位的主办机构,桂龙网就由区委宣传部直接主办,在体制和机构上近似于宣传部的二级部门。

国家级重点新闻网站基本是依托传统媒体建立的,因此其运行机制基本沿用了传统媒体“事业单位、企业化管理”的方式,运用管理传统媒体的思维和手段管理新生的新闻网站。在面对国内互联网高速发展的大环境和商业网站灵活多变的体制机制时,体制的弊端开始束缚网站的发展,使其既不能敏锐地把握市场的脉搏,适应市场的变化,又不能抢占网络新闻的制高点,和商业网站抗衡。正像中国人民大学新闻学院彭兰教授所说:“我国新闻网站的发展首先是体制上的限制。新闻网站虽然有传统媒体的资源优势,但现有的体制并不能有效地促进这些资源从传统媒体延伸到网站。一些传统媒体出于自己利益的考虑,并不会积极地配合网站发展。事实上,传统媒体的品牌未必会自然转化为新闻网站的品牌,有时它们带来的‘刻板印象’甚至可能会产生阻碍作用。而体制上不灵活,也使得新闻网站在面对新技术、新发展机遇时反应不够迅速,先机往往被商业网站获得。”

(二)新闻网站大而全的模糊定位

目前,国内的互联网站有四大类:门户网站、特色网站、新闻网站和行业网站。新浪、搜狐等老牌门户网站,凡是互联网上出现的业务它们一应俱全:从 web1.0 时代的新闻、资讯、网游、电邮、无线、搜索、电子商务等,到 Web2.0 时代的博客、音乐、新型电子杂志等,包罗万象、无所不及。

新闻网站专注于发布新闻、信息,也似乎没有定位之惑。但当内容同质化、“千网一面”现象出现的时候,新闻网站就不得不考虑市场定位以及如何突出自己的特色问题了。“千网一面”首先在于新闻来源。新闻网站的新闻来源一般有两部分:网站原创,传统媒体的新闻。自己原创的分量在新闻网站新闻中所占比例很小,即使是有国家通讯社背景的新华网,其原创新闻也只占到其发布新闻的一半。由于新闻网站的新闻大多来自传统媒体,因此,内容同质化已然不可避免。频道设置方面,无论是国家重点新闻网站还是地方新闻网站,设置的频道或栏目基本雷同。同时,受限于新闻网站的薄弱技术,其在提供网站服务上也多是“大众化”服务,鲜有专业化、个性化的服务,甚至还有不少新闻网站加入了追逐“门户”的行列。

“千网一面”的现状,要求网站发展的决策者们摒弃新闻网站“超市”的思想,代之以新闻“专卖店”意识、“精品”意识。针对新闻来源雷同的问题,应加强对新闻素材的编辑、整合,生产出“组合拳”式的新闻、“集纳”式的新闻、“主题”式的新闻。新闻网站受财力限制,打造门户超市并不现实,因此,应该在做好新闻发布的基础上,集中优势兵力做深做透某一专业领域的新闻资讯信息,形成自己的特色频道或精品栏目;而在选择确定特色频道或精品栏目时,则要结合自身优势,洞察业界,科学分析,寻找符合网民口味的内容投入建设力量。

(三)靠“输血”维持难以长久

众所周知,新闻网站的大规模建设是在2001年“17号文件”颁布之后,其中一个重要原因是国家财政开始扶持新闻网站的建设。建立新闻网站的初衷是为了延伸报纸、广播、电视的影响,弥补传统媒体的不足,占领互联网这个舆论阵地。这一阶段的五年中,无论是中央财政还是省级财政,都投入了大量财力、物力积极支持各级新闻网站的建设。但很显然,“输血”不是无止境的,更重要的是,“输血”并不能使新闻网站面向市场、参与市场竞争,只有提高自身的“造血”功能、完善“造血”环境,才能培育出新闻网站的核心竞争力。人民网总裁何加正也谈到,“‘输血’只能维持某一规模的网站,也仅仅只是维持,无法实现进一步的发展,真正的发展关键还是要靠自己”。

在互联网飞速发展的今天,除了极少数财大气粗的,几乎所有的主流新闻网站都面临着发展的瓶颈,那就是资金和人员的匮乏。2000年,上海12家媒体组建了“联合舰队”——东方网,第一期投入6亿元。6亿元对于传统媒体来讲已是巨额资金,但对于通过吸引风险资金和直接上市获得经济来源的商业网站来讲,尤其是对于目前仍未完全摆脱“烧钱”阶段的互联网发展来说,就显得微不足道了。[1] 目前,国内新闻网站还没有找到一个适当的赢利平衡点,资金来源除了母体的大量投入外,主要依赖媒体的信息产品和广告收入,而这两项来源又实在是微不足道。融资渠道及手段单一而导致的资金投入不足,直接制约了

---

① 郭乐天:《2003年,中国的新闻网站何处去》,《新闻记者》2003年第1期。

新闻网站的资金投入和技术升级。

反观商业网站，无论是门户网站新浪、搜狐，还是百度、盛大，无不建立在风险投资基础之上。“一部风险投资在华史就是一部中国互联网史。”天使投资基金投资人周鸿说，风险投资表面上解决了中国商业网站发展的启动资金问题，但更为重要的是，风险投资带来的不仅仅是钱，实际上带来的是一种游戏规则、一种与市场经济相适应的运行体制、一种从选择投资对象开始就以市场为衡量标准的机制。更为关键的是，风险投资绝不会把资金投向那些同质化严重的互联网站，因为这不符合市场规则（见图 2—3）。

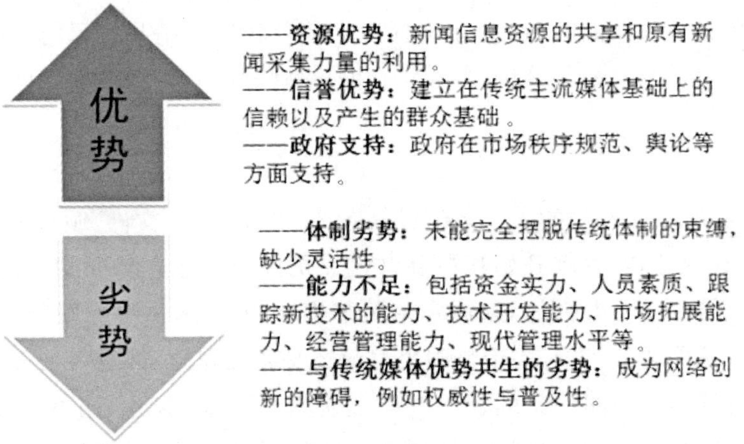

图 2—3 报纸新闻网站优势、劣势分析

第四节 报纸主动拥抱网络，尝试合作

传统报纸投资网站开办网络版，实质是在寻找一条内容信息产品的延伸路径，借用网络媒体拥有的庞大受众群体以及与受众即时互动的特点，深度开掘自身信息产品的丰富性与多样性，将两种媒体的价值有机地结合起来，以实现双方价值的利益最大化，随时掌控受众的兴趣点和关注度。报与网的合作对传统的媒体运作方法和运行体制等都提出了新的要求，它将是一个杠杆，撬动传统媒体出现新的格局。

一、报纸与所属网站之间的合作:网上办报

(一)报纸与网站之间的关系缘起

报纸与网络的合作可以追溯到1995年第一个上网媒体《神州学人》杂志电子版的出炉。早期的报网互动更多的是网络对报纸内容的简单拷贝和粘贴,网络在承担“搬运工”的角色。这种初级的报网互动一方面源于互联网发展初期网络硬件和软件环境的制约,一方面也是报纸网站的自然定位。

虽然随着互联网的快速发展,报网互动进入了一个新的阶段,但报网互动的这种初级模式并没有终结,一些报纸的网络“形象”至今依然是原汁原味的母版内容。

报网互动更多地表现为“来料加工”、“选料加工”和“下单定制”。互联网空间的海量特性使得一部分报纸网站不再满足于简单地翻版母报见诸报端的有限内容,而是一方面对报纸的内容进行“来料加工”和“选料加工”,制作成符合互联网特性的网络新闻;一方面积极和报纸的采编人员加强沟通和联系,对一些重大报道“下单定制”。1998年“两会”期间,人民网和报社上会记者合作,由前方记者在人民大会堂通过手机报告会议现场情况,后方记者录音记录。通过这种方式,人民网第一时间在网上发布“朱镕基为中华人民共和国国务院总理”的消息,比中央电视台直播早了两分钟。①

可以说,这一阶段报网之间如果有合作或者互动的话,基本还是网主动、报被动,网积极、报消极,网利用报多、报利用网少,网络仅仅是报纸在互联网上的读报读刊渠道和形象展示窗口。

(二)虽以融合为初衷,但报网关系不平衡

对于此时的报网互动,京华时报原社长吴海民有如下的观点:

相对于羽翼丰满、如日中天的报纸而言,当时的网站如同一个稚嫩待哺的新生儿,无论是在内容上还是在经营上,它都只能完全倚仗报纸的抚育,如同依靠父亲荫庇的孩童。在报纸的精心扶植下,网站作为报纸的延伸,得以存活下

---

① 詹新惠:《报网互动走向纵深》,《南方传媒研究》2007年第7辑。

来，生长起来，但当时也基本上是一个可有可无的配角。[①]

在当时的报网互动中，传统媒体强势，网络处于弱势，双方的实力、信息不对等，这是个很大的障碍。报业与所属网站之间的合作属于一种浅层次的合作。网站作为报业的延伸，是报业在传媒新技术浪潮下涉猎新技术应用的开端，报与网之间的合作停留在技术应用以及电子版的内容复制上，网站完全是依附于报业机构内部的配角，以“报网融合”为初衷的合作结果成了“网上办报”。从这个意义上来说，报网合作在报业内部并未真正出现。

二、报纸网站与商业网站的竞合

就在报纸积极触网、创办报纸电子版之时，商业网站完成了从无到有的转变。1998年底至1999年，商业门户网站开始涉足网络新闻传播领域。这一时期最主要的特征是：基于互联网发展带来的新变化——门户网站的出现，特别是门户网站涉足网络新闻传播。尽管提供新闻服务的商业网站在当时采取的是新闻集纳(即大部分新闻还是来自新闻媒体)，但它所提供新闻之多、之快，已让众多新闻媒体网站望尘莫及。尤其是在国内国际突发事件发生时，这些新闻网站抢发“第一报”的意识已很明确。这无疑对国内以往的新闻和信息传播格局造成了巨大的冲击，从而奠定了门户网站在网络新闻传播领域中的领先地位。

(一)竞争：门户网站对传统报业的冲击[②]

随着以门户网站为代表的网络媒体的迅速崛起，我国的传媒生态发生了前所未有的巨大变化，以报纸为代表的传统媒体日渐式微，纷纷进行变革来适应新的环境，一些传统媒体通过与网络的逐渐融合来获得新的发展。

门户网站对传统媒体内容的冲击主要表现在两个方面：一是其时效性给传统媒体造成了巨大压力，二是其丰富性使得传统媒体望尘莫及。

首先，门户网站24小时随时更新的特性，再加上各大门户网站在新闻时效性方面的竞争，使得门户网站把新闻传播的时效性发挥到了极致。这种以分秒计算的新闻更新速度与以天或小时来计算的电视、广播，以及以天或周来计算

① 张姝、吴海民：《报网互动是个战略问题》，《传媒》2007年第4期。

② 匡文波：《网络媒体概论》，清华大学出版社2001年版，第4页。

的报纸形成了鲜明的对比。越来越多的受众是从门户网站第一时间内获知新闻与最新消息的，传统媒体在新闻时效性的竞争中明显处于劣势地位。

其次，门户网站容量巨大的数据库非常容易地实现了传统媒体所追求的信息量与丰富性。在传统媒体中，报纸若多印一万字的内容，就需要增加一个版，给印刷、排版、发行、成本带来很多问题；广播、电视更是如此，内容要精确到几十秒、几秒，文字有时要控制到几十个。这些无疑是对新闻信息量的一个限制。虽然传统媒体在不断增加版面，努力扩建新闻频道，但仍然无法彻底消除这种差距。门户网站由于没有这种顾虑，因此可以不受篇幅限制地对信息进行全方位的报道，这种全面丰富的报道吸引了更多受众的目光。

此外，在门户网站 BBS、聊天室等出现的网络语言风格也对传统媒体产生了影响。这种网络语言往往幽默风趣、戏谑调侃，门户网站轻松活泼的语态被传统媒体所借鉴，给受众带来了耳目一新的感觉。同时，传统媒体的单向传播方式不能与受众进行实时的互动，在门户网站双向乃至多向的传播方式面前显得滞后，因而不得不尽力改变这种单向传播的弊端。

（二）合作：借力式的合作

互联网发展早期，传统媒体网站和商业网站并没有直接的接触与交锋，它们在各自的轨道上向前发展。但 1998 年之后，与报纸网站同时起步的商业新闻网站的发展却突飞猛进，处处引领网络创新的潮头，取得了影响力和经济收益的双丰收。如新浪、搜狐、网易等知名门户从 Web1.0 成功向 Web2.0 过渡，技术层面的提升同时带来了从“海量、组合”到“互动、黏性”的运作理念转换，并建立起初步的在线互动平台与空间（频道、论坛、游戏等）。这种变革使得大型门户网站的人气、黏度与影响力大为提升，而报业网站则止步于 Web1.0 的技术与信息模式。

报纸与外界商业网站之间的合作可以分为两个层次：一是双方并没有达成深度合作协议，只是一种自发的产品互用默契；二是达成同盟关系，在资源利用、品牌推广、活动运营等方面展开合作。对于报纸来说，通过这样无意或有意的合作，从表面上来看报纸的新闻资源丰富了，信息传播更及时了，新闻影响力也提升了，实则未必如此。

在具体的合作形式上，这一时期的报纸网站与商业网站的合作呈现出以下趋势：报业对大型门户网站的平台借用与借力，门户网站或免费或以较低价格获得报业内容的转载使用权，这种不平衡的合作关系曾被报人形容为“养虎为患”，报业缺乏新技术、新平台，因此只能把内容附着在门户网站平台上进一步传播。

三、报纸网站之间的合作：建立战略联盟

新闻网站战略联盟中各自独立的传统媒体及其网站容易造成各类媒体资源隔离，而随着互联网的发展，网站之间的竞争愈加激烈，新闻网站既要面对商业网站的挑战，又要面对同业新闻网站的竞争。因此，探索和培育新的经营、合作方式成为必然。

继东北三省十余家主要新闻网站利用它们原有的关系资源和网络资源于 2002 年 12 月 20 日建立东北新闻网站联盟之后，2002 年 9 月 25 日，由中国网推动的“搜索互联”启动并与新浪网、3721 以及全国近 200 家信息港结成紧密的战略合作关系，成为国内最大的搜索引擎服务平台。2002 年 12 月 28 日，浙江省三大新闻网站——浙江在线、中国浙江、浙江省电视台网站整合后形成的新浙江在线网站开通，成为省级新闻网站集中各方资源——做大做强的新起点。2003 年 3 月 10 日，东方网、中国江苏和浙江在线三家新闻网站联手共建了长三角网站联盟，此举在国内新闻网站中则尚属首次。2003 年 3 月 20 日，新浪、千龙、凤凰三网网上直播了“第二次海湾战争”；2000 年 11 月人民日报网络中心主办中国地方新闻联报网，成为国际互联网上中国地方新闻信息中心和门户网站。

随着互联网的发展，网站之间的竞争愈加激烈，新闻网站既要面对商业网站的挑战，还要与同业新闻网站竞争，而要想在竞争中取胜，就必须不断探索新的经营模式和合作方式，不断培育和提升新闻网站的竞争力。其中，战略联盟就是一种基于优势互补、资源共享的经营方式。从价值链角度来讲，企业间的联盟不仅能够节约相互之间的交易费用，而且可以通过获取联盟伙伴的互补性资源，扩大企业运用外部资源的边界，聚合彼此在不同价值链环节中的核心能力，通过合作创造价值。[①]

从我国新闻网站的实践现状来看，联盟成立至今并未显现出成效，原因就在于联盟成员间并未形成紧密的价值联系，而区域化的联盟方式又与网络的非区域性不相适应。应该说，我国新闻网站战略联盟成立的概念意义胜于实践意

---

① 陈沅：《新闻网站的联盟之路》，《中国传媒科技》2003 年第 5 期。

义，起码为新闻网站的未来发展提供了新的思路。

四、报网合作的美好希望与现实困境

面对重重困境，传统报纸和自己的网站选择了“报网互动”“报网融合”之路，作为新媒体时代生存发展的重要战略，从南到北，几成共识。可是，当这个战略在实践中被报人们逐步演绎成“网上办报”之后，事实已经证明，传统报纸与自己所属网站这种一报一网式的“报网融合”不可能产生成功的商业模式。回顾这段历史，我们有必要对这个正在不断扩大的报业陷阱提出警示。

如今，报业几乎是有报必有网，报纸对其所属网站输入了品牌，长期投入大量的人财物资源，形成了报纸网站产业，这其中深深寄托着传统媒体有朝一日凤凰涅槃的念想。

报纸网站的历史显示，报网关系一直被报纸的理念、体制、人员、内容等因素所强势主导，报纸网站从一开始就只围着自己报纸的版面内容转，坚持以报纸新闻支撑网站，网络成了新的办报空间。而且报与网之间从一开始就是一种不平衡的关系，许多欲加快报网融合进程的报纸甚至把办报重心向网络转移，以网络转载率为报纸好稿的标准，以网络认可度换算报纸稿酬数额，有的还用报纸编辑部直接取代网络编辑部，以为这种一体化趋势就是报网融合了。

具体表现在以下几个方面：

1.报纸网站播发自家报纸原创内容，看似优势，实为束缚

因为多数报纸每天只能给自己网站提供一二百条原创稿件，有的还不足一百条，这些内容既占了网页的显要位置，实际上又不能满足一个网站的新闻需求。相反，商业新闻网站可以面向所有新闻来源自由选择，充分发挥为用户全面提供海量信息的网络特长。

2.报纸网站平移报纸新闻是一个价值衰减过程

报纸内容在“版面意识”的作用下，稿件被版位、篇幅、字号、字体、配评配图等版面语言赋予了特殊价值。但随着稿件向网上转移，这些价值逐步流失，沦为网上垃圾。而与偏弱的报纸网站编辑力量相比，商业新闻网站对上网稿件进行提炼组合再加工的能力很强，使这个过程成为一个增值的过程。

3.报网之间的相互需求实际并没有得到满足

相当多的报纸网站仍按自己报纸的版面、栏目对网上内容进行分类归纳，

报纸的重点就是网站的重点，报纸的兴趣就是网站的兴趣，使报纸网站在主要内容上仍难以摆脱电子版的阴影。而实际上，真正有新媒体特征的传播形式，像论坛、社区、博客、微博、视频、舆情监测、留言板、滚动等，却和报纸版面业务没有直接关联。这种业务上的错位显示出报网之间的相互需求实际并没有得到满足。

4. 沿用传统报纸的采编流程和节奏

仍有不少报纸把自身的采编流程和节奏强行套在网站身上，使本应在第一时间抢发新闻、以快见长的网站不得不把已经见了报的内容上网当成每天的主要业务，结果造成了采编流程中的时空错乱。许多报纸网站的基本作用还是本报内容上网的转发器。

5. 报纸的评价系统和网络的评价标准相混淆

一方面，许多报纸把网络转载率作为报纸好稿的标准，让报纸迷失了自我，“报将不报”；另一方面，一些报纸又用传统标准去衡量网络的工作量和网络内容的独特价值，显然也是驴头不对马嘴，难以激励网上办报。实际上，办好报纸和办好网站完全是两回事。

但该时期的报纸已经开始探索与网络的合作，这种探索对于未来报纸的网络化生存具有重要的意义。

第五节　拥抱互联网，报业乘兴而来败兴而归

虽然国内报业在 20 世纪初就几乎与国际报业同步，开始了传播方式的数字化探索，但是在很长一段时间里，国内报业在互联网上的发展基本停留在电子版阶段，报纸纸质版登什么，电子版就登什么，电子版只是报纸在网络上的简单呈现。传播方式的数字化尽管提高了报纸产品的传播率，然而新闻本身所能带给读者的信息却没有发生质的变化，因此并没有为报业的运营及其在新媒体时代的竞争带来实质性的促进和提升。

随着技术的自然发展，报纸很自然地完成了从电子版到网站的过渡，但是与报纸网站同时起步的商业网站却步伐更快。虽然经历了 2000 年底的震荡，但是在资本的扶持下，它们很快明晰了商业模式，走上了快速发展之路；而报纸网站虽然有政府扶持和政策鼓励，声势阵容都足够浩大，却难见起色。

一、互联网技术的变革及发展规律

互联网和通信技术的迅猛发展及其带来的新技术革命对平面媒体产生了巨大的甚至是颠覆性的影响,并迫使报纸必然在21世纪发生前所未有的变革创新。此时,报业对互联网技术变革的认识还停留在传播形态和传播技术层面,这也直接导致了随后掀起的报纸办网站运动。

(一)互联网的重要特征:海量信息、空间延伸

互联网是当今世界最大的电子计算机网络,"如果我们仅以计算机或网络来描述互联网,那么它只是一种信息传输的介质。当我们从一个更为广阔的视野进行审视,互联网事实上已成为一个世界范围内的巨大信息和服务资源。它不仅为人们提供多样化、简单快捷的通信与信息检索手段,更重要的是,它为人们提供无穷的信息资源和不断丰富的网络服务,已有基础应用、电子政务、网络媒体、数字娱乐、电子商务等多项功能被开发使用。"①

与传统媒体使用的技术相比,互联网技术最具颠覆性的价值在于海量的信息和空间的延伸。

一是海量信息。网络中信息的传输与储存均基于技术的虚拟空间,并随着计算机存储容量和虚拟技术的发展不断扩大。根据摩尔定理,计算机主机的运算速度每18个月翻一倍,而价格只有原来的一半。网络存储的主要介质——硬盘的发展也符合这一规律,容量急速扩大,价格却不断降低。在互联网上传播的信息每月增长10%以上,年增长率可达200%以上。② 过去十多年产生的信息量已超过了过去几千年来以图书为主要介质的信息量的总和。同时,本地存储技术和网络存储技术的开发,将整个社会的数字传输系统的存储空间推向无限大。光纤、无线传输技术和传输协议的不断改进,实现了信息传输的大容量、高速度、低成本。

二是传播空间的无限延伸。互联网覆盖全球,既没有明确的国界和地区界限,也没有开始和结束,地理空间界限消失;互联网还大大缩短了信息交互

---

① 张金海、程明、李小曼:《报业数字化生存与转型研究:基于产业发展的视角》,武汉大学出版社2010年版,第199—200页。

② 刘素心、王汝芳、张广森:《论网络环境下"信息控污"》,《大众科学》2007年第5期。

传播的速度，甚至实现了信息的“零时间”即时传播。传统大众媒体的信息交流是单向的，受众不能直接进行反馈，只能利用其他媒介，如书信、电话等进行反馈，而且反馈也是延迟的；互联网提供的在线评论功能使信息反馈的时间大为缩短，电子邮件可以将任何信息在几秒钟内传至全球任何一部联网的信息终端。

(二)互联网技术改变了传统报业运作方式

网络正在改变传统的新闻实践方式，主要表现在：首先，信息量的急速提升不再受每期报纸版面的局限，获得了发布更丰富、更细致、更深度信息的广阔空间，也使不同时期的信息可以长期共存于网络空间；其次，新闻传播的时空界限被打破，新闻信息一经上网，便可以在空间上立即覆盖全球，进行世界性的信息发布；最后，信息传播与信息接收界限模糊，网络的开放性、互动性使得信息的发布不再是媒介的特权，媒介与受众之间的关系、信息的传播和接收方式均发生了深刻的变革。[①]

二、报纸主动拥抱互联网技术：从电子刊到网站

进入21世纪后，报纸在互联网技术的影响下进入一个新阶段：从只是简单地将技术应用当作生产工具，发展为传统纸媒与网络的融合，同时众多报刊开始主动开发互联网，开始探寻报纸的网络化生存方式。

(一)报纸电子版：网络生存的初级形态

报纸电子版是传统报媒与网络结合时首先采用的方式。在印刷、采编、经营的电子化技术改造完成后，这一方式操作方便、简单，对报纸形态改变不大。因此成为报媒寻求网络化生存的首选方式，但是受制于报人的传统观念和技术条件，报纸电子版仅仅是报纸网络化生存的初级形态。

1995年10月，《中国贸易报》首次上网，成为中国首家进入互联网的报纸。从1995年至1999年，各大报社纷纷将纸质报纸“搬”到网络上，《人民日报》网络版作为新闻界的“排头兵”在这一阶段上网，昭示了中国传统报媒网络化热潮

---

① 张金海、程明、李小曼：《报业数字化生存与转型研究：基于产业发展的视角》，武汉大学出版社2010年版，第199—200页。

的到来,到2003年10月,我国上网的报纸数量达到600家。

从内容来看,主要是报纸内容在网站上的直接呈现,网络版提供的信息与纸质版一模一样,排版方式也沿用纸质媒体的分类和组合方式。从赢利方式来看,经营意识和经营手段都非常有限,网络版均由报社和集团出资维持运作,既不承担赢利任务也不主动开展经营性活动。在传播方式上,网络版也仍然沿袭传统报纸的单向传播方式,单纯提供新闻信息,既没有开辟与受众交流的板块,也没有为受众提供意见表达平台。因此,它们大多被视为母报的附属,缺乏竞争压力,也没有创新动力。

当网民最初的新鲜感退去后,这种呆板的产品形态便亟待进一步突破。同时,报社也发现,当报纸网络版与报纸在内容和更新上完全一致时,这种新媒介形态不仅不能产生新的赢利点,反而抢夺了纸质报纸市场的部分份额。因此,对报纸网络版的革新成为新的潮流,新的报纸网络版将更符合网络特点,与报纸形成差异化的内容、与受众的更多互动以及多媒体手段的运用将是报纸网络的出路。

(二)报纸网站:报纸与网络融合的现实产物

对于网络化生存方式的探寻是报媒发展的必然,是建设网站时多数报媒的共同选择。在操作中,报纸网站有两种定位:一是作为报纸或者报业集团的宣传窗口,如南方报业网;二是成为新的媒体形态。这其中又细分为两类,以新闻为主的综合性信息网站,例如《人民日报》1997年上网,即《人民日报》网络版,到2000年转型为新闻网站——人民网;以新闻为主的综合服务性网站,如大洋网和荆楚网,大洋网以“新闻+城市生活资讯+互动”的区域综合型门户网站为目标。

这些以新闻为主的综合性网站以海量的信息、多媒体的表达方式、受众的高参与性和滚动新闻的强时效性吸引广大网民。从内容设置来看,除了分类新闻板块外,还包含论坛、游戏、图片、视频、博客、直播、商城等板块。尤其是网络视频的出现,更是打破了传统报业的产业边界。

然而,也有相当部分的新闻网站存在着跟风建站、目标不明、缺乏具体经营方法等问题,网站往往成为传统媒体的简单翻版,内容单调、形式呆板,完全忽视网络媒体的特征和优势,缺乏生命力。

总的来看,传统报业创办网站的策略很难迅速做大。到2004年,我国第一批重点新闻网站大都经过了五年左右的发展,投入不可谓不大,探索不可谓不努力，但即便如此，其影响力的进一步扩大仍遇到障碍。况且，中国网络媒体的格局已基本形成，传统媒体新办的网站很难突破。另外，网络传播技术发展日新月异，新办网站如果不能迅速做大就完全可能成为传统媒体的沉重包袱。[①]

从现有政策、体制角度考虑，传统媒体自办网站内容已经超出了简单复制"母体"内容的范围，需要重新获取资质，并对内容监管提出挑战。此外，出于媒介生态的考虑，各家传统媒体纷纷自建新闻网站，势必会出现新一轮的同质化竞争，进而造成较大的资源浪费。

三、报业"触网"探索的意义和价值

(一)报纸电子刊迈出媒体网络化第一步

在萌芽期的 1995 年，中国传统媒体网络化的主要目标是借助网络改善发行状况，提高自己在海外的影响力，但从形式上看不免有些原始、粗糙，内容也多是印刷版的翻版。即便如此，它们依旧是传统媒体中勇敢的尝试者，中国传统媒体的网络化也由此迈出了第一步。

在互联网技术的深远影响下，信息的传播方式和共享方式已经发生了质的飞跃。从深层次来看，电子版报纸从技术上突破了中国报业一直以来的"行业准入"和"成本瓶颈"，而随后发展出来的新媒介形态"报纸网站"，时代几乎赋予了它整个报业技术革命领跑者的使命。

(二)拥抱及率先采用新技术的积极态度

无论是报纸电子版还是网站，传统报纸通过这样的尝试和探索，实现了单一纸质形态的突破，从而在网络上进行了延伸。而这一点也是大多数报纸选择积极拥抱互联网的原因。正是因为看到了互联网技术的极大优势和无限潜力，抱着幻想和希望，试图将这种技术"为我所用"，进一步壮大自己，所以报社才毫不犹豫地一脚跨入互联网的"大门"。而对于互联网的积极态度，也表明了传统报业对互联网未来发展的一种自信。正是这种盲目的"自信"，让报纸的互联网之路走得跌跌撞撞。

---

① 高国营、陈旭东:《产业链重构——新闻网站与传统媒体整合的思考》,《新闻记者》2006 年第 12 期。

(三)报业是最早介入互联网技术领域的传统媒体

的确,正是因为意识到互联网技术的先进性,报纸才行动得最早。为什么这么说? 因为以下两点:一是在全世界范围内,报纸都是较早意识到互联网价值的先行者之一。从时间上看,我国报纸介入互联网兴办报纸电子版的时间与国外报纸的步调几乎是一致的。虽然国外报纸对于报纸电子版的探索由来已久,但真正得到几家大型报业集团的认可,大报纷纷开办网站的时间也已经是1996年以后的事情了。二是在国内,报业也是先于广播、电视而较早介入互联网的(见表2—3)。1993年,首先进行网络化尝试的《杭州日报》上网;1996年10月,广东人民广播电台建立网站;1996年12月,中央电视台建立网站。

表2—3 我国各个大传统媒体"触网"时间比较

顺序	媒介	触网时间	具体事件
1	杂志	1995年1月12日	《神州学人》杂志开内地刊物上网之先河(www.shisa.edu.cn)
2	报纸	1995年10月20日	《中国贸易报》开内地报纸上网之先河(www.chinatradenews.com.cn)
3	广播	1996年10月	广东人民广播电台建立网站(www.radioguangdong.com)
4	电视	1996年12月	中央电视台建立网站(www.cctv.com)

(四)互联网技术打破报业单一的产业形态,报网融合成为可能

传统报业出现与网络融合的趋势。报纸电子版表明,纸质报纸借网络可以照样生存;报社设立的综合新闻网站,实际上成为一种多媒体内容发布平台,在此平台上,文字的、图片的、声音的、影像的、动画的信息"和平共处",报业的网络化生存已经成为一种现实。网络记者、网络编辑成为报社新的职业。

(五)形成一批具有发展潜力的重点新闻网站

依托报社的新闻资源,不少报社和报业集团的网站已成为重点新闻网站,如人民网、中国日报网站、中国经济网(经济日报网站)为中央重点新闻网站;一批报业集团的网站成为省、区或计划单列市、省会城市的重点新闻网站。这些

网站在占领网上新闻传播和舆论引导阵地方面发挥着重要作用，一些网站在当地已取得与党报、广播电台、电视台同等的地位。

四、报纸网络探路的局限与困境

这一时期的中国报业正处于大规模集团化和产业结构的调整时期，并未真正意识到数字技术和网络技术带来的深刻变革。然而作为数字技术和网络技术真正产物的互联网正在经历从无到有的成长期，正是这些在天生带有技术元素的网站率先开始了商业应用的探索。在经历了世纪之交的互联网泡沫之后，在资本的介入下，互联网的商业前景被报业进一步看到，此时报业和主管机构才意识到原来数字技术和网络技术是可以有市场空间的，于是纷纷办网，期望迎头赶上。相比告别“铅与火”的技术革新来说，此时的举动似乎带有一点不得已而为之的尴尬，有点后知后觉卖力猛追的悲壮，而行动的方式方法显然也是有问题的。

一方面，自办的网站没有明确的办站方向，盈利更是遥遥无期；另一方面，报社还以廉价的收费为中国独有的商业资讯门户网站提供打垮自己的海量新闻内容。这就是中国报纸网络化生存的现状。陈国权认为，“从报业开始拥抱新媒体到现在，大部分报业所做的与新媒体相关的举动都是以加速纸媒的衰退为代价的。而这种以加速纸媒衰退为代价的运作新媒体方式，自己搬石头砸自己的脚，属于自掘坟墓的行为”。①

(一)缺乏深刻认识，错误判断形势

报纸电子版上网，为网民免费提供报纸版面内容；报纸新闻网站则使网上报纸阅读更适合网络的阅读习惯，使人们更容易、更便捷地从网上获得免费的报纸内容。与新闻门户网站的合作，以极低的、几近乎于免费的收入提供内容给新闻门户网站，则使更多的人不再阅读报纸，都到网络门户上去看新闻了。

Web1.0时代，报纸开办网站，主要目的是提升报纸的知名度、提高纸媒的发行量和广告额，对于报纸网站自身的盈利诉求尚处于自发阶段。虽然近半个世纪以来西方报业的广告和读者数量一直在缓慢下降，但公开发布的报业平均利润率仍高达20%以上。传统报业当时开办报纸网站，也仅仅是将报纸的内容

---

① 陈国权：《报业转型不能以纸媒衰退为代价》，《新闻世界》2012年第12期。

平移到了互联网上，将其视为纸媒业务的补充。由于未能及时、深刻地意识到互联网蕴含的挑战性和革命性力量，在新媒体研发方面投入的财力和人力都微不足道。

（二）观念上不够重视

在网络媒体的起步阶段，大多数传统媒体并没有给予重视，只是简单地开设网络版。随着网络媒体的影响力逐步扩大，传统媒体开始将其作为推广渠道，以低廉的价格甚至无偿地向网络媒体提供内容，这是传统媒体与网络媒体的“蜜月期”。在这个过程中，网络媒体以低成本获取了宝贵的内容资源，一些传统媒体也的确借此提升了在全国的知名度。

随着广告市场份额逐步向网络媒体倾斜，报纸的大量读者逐步转化为网络媒体的“网友”，传统媒体开始醒悟：报纸成了网站廉价甚至免费的内容提供商。京华时报社长吴海民声称：“纸媒用自己的内容资源喂养大了的网络媒体，未来竟然可能是自己的掘墓人。”①论调虽然不无偏激，但颇能引起传统媒体的共鸣。客观地说，网络媒体登载新闻信息，只是传统媒体新闻信息产业链的延伸，但在这个产业链条中，传统媒体却处于最底端——相当于原材料供应商，注定是高成本低回报的部门。

（三）传统媒体体制嫁接引发的困局

由于中国新闻网站组建的背景，很容易形成传统媒体体制直接嫁接到新闻网站的现象，这会直接引发新闻网站发展的困局。困局主要体现在两个方面：

1.传统思路办新媒体

我国新闻网站都是在各级政府新闻办、宣传部、传媒集团等层层机构领导下的媒体。这种管理体制有利有弊：利在于，新闻网站可以依靠政府力量、媒体资源办新媒体，使自己在政策和内容上保持市场优势；弊则在于，行政领导与市场机制之间的矛盾会影响新闻网站的运行。

比如，通过行政力量促使地方媒体合办新闻网站。这种思路最初可以积极推动新闻网站的创建并造成影响力，但由于合办方之间缺乏统一的认识、规划和相应的管理制度，就会阻碍新闻网站的后续发展。另外，政府在政策上赋予

---

① 刘建辉：《愤怒的纸媒》，《经济》2006 年第 5 期。

了新闻网站整合地方信息资源的权限，但由于缺乏正规的股份制运作模式，就使得信息整合工作十分艰难，例如对信息如何定价就成为现实的问题。

2. 资本来源的限制

资本决定了网络媒体的规模、技术实力和对新市场的占领。有人说"一部在华风险投资史就是一部中国互联网史"，这句简短的话形象地勾勒出了互联网与资本市场之间的关系。2005年，聚积在中国互联网的风险资本多达20亿美元。以搜狐为代表的非新闻单位网络媒体都采用了公司化的运作模式，它们通过风险资本、证券市场实现了与资本的融合。

相比而言，我国对新闻网站的资本来源一直有严格的限制。新颁布的《互联网新闻信息服务管理规定》第六条明确规定：新闻单位与非新闻单位合作设立互联网新闻信息服务单位，新闻单位拥有股权不低于51%的，视为新闻单位设立的互联网新闻信息服务单位；新闻单位拥有股权低于51%的，视为非新闻单位设立的互联网新闻信息服务单位。第九条规定：任何组织不得设立中外合资经营、中外合作经营和外资经营的互联网新闻信息服务单位。

管理层用网站的资本构成作为判断新闻网站的基本标准。在现有体制之下，我国新闻网站的投资来源主要有传统媒体自行投入、中央政府投入和地方政府投入，还有少部分通过创建网络公司吸引行业外资本。总的来说，来源渠道的单一和资本规模小是制约新闻网站发展的最大瓶颈。对此，新闻网站至今都还没有行之有效的解决之道。此外，法人治理结构混乱、薪酬体系复杂等，也都是这一阶段新闻网站面临的管理难题。

五、几个关键问题的深度思考

(一)报纸对于互联网技术的理解和认识经历了怎样的变化?

报业对新媒体向来抱着复杂的心态，而在这一心态的调整中，报纸所理解的新媒体形态也在不断变化。互联网初始，报纸低估了网络发展的前景，一度表现出轻视的态度。随着新浪等大型门户网站的崛起，报纸从傲慢变得急迫起来，并产生了懵懂的梦想，即将自身内容"网络化"，希望利用这种手段谋取新的赢利方式、拓宽报纸的发展空间。不过，由于对互联网等技术缺乏深刻的了解，报纸在向网络进军的进程中始终停留在肤浅的阶段，手段及模式等基本问题都没有得到解决。

(二)报业在互联网技术应对策略上出现了什么问题?

与早期计算机技术引发的报业技术个性相比，以数字技术和互联网技术为代表的这一轮技术进步不再以提升纸质报纸的出版能力和技术装备水平为目标，而是要将传统报业推向一个全新的、更广阔的产业发展空间。在这种背景下，中国的报纸行业依然用以往的技术装备更新的眼光来看待这一轮的技术进步，用“跟风”的方式参与新一波的技术改造，而事实上，以往的成功经历已经不会再现。

互联网商业的特点是成功者往往只有第一，难有第二，这意味着报纸网络化是排斥同质化的。从原理上讲，报纸网络化的技术装备大同小异，只是在具体每个电子版或者网站的内容形式、运营模式、服务模式可以演变、组合出无数种形态。因此，报纸网络化推崇的是差异化创新、体验创新，这些创新往往要通过软件和媒体展现平台的个性化开发来实现；而无论是差异创新还是体验创新，都将围绕着内容服务这样一个核心话题来展开，即要解决好用什么内容、以什么方式、为什么人、提供什么服务这一连串的问题。再加上网络、手机、移动终端等新媒体平台的配合，报纸行业才可能出现新机会。

(三)为什么报纸新闻网络能够快速起步且发展平稳?

报纸创新电子网络版可谓是“动手早，效果一般”，但为什么到了新闻网站这个新事物，报纸反而步伐更快呢？2000－2001 年，在整个互联网经济出现泡沫的情况下，报纸新闻网站依然保持快速发展而不受丝毫影响，这其中的原因是什么呢？可以概括为“五个因素”，其中最重要的莫过于政府支持。

第一，信息时代互联网业在我国高速发展所产生的自然引力发挥了作用。无论出现什么样的困难，互联网的发展势头都不可阻挡，新闻网站迅速发展，是适应这种“引力”的结果，其中包括网民对网上新闻信息日益强烈的需求。第二，信息产业技术条件和基础设施的突飞猛进，为新闻网站的成长壮大提供了比较成熟的物质保障，使新闻网站有了更多的从梦想到现实的便捷通道。第三，社会支持发挥了积极的推动作用，特别是政府部门的重视和支持。第四，国家决策者对信息时代的认知和意识起了决定性的推动作用。党和国家领导人曾多次对互联网发展作出重要指示，有的指示非常明确具体，这是达成共识、推动发展的首要因素。第五，传统媒体领导者出于抢占信息时代制高点的意识和观念，以及自身事业延伸发展的需要，前所未有地加强了网络建设的力度。上述五个因素带来了2000年新闻网站的繁花似锦，使新闻网络在互联网业普遍遇到难题的情况下却呈现出蓬勃生长之势。

(四)与其他传统媒体相比，报纸在网络化探索的行动时间是否最早？

虽然在网络化方面报纸是先行的探路者。但是20世纪末，一股数字化浪潮在通信和传播领域全面推进，电子大众传媒——广播和电视却成为这次变革的先锋力量。

1995年9月27日，英国广播公司(BBC)首先进行了数字音频广播(DAB)，欧洲一些国家——瑞典、丹麦、法国、德国、荷兰等紧随其后，至此，数字音频广播正式登场。1996年12月16日，中国数字音频广播在广东省佛山广播电视中心试播。

卫星电视数字化是1994年从美国的DirecTV公司开始的，1996年12月26日，美国联邦通信委员会(FCC)批准了数字高清晰度电视的标准，1997年4月3日提出了实现电视广播数字化的进程表，决心大力推动这项新技术的使用。2002年，中国广电也开始了数字电视的发展部署。就在广播电视媒介对数字技术进行探索试验之时，中国报业正处在自身规模化发展和网络实验田的胜利喜悦中。

(五)与国外报纸媒体相比，中国报纸网络化探索实践存在哪些差距？

事实上，在报纸电子网络版上的试验和探索，中外报媒几乎是同时开始的，但是从媒介产业发展的角度来看，该阶段的海外报纸媒介对于互联网的跨界和融合探索，不仅表现为外部组织结构的调整，还涉及整个报业集团层面，"跨媒体融合"成为这一阶段海外报媒的主题。以美国为例，20世纪90年代开始，以报业为主业的美国传媒集团便开始了跨媒体经营。毕竟电视是强势媒体，而网络等新技术又给传统媒体带来宽广的发展空间。

2002年的资料显示，年收入60亿美元的甘奈特公司在美国和英国分别拥有近400家和近300家报纸，同时还有22家电视台；而年收入42亿美元的赫斯特集团，其印刷媒体在总收入中的比例仅占40%－45%。随着传播技术的发展，报刊、广播电视、网络之间的区隔越来越模糊，逐渐由技术共享而达到媒体融合、资源共享。

纽约时报公司拥有美国历史最悠久、流程最完备的报纸《纽约时报》，又将其信息资源、印刷资源、发行网络用于经营其他报纸、期刊、广播电视、网络、新闻供稿等方面。该公司早年只有《纽约时报》及其附属产业,后收购兼并了一些地方报纸,并逐渐把经营触角伸向了广播电视和网络,现已有 19 种报纸、1 个电视网(下设 8 个电视台)、2 家纽约广播电台及 40 多个网站,同时还拥有两个纸厂的股份。2003 年,该公司与探索传播有限公司合资开播数字有线频道“探索时报频道”;此外,公司还投资了“新英格兰体育”,包括波士顿红短袜棒球队、有线频道“新英格兰体育电视网”。①

出于对利润的追逐,出于应对竞争的需求,海外报媒先于中国报媒开始了跨媒体融合的探索,从而为自己在规模庞大的业务体系架构内积累了大量的内容资源和运营经营。

① 陈昌凤:《纽约时报公司的经营模式探析》,《国际新闻界》2003 年第 6 期。

第三章　数字技术浪潮下的报业数字化探索

2005 年报业广告市场出现的拐点，让中国报业经历了自诞生以来最大的一次生存危机转换。报纸媒体在数字化浪潮的冲击下，面对日益勃兴的新媒体不断蚕食自己生存领域的局面，展开了基于数字化的转型实践。

面对滚滚而来的数字化潮流，传统报业开始与新媒体进行互动、融合，同时众多报纸开始主动发展新媒体，比如开办有别于报纸电子版的特色网站，开办手机报和 WAP 网站，推出电子报纸等。这一阶段可以看作是报业面临严峻的形势由被动挨打转入主动应对的转折，也是报业为发展新媒体、融入新媒体进行积极摸索和大胆实践的过程。

报业与互联网高度融合，网上的内容远远超出“母体”媒介报纸的容量，形成一个跨地域的综合信息平台，为用户提供即时、互动的信息服务。报网互动越来越受到重视，互动频率提高，互动手段逐渐丰富。网站互动性的增强，使网站开始成为许多报社的数字平台。有声报、多媒体数字报、手机报、电子阅读器等新的传播形态不断涌现，国家启动了数字报业发展计划，成立了数字报业实验室技术，许多报社开始从传统报业向数字报业转型，报业数字化向纵深发展，但由于技术储备和运作机制等原因，报业依然没有真正脱离困境。

第一节　数字技术浪潮的兴起

20 世纪 80 年代以来，在全球范围内兴起的数字技术正悄无声息地改变着报业的生存形态和生存方式，从内容生产、内容储存到内容传输，从产品形态、营销方式到赢利模式，从产业运营、产业管理到产业组织结构，传统报业的诸多方面发生了革命性变革。

一、报业面临传媒生态急剧变化

(一)数字传播技术发展及新媒介兴起

这一阶段对传统报业产生变革影响的技术有数字技术、Web 2.0 技术和移动通讯技术。新技术催生了新的媒介形态,包括搜索网站、手机媒体、手机电视、数字电视、户外新媒体等等。

20 世纪 90 年代以来,将模拟信息转换成计算机能读取的由 1 和 0 组成的数字化浪潮开始在全球范围内波及开来。数字化过程中当然包含了传统大众传媒的数字化。如光学摄影转变成数字摄影,光学电影转变成数字电影,印刷媒介(书、报、刊)制作过程和介质变化(eBook、光盘版、网络版、其他形态电子版),广播转变成数字音频广播,电视转变成数字电视。这说明,数字化是全领域变化的过程。

如果说在互联网的早期,网络媒体的威胁还主要体现在它的传播载体的先进性上,即海量信息的存储和搜索,信息传播的时效、速度和规模,但在 Web2.0 时代,信息的生产方式也发生了巨大变化,一直被传统媒体记者、编辑把持的话语权现在越来越分散到广大的网民中。通过博客、论坛、视频短片,网民从纯粹的新闻受众转变为新闻的制造者,而这一趋势越来越积聚的时候,就变成了传统媒体的记者、编辑追着网上的热点跑新闻,报业成了被引导者。①

随着高速手机处理芯片的诞生,手机完成各种高级功能成为可能。除了打电话之外,手机还可以处理数据、发电子邮件、听音乐、读新闻、看电视……手机的"信息"功能已经超越"通信"功能,传播信息和文化娱乐的新角色日益凸显。与此同时,由于手机传承了移动通信技术的移动性、个人性、实时性、安全性等特点,因此它又具备了其他媒体无法比拟的传播优势——比电脑普及、比报纸互动、比电视便携。可以说,移动通信技术的发展,使得手机从一种移动通信终端逐渐演变为一种信息终端。

数字本身是一种符号,借助一定的技术处理,使文字、声音和影像等传播符号有了新的表现手段和表达方式,从而产生了各种各样的媒介新形式。互联网作为依靠网络新技术而产生的媒体,不可避免地会受到网络技术升级的影响,

---

① 陈芸:《传统报业:数字化下求生存》,《青年记者》2007 年第 1 期。

几乎每一次网络技术的更新,都能带来互联网、手机等媒体的新样式、新服务方式,比如网络即时讯息传呼软件的出现引领了即时通讯工具(如QQ、MSN)的兴起,搜索引擎技术的发展带来了百度和Google的风靡。[①] 此外,以传统媒体为基础,通过运用数字技术来拓展传播范围的新型媒体开始出现,如移动电视、有线数字电视、楼宇电视等。

(二)数字技术突破媒介边界,推动媒介融合

科技进步不仅拓展了传统报纸的经营范围,而且大大降低了报业进入多种媒体的门槛,媒体大融合已成为大势所趋。数字技术将语音、数据、图像等信息通过计算机转变成"0""1"的信号,所有业务在数字网中都将成为统一的比特流而无任何区别,于是话音、数据、声频和视频等各种内容都可以通过任何网络来传输、交换、选择处理和提供,而受众也可以根据自己的需要,通过不同的终端来接收。这就打破了以往泾渭分明的电信、广电、信息三大领域,使得产业融合成为可能。数字技术的出现,使得媒介融合脱离了其早期局限于不同媒体间的整合状态而开始了狂飙突进的历程,媒介与媒介之间的传统界限化为乌有,媒介与媒介之间的内容得以轻而易举地实现共享。[②]

从技术发展的角度看,计算机技术及其附属装置构成了信息处理技术,电视、电话和收音机这些传递声音和图像的装置构成了媒体传输技术。过去,这两种技术各自独立、相互之间有明确的界限:计算机用于管理和处理信息,电视、收音机和电话用于传递信息。现在,随着数字技术的发展,尤其是计算机技术和网络技术的广泛应用,这两种技术之间的界限正在迅速变得模糊起来,为以互联网为载体的产业融合提供了重要的技术支持,使电信业、广播电视和报业之间的产业融合成为必然。从本质上讲,媒介融合首先是技术上的结合,是两种或两种以上的技术融合后形成的某种新传播技术,由融合产生的新传播技术和新媒介的功能大于原来各部分的总和。此外,媒介融合也是管理模式上的创新,它需要输出终端的人性化设计、同类运营商之间以及不同类运营商之间的协同合作、内容产品提供商与运营商之间的合作等。[③]

---

① 宫承波:《新媒体的多维审视》,中国广播电视出版社2008年版,第10—12页。

② 参见宫承波主编:《新传媒》(第2期),中国广播电视出版社2010年版。

③ 金永成、曹航:《产业组织理论视角中的媒介产业融合》,《西南民族大学学报》(人文社科版)2009年第2期。

二、数字技术和新媒体对报业的影响变化

伴随着数字技术而兴起的各种新媒介的快速发展，带给报纸这一传统媒体行业巨大的冲击，报业面临着前所未有的生存困境。

自2004年以来，随着数字技术日新月异的发展，传统报业的生存环境发生了巨变，面临空前的挑战。2006年12月29日，一则消息震惊全球的报业同仁。世界上最古老的报纸——创办于1645年的《瑞典国内邮报》正式停止印刷版的发行，这家有着361年历史的报纸最后发行量只有5000份左右。另一则消息来自中文报业。2006年2月1日，在武汉创刊、有近80年历史的台湾《“中央”日报》停刊。这两家报纸停刊的根本原因在于市场影响力萎缩，大量读者流失，最终被市场淘汰。传播技术、竞争格局、受众资源以及制度环境的变化，都使传统报业面临严峻的生存危机，数字化发展成为其必然的战略选择。

（一）报纸媒体商业环境发生重大变化

2005年是平面媒体商业环境发生巨变的一年。从这一年开始，平面媒体的广告增长速度开始大幅回落，到2006年，已低于全国GDP的增幅。传统报业在宏观商业环境的巨变之下，盈利难度加大，投资回报周期增长。根据央视市场研究公司的数据，2006年中国广告市场总额为2875亿元人民币，较2005年增长18％，各类媒体的广告投放量虽均有所增加，但除广电类广告还维持在较高的增幅外，与平面媒体疲软的状态形成鲜明对比的是，网络广告和楼宇广告在2006年分别增长了51％和100％。与此同时，随着广告分销体制的变化，广告公司对平面媒体的压榨加强，平面媒体的经营成本明显加大。

当然，商业环境的变化对集团也有利好的一面。按对主要媒体购买公司的不完全统计，优秀的报媒机构已经具备了品牌优势，广告购买占总购买量的比例2006年比2005年上升了20％。换而言之，优秀的品牌报媒机构的竞争力倍增，新生媒体、弱小媒体的生存空间变得更加狭小。

（二）报纸媒体商业运行模式发生重大变化

长期以来，报业一贯擅长的是“内容为王”，但现在市场出现了“渠道为王”乃至“终端为王”的商业运营模式，对报纸形成了冲击，主要表现在：渠道类媒体崛起，使内容类媒体的蛋糕大幅减少；内容类媒体在渠道上的劣势、在商业模式

上的脆弱开始显现;渠道商加大对传统报业的挤压,传统报业渠道成本剧增;读者和市场的碎片化,使媒体对终端的争夺更为激烈;公关类企业加大整合传播力度,使得策划性项目传播力强劲,传统报业变成此类项目中的一种资源,从而使得单一平面媒体的竞争力大幅下降。媒体商业运行模式的变化,使得传统媒体之间、传统媒体与新媒体之间的竞争加剧。

新媒体的迅速崛起,对报业产生了极大的冲击。在以互联网为代表的新媒体的冲击下,传统媒体的生态环境和基本格局正在发生重大变化,网络广告、户外广告、楼宇广告、电梯广告、直投广告等媒体方阵迅猛崛起,开始瓜分、蚕食报纸的广告份额。在新的媒体结构中,报纸的生存空间受到挤压,传统的强势地位开始动摇。

第二节 报业转型战略的确立:数字报业

主管部门的重视和部署,使得报纸对数字技术冲击下的应对上升为战略转型和产业政策层面,"数字报业"战略明晰成为此时报纸转型的重要依据和改革方向。

一、数字报业是传统报业的战略转型

在报业受到明显冲击且颓势渐现的形势下,报业转型被提上日程。但是怎么转?往哪里转?报媒尚未有清晰的思路和行动。虽然"数字化转型"提及的次数最多,也是报媒业最早形成的共识,但依然未能解决"怎么转"和"转成什么"的问题。而此时,新闻出版总署从产业政策层面提出了"数字报业",并相继下发和出台了一系列的实际规划。一时间,"数字报业"成为报业在数字技术冲击下的转型突破口。

(一)数字报业的概念内涵

"数字报业"的概念是2005年8月国家新闻出版总署报刊司在第二届中国报业竞争力年会上首次提出的。[①] 报刊司同时开始酝酿推进数字报业发展战略

---

① 陈胜华:《数字报业当前亟待突破的五大问题》,《传媒》2009年第9期。

的实验计划，一年后启动的“数字报业实验室计划”，其出发点就是推动报业主动迎接信息技术革命引起的多元化传播格局而快速形成的挑战，采用数字化和互联网等新技术进行自身的变革，“拓展报纸出版业的行业内涵和外延，建构数字化、网络化的信息资源聚合平台和传播平台，发展数字化内容产品，开拓增值服务，重组运营方式和业务流程，进而调整报业的经营结构，扩展报业的受众范围，延续报业作为主流媒体的地位”。①

关于数字报业的内涵，业界专家有以下的观点：

中国社会科学院新闻与传播研究所闵大洪指出，“数字报业”包括两个方面：

一是利用数字技术改造本身传统的生产方式，包括印前、印刷、发行、管理等各个环节；二是利用数字技术“重塑报纸出版业的行业边界和业务形态，推动多元传播格局下报纸出版方式和报业经营模式的转型，实现报业核心竞争能力与信息网络传播技术的深度融合”。②

武汉大学新闻与传播学院教授冉华认为，在“数字报业”这个概念中，必须注意三个核心的内容：

一是报业内容生产管理平台的多维化，即报业内容生产管理信息系统应该是融内容创意采编、内容加工生产、内容分发、内容营销等多个维度为一体的信息系统；二是报业内容展现形式的跨媒体化，即报业内容的存在形式（文、图、音、像）、生产运营形式和传播媒体终端形式（纸、网络、手持移动）的跨媒体化；三是报业运营商业模式的四化，即电子商务化、回报多样化、产品个性化、市场全球化。③

辽宁日报传媒集团副社长、党委副书记刘景来认为：

数字报业是以信息技术、编码技术、网络技术、通讯技术、视像技术等数字技术的应用为标志的新兴报业，是对传统报业进行技术改造、结构重组、模式创新的现代报业，是建立在数字化、网络化、时空化平台上的全媒报业。④

天津日报报业集团社长、总编辑张建星撰文指出：⑤数字报业的概念和理念的提出真正强调的不仅仅是技术的升级和一般网站、网络的建设，而是强调技

---

① 新闻出版总署原副署长石峰在第三届中国报业竞争力年会上的讲话。

② 闵大洪：《方兴未艾的多媒体数字报》，《中国新闻传播学评论》2007 年第 11 期。

③ 冉华、张金海、程明、李小曼：《报业数字化生存与转型研究：基于产业发展的视角》，武汉大学出版社 2010 年版。

④ 刘景来：《数字报业的研读与解析》，《中国报业》2007 年第 11 期。

⑤ 张建星：《从哪里开始：转型期的数字报业》，《中国传媒科技》2006 年第 11 期。

术对内容、信息、资讯的有效整合,从而最终达到对整个报业和媒体产业链的有效整合。数字报业的整合不但会极大改变过去传统的传播方式,而且会有效、非常实际地改变我们在新的竞争格局下的整个经营模式,真正实现我们过去提出来的从媒体经营到经营媒体的区别。

他还认为,与其说数字报业是在寻找新的采编介质和载体,不如说它希望通过技术的力量来完成传播终端的最终掌控和受众的真正细分。

数字报业的发展是一个系统工作,包括数字内容产品的采编制作、传播介质形式的变化、价值链模式的重构等。

(二)数字报业:新媒体技术冲击下报业的转型方向

"数字报业"这一概念由"数字"和"报业"两个原本不相干的词语构成,在技术的发展推动下,二者得以结合。作为报业在受到数字技术冲击和在新媒体竞争下的应对方略,"数字报业"本身被寄予了多层含义。

1.技术形态:用数字技术改造和装备传统报业

数字报业是用数字技术改造和装备传统报业,包括内容数字化、形态数字化、流程数字化和手段数字化。内容数字化是通过编码技术和计算机技术将报业新闻信息转换为用数字技术进行识别和处理的数字形式的内容,是报业数字化的基本前提和重要基础;形态数字化是将报业数字内容表现为与数字技术相对应的数字文本、数字视频、数字语音、数字图片、数字动漫等存在形态,是内容数字化的载体和表现形式;流程数字化是用数字技术处理新闻信息的采集、编辑、排版、传输、发行、交互、阅读、存储、检索等全过程,是数字报业的关键,是内容数字化与形态数字化的技术要求和必然结果;手段数字化是应用网络传输技术、数据存储技术、基础平台技术和移动终端技术等数字工具实现对报业信息的管理,是数字报业的技术标志,是内容、形态、流程数字化的装备支持。①

报业的数字化改造不仅是利用数字技术改造本身传统的生产方式,包括印前、印刷、发行、管理等各个环节,更是利用数字技术重塑报纸出版业的行业边界和业务形态,推动多元传播格局下报纸出版方式和报业经营模式的转型,即报纸内容通过新的介质(如光盘、电信网、广电网、互联网等)、新的终端传播(如计算机、手机、PDA、阅读器、显示屏等)进行传播。

---

① 刘景来:《数字报业的研读与解析》,《中国报业》2007年第11期。

2. 本质：建立适应数字化生存的报业发展战略和模式

技术改造只是数字报业的表象，数字报业的本质是建立起适应数字化生存社会的报业发展新模式。从发展模式上看，数字报业需要进行体制机制创新，建立起适应新媒体挑战和报业发展的新制度，寻找到新的符合数字报业运作模式和规律的价值链与商业模式。

数字报业包含对以往传统报业发展模式的改造和更新，要求建立一种新型的生产力和生产关系。新闻采编可以通过数字技术实现及时的多媒体传输，新闻信息的呈现终端也不再是单一的平面媒体，新闻纸不再是报业唯一的介质选择，多媒体复合显示手段或其他任何新型移动数字介质都可能成为报业的终端。在经营方式上，数字报业将改变长期以来报业经营严重依靠广告和发行的模式，转变为多点作战、立体经营，如个性化信息服务、电子商务等，以提高产品的附加值。在管理方式上，需要政府出台报业向其他媒介形态拓展融合的宏观政策，报业管理部门应当在数字报业宏观战略下调整管理政策，制定适合报业数字化转型的发展政策，促进我国报业向数字报业成功转型。在报社内部，需要搭建适应数字内容产业运营方式的新型生产关系，即新的组织架构，不仅仅围绕采访编辑、发行广告的生产线进行管理，而是在数字多媒体平台上进行资源整合。①

数字报业绝不是一个简单的报纸产品数字化的问题，也不能停留在对传统报业体制的修修补补上，而应当是以数字化为引擎，在媒体定位、发展方向、组织结构、管理手段、经营方式、赢利模式等方面进行的全方位战略升级和产业再造。②

3. 观念：数字报业是报业转型的系统工程

发展数字报业是一项系统工程，而非仅仅寻求一种数字化的新介质来替代新闻纸。通过数字技术，报纸融入新媒体发展的浪潮中，产生诸如数字报、手机报等新的报纸形态，这固然是数字报业的内容之一，但这样的报业数字化仅仅是数字报业的一个表象，数字报业还涉及报业的生产方式、内容传播模式、经营模式、管理模式等一系列深刻的变革。同时，数字报业又不能同传统报业割裂

---

① 石磊：《分散与融合：数字报业研究》，中国社会科学出版社 2010 年版，第 81—83 页。

② 冉华、张金海、程明、李小曼：《报业数字化生存与转型研究：基于产业发展的视角》，武汉大学出版社 2010 年版。

开来，而要同传统报业相互结合和补充，充分发挥传统报业和新媒体的优势。

数字技术对传统报业带来的挑战不同于以前广播和电视的出现对报纸的影响，广播电视对报纸的影响是补充性和调整性的，而数字技术和新媒体的影响则是革命性、颠覆性和替代性的。它打破了以往传播介质和表现形态的束缚，把报业的核心能力拓展到各种数字化载体上，利用互联网、移动电子终端、移动通信终端等高新技术和现代生产方式，重新塑造报纸出版业的行业边界和表现形态，并建立起新的数字报业价值链和商业模式。

新闻出版总署报刊司原副司长林江认为，数字报业也只是报纸出版业历史演进中必须经历的一个阶段，放眼行业的未来，必须看到数字报业只是一个过渡性的概念，它最终的发展方向是数字内容产业。①

二、数字报业的产业政策及试验计划

数字报业是一个理论问题，更是一个实践问题。从2004年开始，国家新闻出版总署报刊司就着手对数字、网络、多媒体技术对我国报业的影响进行调研和评估。2005年8月，报刊司在《中国报业发展报告(2005)》中第一次提出大力发展数字报业的主张。报告提出了未来十年中国报业的八大发展趋势，其中之一便是数字报业战略将改变传统报业形态。2006年8月，报刊司发布了《全国报纸出版业"十一五"发展纲要(2006—2010)》，同时启动了传统报业向数字报业转型的"数字报业实验室计划"。这标志着传统报业的数字化转型已经从业界、学界的探讨上升为报业管理部门的指导性政策，成为我国报业进一步发展的战略方向。

(一)中国报业发展的新理念："十一五"期间报业要实现六个转变

"十一五"期间是传统报业朝着新型报业变革的过渡阶段，是中国报业发展的重要战略机遇期。2005年年底，国家新闻出版署提出了报业要实现的六个转变，为报业的发展指明了方向。这六个转变是：

> 由依靠投资驱动的资源消耗型增长，向依靠技术驱动的内容创新型增长转变；由不切实际的外部制度模仿，向实事求是、精耕细作的内

① 林江：《积极推进数字报业 迎接08奥运》，《新闻战线》2008年第1期。

部制度创新转变；由传统的媒体中心观，向以高度整合的资源平台为核心价值的资源中心观转变；由大而全的传统内容定位策略，向更加精准的、适应不断细分的市场需求的现代定位策略转变；由危及报业增长基础的低价竞争，向高水平的内容竞争和服务竞争转变；由以新闻纸为本位的传统纸媒体，向以原创内容和信息增值服务为本位的“数字报业”转变。①

这六个转变，半数以上与报业数字化有关，昭示着中国报业进入了数字化转型的新阶段。

(二)数字报业战略的纲领性文件

1.《全国报纸出版业“十一五”发展纲要(2006—2010)》②

2006年8月在北京召开的第三届中国报业竞争力年会，是中国数字报业全面走向突围之路的标志。在这次年会上，国家新闻出版总署再次提出了数字报业战略，并将其列入《全国报纸出版业“十一五”发展纲要(2006—2010)》(以下简称《纲要》)。《纲要》指出，要积极应对传播技术变革的挑战，重塑报纸出版业的行业边界和行业状态，推动多元传播下报纸出版方式和报业经营模式的转型，实现报业核心竞争力与信息网络传播技术研究的深度融合，牢牢把握数字化、网络化条件下舆论宣传和市场竞争主导权。由此可见，中国报业应当朝着什么方向发展、怎样去发展，发展纲要指出了明确方向。大多数报社开始从对数字报业的战略意识阶段，进入统一认识阶段。

《纲要》确立了数字报业发展战略：

——“十一五”期间，信息技术革命将导致报业市场多元化传播格局加快形成；数字报业将得到大发展，数字内容生产、传播和增值服务能力普遍提高，数字内容产品和信息增值服务收入显著增加；要提高报业集约化经营水平。

——积极应对传播技术变革挑战，重塑报纸出版业的行业边界和业务形态，推动多元传播格局下报纸出版方式和报业经营模式的转型，实

① 李彦魁：《提升驾驭信息化能力，服务报业发展战略》，《中国报业年鉴(2006)》，中华工商联合出版社，2007年版。

② 本部分主要参考：《全国报纸出版业“十一五”发展纲要(摘要)》，《中国报业》2006年第8期。

现报业核心竞争能力与信息网络传播技术的深度融合，牢牢把握数字化、网络化条件下舆论宣传和市场竞争主导权。

——积极探索先进适用技术。积极探索适应数字报业发展需要的新型内容显示技术和传播技术，实现传统纸介质出版向数字网络出版的平稳过渡。广泛利用各种数字内容显示终端和传播技术，发展“网络报”“手机报”“电子报纸”等多种数字网络出版形式，实施“数字报业实验室”计划，探索数字化、网络化的新型报纸出版形态、运营环境和监管方式。

——创新主营业务架构。积极探索数字报业的主营业务模式，形成多种媒介形态内容产品的生产和销售能力；为广告客户和消费者提供高度定制化的网络广告产品、灵活的广告投放策略和价格组合；满足供需双方即时在线交易需求，实现报业运营对价值链的全面整合；实施中小城市综合信息门户发展计划，充分发挥中小城市试点报纸的本地资源优势，形成当地领先的数字内容和增值服务提供机构。

——推进信息化建设与数字报业战略架构的全面整合，实现信息网络系统由辅助性管理手段向核心经营平台的转变，由信息技术投资向报业经营战略投资的转变。

《纲要》还对转变报业发展模式和深入推进体制改革进行了阐述：在转变报业增长方式上，基本确立质量型、效益型、集约型的报业发展模式；在推进体制改革上，要求重塑报业市场主体；在提高集约化专业化水平上，要求重点培育发展一批实力雄厚、具有较强影响力和竞争力的国有大型综合性报业（传媒）集团，使之成为报业市场的主导力量和文化传媒领域的战略投资者；实施综合性传媒集团发展计划，在现有39家试点报业集团的基础上，横向发展一批跨地区、跨媒体、立足传媒业、面向大文化产业的多元混业经营的国有大型综合性传媒集团；大力提高报业专业化水平，积极发展专业性报业（传媒）企业集团；支持中小型报纸出版单位向专、精、特、新方向发展，形成富有活力的优势产业群，提高产品差别化程度，形成报业市场的差异化竞争；在完善报业市场体系上，加快建设统一、开放、竞争、有序的现代市场体系。

《新闻出版科技工作贯彻落实“新闻出版业‘十一五’发展规划”实施意见》则提出了实现出版资源的数字化，要求传统书报刊出版单位要向数字出版业转变，逐步实现内容采集、编辑、分类、存储、交易等的数字化；实施数字出版战略，要求建立集内容采编、信息加工、网络传输与销售等于一体的数字出版综合业务管理平台；实现新闻出版业全流程数字化，扶持和促进新兴数字媒体产业的创新和发展，包括新兴介质形态、移动终端、数字内容产业等，鼓励自主创新。

2006年颁布的《国家"十一五"时期文化发展规划纲要》同样提出了"发展新兴传播载体"：充分发挥国家主流媒体在信息、人才等方面的资源优势，发展手机网站、手机报刊、IP电视、移动数字电视、网络广播、网络电视等新兴传播载体，丰富内容，创立品牌，不断提高市场占有率。

2.《报业"十一五"信息化发展的几点建议》①

中国报协电子技术工作委员会在《报业"十一五"信息化发展的几点建议》（以下简称《建议》）中，也对数字报业的发展提出了意见。《建议》认为，"十一五"期间，中国报业技术领域整体上以采编为核心的建设已经发展到一定阶段，今后发展的重心将逐步转移到整合报社主营业务上，以编辑部为核心的采编系统应以知识管理为突破口，经营管理系统应以效率为核心，以现代管理思想为基础，借助计算机和网络技术，对内外部资源进行全面监控和管理；要树立内容资源中心观，建构和整合发展有价值的内容增值服务，其中包括数据库服务、咨询服务、商务服务、定题内容服务等；要建立数字报业战略，改变传统报业形态；以互联网为代表的新型传播技术将重塑报纸出版形态；要进一步发挥新闻和原创内容优势；要关注报社与读者之间互动渠道的建设与发展趋势，发展现代移动技术与报业的关联。

《建议》认为，信息技术已成为支持报业各项业务的基础性平台，按照"建设—应用—提高—再应用—再提高"和"需求为导向，技术为驱动"的报业信息化发展的一般规律，在"十一五"期间，报业信息化发展的总体思路是：由简单地模拟现有的工作流程和工作方式，向由技术驱动的数字化跨媒体方向转变，重塑业务流程，促进报业转型为数字化报业；建立以内容为核心的知识库管理平台，实现为社会提供信息服务的目标；建立以效率和效益为核心的经营管理平台，通过信息化使报业的生产和管理水平发生质的飞跃，提升报业的经营管理水平，增强市场竞争力；加强和推进报业新闻信息交换与共享的标准化进程，更好地为社会提供信息服务；高度重视信息系统的安全，进一步提高安全意识，随需应变，建立健全信息安全体系；以人为本，加强技术队伍建设，推动报业技术进步。

① 中国报协电子技术工作委员会：《把握媒体改革机遇　大力推进报业信息化——报业"十一五"信息化发展的几点建议》，《中国报业》2006年第5期。

从全国的整体情况出发,《建议》提出了一个建设方案框架:一套体系,两座平台,三个应用系统。“一套体系”就是网络安全策略和新闻信息标准化体系;“两座平台”就是报社内部网络平台和互联网平台;“三个应用系统”就是以数字资产整合为核心的采编应用系统,以市场导向为核心的报业经营管理应用系统和既为媒体自身服务又为社会服务的原创内容多媒体新闻数据库系统。

(三)数字报业战略的重要举措:正式启动“数字报业实验室计划”

数字报业战略最早是在2005年提出来的,到2006年8月,《全国报纸出版业“十一五”发展纲要》明确提出了“数字报业实验室计划”,并在第三届报业竞争力年会上启动了这个报业实验室。有21家成员单位作为首批成员开始实验室计划。2006年11月召开的“香山会议”成立了实验计划的第一届理事会,制定了章程,提出整合传统报业的自身力量和关联产业,共同探讨数字报业的产品形态、运营形态以及赢利模式。

“数字报业实验室计划”的宗旨是大力发展数字报业,广泛利用各种数字内容显示终端和传播技术,发展网络报、手机报等多种数字网络出版形式,促进报纸与互联网站互利互惠、融合发展,形成以传统纸介质报纸为基础,数字化、网络化内容产品和信息增值服务产品齐头并进的内容产品发展格局。

1.确立九大实验方向

实验室开通了中国数字报业官方网站,创办了一份电子杂志《中国数字报业》,还主办了“中国数字报业国际论坛”,推出了数十个数字报业创新型项目。第一批中国数字报业创新项目45个,包括数字报刊广告与发行管理系统、城市多媒体报纸联播、中国电力新闻网等项目,还公布了2007年数字报业九大实验方向:传媒数字化平台、传媒网站、电子商务、电子阅读器、多媒体数字报刊、户外数字媒体、手机报、手机二维码、移动采编系统。

2.提出面临的十大问题

中国数字报业实验室总结了数字报业进一步发展面临的十大问题,这十大问题实际上也是数字报业战略实施中必须解决的问题,即数字报业产品的行业技术标准问题,数字报业的版权保护问题,报业跨媒体发展的政策界限,发展数字报业的认识和观念转变问题,人力资源储备问题,传统出版组织架构的改造问题,受众形态研究的匮乏问题,商业模式的探索问题,数字报业的资本合作问题,关联产业与报业之间的合作共赢、理性合作问题。

(四)启动数字报业的“三步走”计划

为推进数字报业的发展,在引导传统内容产业向数字内容产业升级的过程中,新闻出版总署已经有了一系列的规划。按照当时的规划,推动数字报业发展的战略构架分为三步走:①

第一步,数字报业实验室计划,这是整个战略的核心和主线。这个计划将全方位探索数字报业的介质技术、显示技术、传播技术、商业模式、组织架构、人才需求等一揽子问题的解决方案。在以后五年甚至更长一段时间,都将进行这项工作,直到有一个相对成熟的新型产业链、运营环境和制度安排,实验室的使命才算完成。

第二步,2007 年年中启动“中小城市综合信息门户发展计划”,主要是立足于中小城市,利用报社在当地的资源优势,包括政治资源、市场资源、品牌资源等,推动中小城市数字报业的发展。和中心城市面临的市场竞争环境不同,中小城市的报业机构,尤其是党报社,具有非常有利的资源聚合条件,可以获得优厚的政策性扶持,有能力朝着本地数字门户的方向发展,做当地领先的新闻资讯和综合信息服务提供商。

第三步,2007 年年底前后启动“信息网络传播权保护计划”,目的是对报业的核心能力依法进行有效保护。这种集体的自我保护需要两个基础:首先要统一思想,分散的个体很容易被各个击破;其次要选择适当的时机,这个时机就是报业在数字内容领域已经有了一定的规模和基础,具备一定的竞争能力和谈判能力。届时,维护报业合法权益的主张不仅有法律的保障,还有强大的市场竞争能力的保障。

三、数字报业战略的基本共识

数字报业实验室计划和其他实践使数字报业战略得到了实施,在长期的沟通、交流和共同的探索、合作中,主管部门、报业以及关联行业就数字报业的发展战略达成了一些基本共识。在 2006 年 8 月的第三届中国报业竞争力年会上,首批加入中国数字报业实验室计划的报业集团和主要报社以及关联产业的

① 庞春燕:《中国数字报业三步曲——访新闻出版总署报刊司副司长林江》,《传媒》2006 年第 12 期。

领先企业，联合发表了《关于共同推进数字报业的宣言》，初步达成了五项共识。时任新闻出版总署报刊司副司长林江在《中国数字化报业发展战略的基本共识》中，将数字报业发展战略的基本共识概括如下：①

> 始终坚持正确的舆论导向；科学把握报业的核心能力；推动报业的战略转型，重塑报纸出版业的行业边界和业务形态；创新报业机构的运营机制；积极探索先进适用技术；努力建构新型产业链；巩固行业转型的战略基础；依法保护信息网络传播权。

第三节　报业数字化转型全面启动

从《中国贸易报》创办的第一家报纸网站算起，中国报业的数字化之路起步并不晚，但是中国报业的数字化之路一路走来却波澜不惊、反应平平，与同期出现的商业化网站相比，报纸网站更多的时候是点缀而不是报纸实实在在的“左膀右臂”。

也许是都市报的“黄金十年”麻痹了中国报人对新媒体警惕的神经，报纸在拥有强大内容生产能力的情况下却眼见着新媒体不断夺走自己的广告和读者，于是痛定思痛之后的报纸又决定拿起新媒体曾经攻击过自己的武器试图反戈一击，打破“报纸消亡论”和“报业冬天论”所带来的阴霾。2006年，以解放日报报业集团为代表的一批报业新锐开始了进军新媒体领域的尝试。这一次，报业开始意识到自己所拥有的强大内容财富和品牌影响力是自己最后的一张王牌，顺应历史潮流，采用新技术对已有的内容财富进行深度开发则是报业在多路夹攻之下的救亡图存之道。

从感受到数字媒体的威胁，到主动投身于数字报业，这是中国报业经历的一场深刻转变。在政府主管部门对数字报业战略的推进影响下，从2006年开始，报业的数字化转型已经向纵深发展，报业媒体已经在实践中摸索报纸的转型之道。

一、报纸网站的分化与整合

与上一阶段轰轰烈烈创建网站不同，报纸在激烈竞争的网络环境下，自身的

① 林江：《中国数字化报业发展战略的基本共识》，《中国传媒科技》2006年第11期。

网络意识逐渐提升，在突破网站定位模糊、探索网站经营方面有了一定的实际行动。新闻网站主要分为两类：由政府宣传部或者新闻办主办的新闻网站，以及传统媒体主办的新闻网站。在数量众多的互联网网站中，同质化严重的新闻网站容易被互联网网站所“淹没”，网站单凭一己之力很难在网络中显山露水。因此，定位细分、对外合作、重组并购便成为这一时期报纸网站改革的突破口。

(一)网站定位：从综合新闻门户开始细分化

2005 年 3 月 18 日，深圳报业集团旗下的《深圳特区报》和深圳新闻网共同合作，推出以“视频传播、报网互动”为特色的第一置业网(www. zytop. com)，它融合了新闻、视频、网友信息互动等多个层面，有三个特色：一是依托于《深圳特区报》强大的采编资源，实现置业者通过网络媒体与传统媒体的全面互动；二是借助深圳新闻网成熟的视频传播手段，开辟大量的视频传播栏目，实现网络与网民的零距离沟通；三是开辟众多信息量超大的专栏，囊括了房地产网站的各种信息类别，服务性很强。

一些报纸媒体已经在更深层面和更广的范畴上进行了数字化经营的大胆尝试，利用自己手中的资源和内容优势，介入跨行业的网站经营中——将网站从纸质报纸的数字翻版发展成为综合性门户网站，甚至直接介入网上购物等新兴的电子商务领域。

报纸办网站，除了把报纸内容以网页形式表现出来外，还积极探索各种服务项目，如房产信息、交友服务、网络团购等。2006 年，杭州日报报业集团的《都市快报》推出消费类网站“都快社区”(后改名为“19 楼”)。它以快报 19 楼论坛五年积聚的注册用户和流量为基础，增强了各种基于 Web2. 0 理念设计的全新功能，力求打造本地区功能最强、用户最活跃、商业价值最高的网络虚拟社区。同时，“都快社区”还致力于报网互动，利用互联网技术与受众共同构造无障碍交流平台，最终为报纸提供全新的、富于竞争力的新闻产品。

浙江日报传媒集团下属的《钱江晚报》网络版则依托《钱江晚报》的品牌效应，提出“领先一步迈入 Web2. 0 时代”的理念，突出互动服务，其推出的“焦点热议”“火热互动”“热心互助”“我要报料”“名医坐堂”“人民公摄”等频道都以互动服务为特色。

2006 年 1 月 4 日，上海解放日报报业集团旗下的《新闻晨报》和《新闻晚报》推出全新的嗨嗨网(www. highai. com)，本着“最嗨的上海生活门户”定位，着力打造专业的上海互动城市生活服务圈。网站内容既包括对报媒本身新闻资讯的数字化传播，又有社区、论坛、博客等综合门户网站中的常见栏目，设置了生活、商户、分类、娱乐、旅欧、美食、动漫等20多个频道，还有“嗨拼商场”等具有上海本土特色的电子商务频道。报网互动是嗨嗨网的特色，通过该网，读者可以与《新闻晨报》《新闻晚报》进行交流沟通。为了支持该网的发展，解放日报报业集团宣布为嗨嗨网投资1000万元，打造自己的新媒体平台。

(二)运作模式：从自主办网到合作办网

2005年8月18日，中国电信和南方报业传媒集团签订合作协议，将原有的深圳热线变更为奥一网，由《南方都市报》派出骨干团队对其进行全新改版与运营。[①] 奥一网是融合了网络和传统媒体的Web2.0门户网站。在奥一网的宣传介绍中有这样一段话：“奥一网强调精确而不做海量；方法上，强调出奇兵，不作性价比低的事情，不以消耗资源来求发展，走集约型路线；在发展重点上，奥一网前期主要是新闻与社区，形成‘前店后厂’的模式，再慢慢导入资讯和其他增值性服务。”奥一网的发展模式为新闻网站转型树立了一个标杆。

首期上线测试的共有30个频道，其中含新闻、资讯、社区等各类互动频道。奥一网的频道设置充分体现了对传统优质报业资源的整合，同时又大力吸纳第二代互联网互动性强、个人传播性强的显著特性，着力开发博客、牛客(newsblog)、EDM电子杂志等基于第二代互联网的产品。同时，奥一网与百度组建泛媒体联盟[②]，使报纸原创新闻得到更大范围的传播。

2006年4月，《重庆商报》与综合门户网站腾讯网宣布腾讯一大渝网(后简称“大渝网”)正式上线运营，这也是重庆地区第一家生活门户网站。大渝网依托腾讯QQ客户端的区域定位技术优势和《重庆商报》的本土内容及资源优势，为本地互联网用户提供本地化的内容资讯、互联网产品和城市生活便利服务。这可以看作是传统报业向数字化出版运营领域迈出的探索性的一步，也是门户网站与传统媒体为深入的合作模式而进行的大胆尝试。在大渝网的合作中，《重庆商报》占股49%，腾讯则占股51%。《重庆商报》负责网站的经营与策划，腾讯则更多地是资源性投入，负责网站的运作。可以看到，大渝网体现了“技术资源为先导，本地化经营为方向”的报网互动新思路。

---

① 胡春雷：《2005年中国报业总体情况》，《中国报业年鉴(2005)》，工华工商联合出版社，2006年版。

② 媒体联盟是百度公司2006年力推的一种与媒体网站的合作模式。长期以来，网民大都通过门户网站看新闻，但原创媒体网站的新闻在网上并不容易找到，而百度倡导的泛媒体联盟向网络搜索用户推介更快、更多、更优质的媒体原创新闻。

定位为“重庆城市生活第一网”的大渝网，主打区域性市场，发展本地化战略。一方面为重庆地区用户提供更本地化、专业化、人性化的服务；另一方面，本地化发展战略也为广告主提供了一个精确投放广告的平台。除此之外，依托于腾讯QQ客户端的主动性资讯投递技术优势，大渝网摆脱了传统的被动依靠用户输入网址接受信息的方式，主动传播方式让大渝网在重庆本地用户中扩大了影响力。此外，在QQ客户端相关业务、大渝网网络平台和《重庆日报》平面传播的三轨同步发展下，大渝网在重庆地区组建起了“即时通信工具主动传播＋互联网传播＋平面传播”的立体传播方阵，在区域媒体市场的竞争中抢占了先机，获得了优势地位。

(三)新闻网站之间整合，形成合力

2005年以来，部分新闻网站已经开始归并，如报业所属。安徽的中安网划归到安徽日报报业集团；湖南红网的总资产（含党委、政府的投入）整体移交给省出版集团和潇湘晨报社，由省出版集团主管、潇湘晨报社主办；广西桂龙网与广西日报报业集团主办的新桂网合二为一。[①]

在这场由地方新闻网站发起的网站整合中，可以看到一个共同点：即政府从直接主管、主办新闻网站中撤出来，由具有一定权威和实力的传统媒体接手。这样的安排一方面解决了网站投入不足的问题，因为一些网站原来的财政扶持期限已到，另一方面则充分整合了平面媒体的新闻资源，避免了低水平重复建设、资源浪费、互抢市场的现象。

各大新闻网在融合之中更新了新闻业务观念：在时效性上，实现了由定时更新、及时更新到实时、全时更新的转变；在表现形式上，开始运用声音、视频等多种媒体表现新闻作品，使新闻更有吸引力和感染力。最重要的是，各大新闻网改变了过去那种单向被动的大众传播模式，非常注重受众的反馈和参与意识，形成了媒体与受众的积极互动。[②]

二、数字报纸，报纸转型的现实选择

在主管部门的主导下，各报业集团和报社纷纷开始进行数字报业建设。报

---

① 项宁一：《应对挑战的数字化探索》，《新闻战线》2007年第1期。

② 李卓钧、董少伟：《我国报业的数字化历程与发展战略》，《中国媒体发展研究报告》（2008年卷），武汉大学出版社2008年版，第421－425页。

纸网站的网络意识逐渐增强，开始对自己的电子网络版报纸进行改造。而改版的核心思路就是加入多媒体内容，改版的具体表现就是基于使用各种技术手段试图还原报纸版面。

具体来说，报纸电子网络版的发展就是综合使用各种手段与视频音频多媒体技术，提高信息的数量与质量，向立体化与纵深处进发，即除了文字信息外，还有报纸自己采访制作的音频、视频新闻，其内容与印刷版相比有了很大发展；同时利用Java或Web2.0技术，重视与网民的互动与社区的建立，即报纸开始立体化地应用网络海量集纳与互动的优势对网络报纸进行改造，不再局限于一个平面，而是向多媒体的互动信息提供者与社区构建者角色转变。

(一)报纸电子网络版升级为数字报纸

原先的报纸电子网络版经过多媒体内容的融合后，就被称为“数字报纸”“多媒体数字报纸”“新型电子报”等多个名称。“一般认为，此前报纸电子版可以视为数字报纸的初级产品，而数字报纸是数字报业的一种表现形式，它通过数字技术把纸质报纸上的内容转换成可以适合计算机、手机等各种数字终端使用的格式，并通过电子屏幕显示出来。”[①]从产品形态上来说，互联网数字报纸主要分为以下四种形式：HTML网页式、版式格式(PDF与CEB)、在线多媒体式、离线多媒体式(见表3—1)。

表3—1 基于互联网的数字报纸主要形式

互联网数字报形式	优　势
HTML网页式	可以实现版面内容的快速浏览、期间掉转、版面定向推送、附加网页广告、全文检索、搜索引擎搜索等
版式格式(PDF/CEB*)	方便政府机关、企事业单位作为内部数字报纸资料进行公文传阅，文件量较小，阅读方便
在线多媒体式	能够很好地吸引读者眼球，实现多媒体广告、新闻稿件推送、流媒体内容高速播放
离线多媒体式	可下载后离线阅读，效果绚丽，具有强烈视觉冲击力，但文件量相对较大，读者下载与保存需要一定的时间和空间成本

*CEB为北京方正阿帕比技术有限公司带有数字版权保护技术的文档格式。

① 王卫新、蔡伟：《数字报纸：报业的现实与未来抉择》，《新闻记者》2007年第6期。

报纸对数字化媒介形态如数字报纸或者数字产品的探索，自 2006 年开始在国内报业媒体中得到重视，并在全国范围内普及开来。根据阅读载体的不同，数字报纸又可以分为不同形式：基于计算机电脑终端的数字报纸；基于手机、电子阅读器等移动终端的数字报纸。对于以上所列的报业新媒体形态，将在以下章节分别进行分析考证。

浙江日报报业集团于 2006 年 3 月推出《钱江晚报》网络版，《今日早报》推出网络互动专版《钱塘 e 家》，首次推出全省短信评报，直接与广大群众沟通；《诸暨日报》开发网、视、纸媒三方互动，创办了多媒体报纸；《美术报》开通网络周刊，举办网上画展、网上拍卖；《浙江日报》积极酝酿推出报网互动版，尝试推出了《感恩始于沟通》等报网互动系列报道。浙江日报报业集团与浙江在线新闻网站也正式推出了全国首家数字报纸。

北京日报报业集团于 2006 年 4 月对京报网以及《北京日报》《北京晚报》《京郊日报》电子报纸完成改版，改版重点突出网站编读互动功能，首次开办了“京报网谈”栏目，每日围绕一个话题与网民互动，其他新辟栏目如政论文件、领导动态、人事任免等，力争成为群众与政府之间的新桥梁。同时，新版还突出了北京的地方特色。新改版的《北京日报》《北京晚报》《京郊日报》电子版，增加了可视化的报纸版面(PDF)浏览功能，新闻的排列形式也从原来的按栏目查看改进成按新闻的版面浏览，新闻检索形式更加丰富，实现了按日期、按作者、按标题、按正文内容等多种方式的检索。

2007 年 1 月，文汇新民报业集团与知名网络杂志平台 XPLUS 合作，推出电子《文汇报》，开始共同经营数字报纸。继 2006 年年底开通《东南商报》网络版后，2007 年 2 月起，宁波日报报业集团又相继推出《宁波日报》《宁波晚报》《东南商报》《慈溪日报》等四家报纸的新型电子报，中国宁波网充分整合集团的八家报纸内容，着力打造《对话》《天一论坛》《宁波网视》等品牌栏目。

2007 年 11 月 30 日，湖南首个完整展现报纸形态的数字化报纸——《潇湘晨报数字报》正式上线。该数字报率先开通视频板块，读者在阅读采编人员的文字和图片稿库之外，还可以看到第一新闻现场的视频。这一多媒体新闻的手法克服了报纸信息“扁平化”的不足，有效扩展了读者与报纸的交互体验模式。

在报纸网络版的升级改造中有一个发展现象，即各大报业集团使用新的技术还原报纸版面，这被称为报纸的全真版或 PDF 版，如浙江日报报业集团与北大方正经过三年合作开发，在 2006 年成功推出数字报刊与跨媒体出版系统，实现了传统报纸、数字报纸、光盘出版及全文数据库产品的一体化生产和多元化出版,使《浙江日报》在签样付印的同时就能自动生成数字报纸。《辽宁日报》《辽沈晚报》推出的 PDF 版也保持了报纸的原汁原味。但是针对这一现象,也有专家研究认为,“在新的媒介形态面前,新媒体技术应该力求丰富信息的表现形态,并改进信息本身的选取、组合和分析能力。读者的阅读习惯是可以随着新技术的推进而改变的,新媒体终端若是一味地强调保留读者的阅读习惯,并非是一个科学的发展方向”。①

报业网站拥有情况见表 3—2。

表 3—2 报业网站拥有情况 （截至 2007 年 8 月）

序号	类别	样本报纸数量	有网站报纸数量	有网站比例
1	党报	359	272	75.77%
2	晚报都市报	284	220	77.46%
3	生活服务类报纸	98	55	56.12%
4	行业报	157	124	78.98%
合计		898	671	74.72%

数据来源:中国数字报业实验室。

(二)移动数字报纸:利用新阅读终端的数字报纸

移动数字报纸是基于电子阅读器浏览的数字报纸,是数字报纸的一种形式,它以电子纸为传输介质,通过电子阅读器进行移动阅读,也可将互联网上的数字报纸下载到阅读器中,方便用户离线阅读。

解放日报报业集团很早就开始了对移动阅读器介质的研究,并于 2006 年 4 月 25 日率先在 iRex 电子纸上展现和发布了第一份电子报纸;2006 年 10 月 27 日,烟台日报传媒集团全面开通了旗下 4 报 3 刊的 iRex 电子报刊,从而迈入了电子纸时代。

2006 年 10 月 24 日,宁波日报报业集团和烟台日报传媒集团相继推出电子报纸——宁波 BO 播报。这是国内首份便携式原创多媒体数字报纸产品,每月出版 6 期左右,每期 6 个版,分别是精华版、本地版、财经版、奇趣版、体育版、健康版。该电子报纸的形态是一种由荷兰 iRex 公司研发的 A5 纸大小、可随身携带的“电子纸阅读器”,该阅读器的特性是可以提供和纸质材质相同的阅读体

① 胡春雷:《2006 年中国报业发展综述:数字化突围 创新性经营》,《中国报业年鉴(2006)》,中华工商联合出版社 2007 年版。

验，同时其发布的内容完全不改变传统报纸的版面形态。

2006 年 12 月 15 日，由广州日报社大洋网、广州金蟾软件研发中心和香港权智集团三方合作推出的广州日报移动数字报纸诞生，市民可以通过购买一个相当于八分之一版《广州日报》大小的电子阅读器，从网上快速下载电子版报纸，随身携带，离线阅读。移动数字报纸的内容导入方式为：接通网线，按电子阅读器一个设定按钮直接下载，全部内容 3 分钟内即可下载完毕。以后内容导入方式会逐步多样化，包括无线接收、蓝牙手机下载等等。除了电子报纸，电子阅读器还有 MP3 播放、电子汉英词典等功能。首期广州日报移动数字报纸阅读器在广州投放了两万台，每台阅读器的售价为 2380 元，凡购买的用户可以免费获赠一年的广州日报移动数字报纸。

比起报纸的网络版，新型无纸终端设备的优势在于发挥了报纸原有的便携性特点，但又比手机报纸拥有更好的视觉与阅读感受；劣势是比起普通的报纸，这种设备对老百姓来说价格昂贵，何时达到普通大众可以接受的价格，或是在未来的技术发展中又被新的设备所取代，仍有待市场的进一步检验。（数字报纸不同开发方案见表 3—3。）

表 3—3　数字报纸不同开发方案

主导力量	方案介绍	方案优点	方案缺点	采用的报媒
以方正为首的报业系统提供商	以飞腾组版软件为基础，通过飞旋软件对已经签发大样的见报稿件进行标引，同时使用飞阅组件进行多媒体版本的制作和生成	保护了原有报业大量基于方正采编发系统的投资	系统的灵活性有待提高，对 RSS 和用户端定制需求解决得不甚理想	《人民日报》、《解放日报》和《广州日报》等
Xplus 等电子杂志业平台	简化操作层面，产品表现立足于仿真传统报纸版面，对 FLASH 的支持较为纯熟	有利于上网报纸增量多媒体广告的加载	电子杂志业者并不掌握报业核心技术和运作资源	《文汇报》、《华商报》和《辽宁日报》
荷兰 iRex 等硬件开发商	以手持阅读器为核心，使用一个简化的移动平台，通过液晶屏幕对新闻和信息进行浏览和操作，也可直接承载报纸仿真版	采用特殊的电子纸显示技术，其可读性和节能性与传统纸张相似	硬件成本和用户操作界面复杂	解放日报报业集团、辽宁日报传媒集团、宁波日报报业集团、天津日报报业集团和烟台日报传媒集团

资料来源：根据公开资料整理。

据新闻出版总署传媒研究所《2007中国报业竞争力检测报告》显示，2007年，数字报纸和手机报纸数量激增，截至这一年的11月底，全国多媒体数字报刊数量已达700多种（不包括通常意义上的PDF版）、手机报增加到300多种。[①] 但从总体上看，报业数字化的转型尚处于发展初期，数字报业的赢利模式仍在探索之中。

三、手机报的涌现与发展

相对于传统报纸而言，手机报具有实时更新、动态浏览、接收方便、成本低廉、互动性强等特点，因而成为传统报业继创办电子网络版、兴办网站之后转型的又一举措。手机报的出现是报纸媒体内容信息产品的又一次延伸，从一种通信工具到新型的传播载具，手机报的勃兴得益于媒介技术的不断推进，从而掀起了报业数字化之路的第二次浪潮。2004年中国移动推出彩信技术之后，手机报的发展呈现出上升势头。

（一）"大跃进"式的发展态势

继2004年《中国妇女报》开通第一家全国性手机报，2005年浙江日报报业集团开通第一份省级手机报，并有其他报业继续跟进之后，2006年、2007年手机报纸仍在持续增多（见表3—4）。

表3—4 报业媒体积极发展手机报

	时　间	事　件
手机报诞生	2004年7月18日	国内第一张手机报诞生——《中国妇女报》推出了《中国妇女报・彩信版》
手机报创办高峰	2005年4月1日	杭州日报报业集团与杭州移动和凯信网络技术有限公司三方合作，分别提供信息内容、传输通道、技术平台，创办《杭州手机报》
	2005年4月5日	浙江日报报业集团与浙江移动、浙江在线联合创办《浙江手机报》
	2005年6月8日	重庆日报报业集团《重庆商报》与重庆移动联合创办手机报《重庆商报随身看》
	2005年7月16日	深圳报业集团《深圳晚报》与深圳联通联合创办《深圳晚报彩e报》
	2005年8月8日	《南方日报》、《羊城晚报》、《广州日报》三大报业集团会同新华社广东分社，与广东移动联合创办手机报，同时提供彩信、WAP两种版本

① 新闻出版总署传媒发展研究所：《2007中国报业竞争力检测报告》，《中国报业》2008年第1期。

续表

	2005 年 9 月 1 日	四川日报报业集团《华西都市报》与四川电信联合创办《华西手机报》，其声讯版又于 9 月 27 日开通上线
	2005 年 9 月 28 日	青岛报业集团所属青岛新闻网推出《青岛手机报》
	2005 年 11 月 1 日	辽宁报业集团与辽宁移动联合创办《辽宁手机报》，由集团所属北国网具体操作
手机报继续涌现	2006 年 1 月	解放日报报业集团与中国联通上海分公司、上海移动通信公司联合打造手机报纸“i-news”业务平台
	2006 年 3 月 1 日	北京日报报业集团《北京晚报》推出北京晚报手机版，采用清华紫光的优码技术，通过手机摄像头扫描登录 WAP 网站
	2006 年 3 月 20 日	上海文新报业集团与上海移动联合推出 News365——上海手机传媒，共 4 张手机彩信报——《新闻 365》《财经 365》《体育 365》《娱乐 365》
	2006 年 3 月 23 日	《潇湘晨报》、红网和湖南移动共同推出使用 WAP 版的《湖南手机报》
	2007 年 2 月	《人民日报》手机报在全国开通运行

(二)合作模式：全国模式和地区模式

全国发行的手机报基本上都是三方合作：中国移动（提供通道），报社（内容提供商，即 CP），服务提供商（提供软件支持和系统维护，即 SP）。由于目前只有北京好易时空公司拥有中国移动全网彩信牌照，所以全国发行的手机报都必须与这家公司合作。全国模式下，手机报基本上都是每天发送一次信息，订阅费约 15 元/月。订阅收入由三方分成：中国移动 40%，好易时空 42%，报社 18%，但好易时空每月的保底收费为 3 万元。地方性报纸都采用地区模式，一般都由报社和当地的移动公司两方合作：报社提供内容，移动提供通道并委托 SP 做技术支持，报社本身并不和 SP 直接联系。在地区模式下，地方移动公司和报纸的合作关系更为紧密，因而手机报推广和发送的成本要比在全国模式下低很多。手机报一般每天分早晚两次发送信息，订阅费一般在每月 5—8 元之间。

(三)手机报纸的接收特点与局限性

在手机报出现“大跃进”趋势的情形下，业界也开始思考手机报的特点与赢利模式。手机报的传播模式主要有两种：一是彩信模式，二是 WAP 网站浏览模式[①]。

除信息接收形式不同外，手机报纸还面临着几大问题：信息资源同质；目标读者定位模糊；受电信运营商网络信号和网速的影响；受手机终端和服务费的限制。因此，虽然手机报纸不断涌现，但阅读手机报纸的人群仍有待发展。

手机报的赢利模式共有三种：对彩信订制用户收取包月订阅费，一般为 5—25 元/月，初期大多采取"免费体验"进行推销；对 WAP 网站浏览用户按时间计费，最低价一般为 40 分钟(600K)收费 5 元；沿用传统媒体的赢利方式，通过吸引用户来获取广告投放。[②]

手机报的发展也存在一些不利因素：

1. 同质程度较高。手机报内容一般为纸质媒体新闻的电子化翻版，自身原创内容不多，处理粗糙，滚动更新速度跟不上互联网。

2. 订阅价格偏高。手机报包月价大多在 5—25 元之间，年付费在 60—300 元之间，而提供的信息量却远远低于报纸，价格上显得不实惠。《杭州手机报》"免费体验"时，拥有用户 10 余万；而在实行 5 元包月收费后，用户大幅度下降到 1 万。

3. 阅读容易疲劳。由于手机屏幕窄小，每页显示汉字仅为 100 字左右，翻页过于频繁，时间长了容易引起心理、身体疲劳，"新闻浓缩"势在必行。

4. 经营需要开发。"收费模式"要与电信商、网络营运商分成，利润所得有限；"广告模式"又受制于手机私密性、个性化的特点，硬性穿插广告容易引起读者反感而造成空放。

四、报纸的电视版与卫星版

2006 年，除手机、网络这些被广泛应用的新媒体之外，还有少量报业利用电视技术与卫星技术。

2006 年 1 月 22 日，由大连数字电视教育频道、《北方体育报》和大连沿海传媒有限公司联合创办的、富有创新意识的《北方体育报》电视版在大连数字电视教育频道正式播出，这是我国第一个专业报纸电视版项目。电视读报栏目早已屡见不鲜，但电视栏目内容由特定的一家报纸媒体提供的做法尚不多见。选择和电视台合作节目，是在当前政策环境下传统报业实施跨媒体战略的切实可行

---

① 参考《手机报纸"亲密接触"三大模式谁占鳌头》，新华网转载于《市场报》2006 年 2 月 21 日。

② 罗建华：《报业的两个新增长点：手机报纸和免费报纸》，《中国报业》2006 年第 6 期。

的方式，也是难度最大、阻力最多的方式。

2006 年 8 月，天津日报报业集团和中国出版外贸总公司以及国外相关公司启动卫星报纸的合作计划，通过卫星传送的《天津日报》，使 39 个国家和地区的读者可以买到当天出版的《天津日报》，这是中国首家卫星报纸。

五、其他终端与技术

在向数字报业领域纵深发展的过程中，一些新的传播介质和终端也正在进入一些报业集团和报社的视野之内。如户外显示屏、电子纸阅读器及二维码技术等。尽管这些技术及传播形态才展露雏形，离市场规模尚远，但作为可预期的创新项目，一些报业集团和报社已开始投入进行开发。

六、报纸开始防御战，捍卫领地

在向网络出击的同时，报业也在捍卫自己的领地。长时间以来，没有独立新闻采访权的新闻网站靠着传统媒体廉价的新闻供给巩固和建立了自己的地位，那些崛起的门户网站无一不依靠着来自传统媒体的内容资源。一般而言，综合性报纸的采编经费一年需要几千万元，但若交与门户网站，得到的报酬才区区几万元，如果说几年前网站尚是蹒跚学步的小孩，传统媒体尚可容忍这种近乎无偿的转载与赠送；但当网络已经成长为一个中青年，正快速蚕食传统媒体固有的受众与广告份额时，报业开始准备捍卫自身利益了。

2005 年 10 月底，在南京召开的 2005 年中国都市报研究会总编辑年会上，与会的各都市报老总们就都市报如何应对新媒体竞争等课题进行了讨论，会后签署了《南京宣言》，其核心为“坚决维护报纸的新闻知识产权，加强知识产权保护，维护自身合法利益，改变新闻产品被商业网站无偿或廉价使用的现状”。

解放日报报业集团社长尹明华一直主张“让内容回归应有的价值”。他认为：

> 身处一个“内容为王”的时代，如果只懂得制造新闻内容，而不懂得主动将新闻内容多次经营、实现增值，那么我们只能处于信息时代食物链的最下游。传统媒体已经成为“金字塔下的奴隶”，以巨大的投资办出的综合性日报的优质新闻信息，却被网络媒体廉价使用。因

此，我们倡议全国39家报业集团组建全国报业内容生产联盟，共同制定一个向新兴媒体提供新闻内容的定价规范，合理利用价格杠杆，提高被转载的门槛，捍卫自己的知识产权。①

2006年年初，在解放日报报业集团的倡议下，来自全国39家报业集团的一把手齐聚广州，欲建立内容联盟，共同制定向网络媒体提供新闻内容的定价规范，集体向门户网站收费。另外，加入内容联盟者须缴纳一定金额的保证金，如果成员违反规定，联盟将会扣除其保证金，并将以媒体声讨的形式给予惩罚。

纸媒群体的此次行动，可以看作是一次觉醒，他们终于意识到了自己所载作品的版权问题。在这个内容成为稀缺资源的多媒体时代，这种觉醒是非常重要的。②

同时，世界报业协会也拟向搜索引擎服务提供者收费。据2006年2月报纸消息，世界报业协会组成了一个特别小组，共同研究可能取得报酬的方式，并研究制定了一套规则，供报纸、杂志出版业者作为和搜索引擎服务提供者之间建立正式商业关系的标准。据悉，世界报业协会可能提出的解决方案是：让某些搜索引擎服务提供者支付版税或与出版方达成商业协议，然后在限定时期内发布得到授权的图片和文章。③

事实上，早在2002年，我国最高人民法院就曾指出，报刊上发表的短小文章和互联网上发表的短小文章，作者没有作出“不得使用”声明的，互联网可以不经过许可使用，但要支付报酬。但由于该司法解释没有规定后续的报酬标准，所以就造成了互联网使用这些作品时实际上不付报酬的现象。

2006年，国务院《信息网络传播权保护条例》正式出台并于2006年7月1日起施行。该条例规定，除法律、行政法规另有规定的外，任何组织或者个人将他人的作品、表演、录音录像制品通过信息网络向公众提供，应当取得权利人许可，并支付报酬。该条例进一步明确了网络转载需有偿付费，但相关的费用标准的制定仍需要业界不断探索。

但是，报纸的维权遭遇了现实和法律的双重困境。④ 其一，由于网站廉价或

---

① 罗建华：《三家论剑：中国报业发展态势》，《南方传媒研究》2006年第2辑。

② 王立纲：《报网走到转型路口》，《青年记者》2006年第6期。

③ 《全球报业协会拟向搜寻引擎业收费》，人民网 http://media.people.com.cn/GB/40606/4091928.html

④ 曾兴、莎莉娃：《新媒体对传统媒体的冲击与影响审视》，《新传媒》2010年第2期。

免费转载成为一种常态，报纸单个维权的成本过高，需要联合力量来集体维权，但由于各报社之间利益分化，联合维权行动很难开展。其二，在现行的中国知识产权制度下，传统媒体目前还面临着维权的法律困局。我国《著作权法》以及《著作权法实施条例》有关条款规定：时事新闻不受版权法保护——而时事新闻的内涵和外延又具有一定的模糊性，亟待有关法律法规对此作出明确规定。其三，新闻作品版权归属不明晰。新闻作品版权归报社所有还是归记者所有？报纸是否可以代表作者讨要稿酬？在出现版权纠纷时，是以报社的名义还是以报社内部网站的名义提起诉讼？这些问题都使报纸在面临侵权纠纷时无奈而被动。

第四节　报网互动：报业战略转型的起始点

报网互动可以帮助新旧媒体实现资源整合、优势互补，进而拓展新闻源，优化受众结构，创新新闻内容和报道形式，扩大影响力和辐射力。一方面，报纸通过网络的宽广平台可以扩大读者半径；另一方面，网站借助报纸多年形成的品牌，可以争取更多的网民。针对竞争趋势的加剧，报业开始广泛地探讨“报网互动”。

一、报网关系：从封闭对抗到开放合作

据国家工商管理总局历年公布的数据，2004 年报业广告经营额增速由前一年的 28.93％骤降至－5％，新时期以来首次出现负增长；到 2005 年增速仍低于 GDP 增速，到 2007 年广告额增速也仅有 3.07％。作为北方报业的旗帜，《北京青年报》经营部分于 2004 年年底在香港上市，原本预期会有一个跨越式增长，却在 2005 年上半年公布的财报上显示利润蒸发了 99.7％。[①]

与都市报的颓势相反，互联网广告增长年均已经超过 30％，而 2005 年的互联网普及率尚不及 10％，离大众传播媒介 25％的基本普及率还有不小距离。这直接导致了 2005 年年底在北京召开的全国晚报都市报总编辑年会得出“赔

① 朱春阳、张亮宇：《从封闭对抗到开放合作——2000－2012 年我国都市报竞争力持续的战略转型》，《中国报业》2012 年第 10 期。

钱的给赚钱的打工”这一论断，进而提出联合抵制互联网免费使用报业内容的《南京宣言》。2006年年初，全国30余家报业集团发表联合声明，声讨互联网对报业利益的侵袭。但到2006年年中，报业在北京召开的“香山会议”却出现了转向，不再强调与互联网的对抗，而是寻求与新的行业创新领袖的合作。面对已不可逆转的互联网的勃兴，报纸开始转型，表现出来的方式就是与互联网这个新媒体的互动融合。

仅在《南京宣言》后的几个月，就出现了中国产业化程度较高的南方报业传媒集团对奥一网的购并，以及《重庆商报》和腾讯联合推出的大渝网。及至2006年年中，随着报业对新媒体的涉足不断广泛、深入，甚至解放日报报业集团也与新浪结成了战略合作伙伴。一时间，融合代替了冲突，成为报网关系的主基调。

二、报纸与自办网站之间的互补互动

传统报业向数字报业战略转型，重塑报纸出版的产业形态，这是报业充分发挥新闻和原创内容供应商的优势，占据新兴的内容产业制高点的关键所在，报网互动只是这个战略的起始点。正是凭借自己的核心竞争力——内容，报业开始反击网络，而反击之道即利用网络。[①] 其实早在互联网刚刚出现之时，国内报业就已纷纷介入网络，开办自己的网站，只是到了这一阶段，报网互动以更为迫切、更为直接的态势出现了。

(一)对于报网互动的基本认识

1.报纸网站已经进入成长期，需要给予重视

从2005年开始，已经是纸媒网站进入成长期的新十年。报与网的力量对比逐渐发生了变化，报纸兴办的新闻网站逐渐成长为主流媒体。“网站艰难度过了自己的幼儿期，以日新月异的速度不断成长，受众面越来越广，传播力大大增强，有了内容的丰富性和传输的即时性，也有力量弥补报纸的不足了。”[②]比如2005年的“两会”报道，《人民日报》旗下的人民网就显示了自己的威力，现场传稿，同步发稿，链接丰富，浏览量直线上升，在内容的传播上与纸媒交相辉映。同时，一些办得好的纸媒网站也有了经营性收入，开始摆脱纯粹依靠输血的日

① 项宁一：《报网互动：从理念到实务》，《新闻实践》2006年第6期。

② 张姝、吴海民：《报网互动是个战略问题》，《传媒》2007年第4期。

子，逐步走向经济自立。

京华时报社原社长吴海民认为，

> 清醒地认识报纸网站发展的阶段性，才能制定出相应的发展战略。目前这个阶段，不能忽视网站的成长性，因为它代表着媒体的未来，也不要夸大网站的强大，因为它还远未达到取代报纸的力量。要真正立足当下，展望未来，顺应媒体历史发展的规律，从平面媒体时代平稳过渡到数字化时代。从这个意义上说，报网互动就绝对不是简单的技术问题，而是一个事关战略选择的重大问题。①

2.报纸与网络本身可以实现融合互动

作为传统媒体的代表，报纸极具公信力和权威性。而作为新兴技术的代表，报纸网站理应在制作、发布新闻方法、形式、手段等方面具有独特优势。这两者优势的相加实现的是质的突破和飞跃。

此外，互联网行业也在经历从 Web 1.0 向 Web2.0 进化，越来越强调与网民的互动。如何发扬互联网“迅捷”“海量”“多媒体”“互动”的优势，发扬互联网的 Web2.0 精神，在技术、资源、合作模式、品牌运营等多方面互相结合，对传媒业来说，既是挑战，也是历史性机遇。

长江日报报业集团社长熊伟认为，报纸与网络之间可以采取互动的方式，目的是融合网络、借鉴网络、利用网络。

> 在以网络为代表的新兴媒体面前，不能采取简单抗衡的“排他性”方式与之竞争，而应采取多向相融的“互动性”方式，去融合它、借鉴它、利用它。首先，丰富自身媒体结构，做大新闻性综合网站，力求在新兴媒体中占有一席之地。其次，加大报纸新闻资源的价值“变现”，利用成熟网媒“借桥”开路，积极进入新兴媒体的发展前沿。再次，学习借鉴新兴媒体的传播手段，提升报纸的信息传播水平，取得与之不同的比较优势，以不断更新来保持报纸的生命力。②

南都副总编辑、奥一网总经理任天阳认为：

---

① 张姝、吴海民：《报网互动是个战略问题》，《传媒》2007 年第 4 期。

② 罗建华：《三家论剑：中国报业发展态势》，《南方传媒研究》2006 年第 2 辑。

报网互动在互联网中确实是个新概念，但不应该这么迟才出现。互联网的本质是互动才能产生价值。所谓的 Web2.0 和 1.0 的区别也在于此，Web1.0 是没有互动或很少互动，完全靠编辑灌输资讯生产流量，2.0 的流量产生则取决于网民自主的互动。报网互动是新闻网站，尤其是传统媒体所办的互联网基本应做的。

报网互动，最终实现的是整个产业链的互动和对接，即杂交、两栖、混血，而不仅仅是单纯某篇文章、报道。双方渠道、媒体、终端的融合，完全可以实现最大化，同时也反证了网站取代不了报纸。①

(二)报业积极尝试报网互动

国内先进的报业集团在报网互动方面进行了积极的尝试。《河南日报》与河南报业网 2004 年 10 月在全国率先推出大型报网互动栏目“焦点网谈”，以“点击事实、网聚观点、制造思想”为宗旨，让网友在网站论坛上讨论热点话题，每周二、四《河南日报》以两个整版刊登网友的观点，网友和读者对此高度关注并积极参与，使报纸和网站的影响力大大增强。此栏目也因此被评为中国新闻奖新闻名专栏。

江西日报报业集团的《江西日报》与大江网发挥报纸以深度报道见长、阅读时间持久和报纸网站直观快捷、辐射面广的特点，于 2005 年 1 月推出报网互动栏目“江报直播室”。通过大江网的视频，每一期“江报直播室”于第一时间广泛传播，次日在《江西日报》推出深度报道，从而扩大了新闻的覆盖面和影响力。

杭州日报报业集团运用新的传播理念和网络平台进行报网互动。2006 年 9 月，由《杭州日报》和杭州网联手打造的报网互动版“报网 e 动——热帖大家顶”正式推出。《杭州日报》和杭州网双方建立了紧密的合作机制，报网互动做到五固定，即固定时间、固定栏目、固定版面、固定机构、固定人员。“报网 e 动”一周一期，每周一刊登，栏目的定位以话题类为主，充分体现互动。新版面的版式设计借鉴了新兴媒体的特点，突出网络元素，为《杭州日报》注入了新的活力。《人民日报》把人民网“强国论坛”的帖子选登见报，而《深圳特区报》与深圳新闻网也曾合办“深圳市民论坛”。

正是基于对社会大形势的把握，南方报业传媒集团从 2006 年年初就以收

---

① 曹思诚：《杂交、两栖、混血——南都副总编辑、奥一网总经理任天阳访谈》，《南方传媒研究》2007 年第 7 辑。

购奥一网为开端，开始发力进行报网互动的全新探索。奥一网作为中国第一家Web2.0矩阵型新闻互动社区网站，从诞生之日起便试图从根本上改进这种局面。奥一网的核心理念为"看见了一切"，以"杂交・两栖・混血"为鲜明特点，即传统媒体与网络媒体杂交，线上与线下两栖，印刷工业与互联网工业混血。在传统文明与现代数字文明的交汇转型期间，奥一网试图在新闻的生产与传播方面做一些破冰式的探索，这种探索首先就是聚焦新闻生产的上游，在新闻线索上占据制高点，而不再只是在下游"被喂食"。据初步统计，2006年总共有200多件发端于奥一网的新闻事件（人物或策划），成为《南方都市报》的报道对象，见报总面积接近100个版，来源于奥一网的网络新闻素材正成为《南方都市报》克敌制胜的一大法宝。

多媒体时代的到来，要求包括报业在内的传媒业必须走跨媒体经营之路，依靠单一媒体垄断而生存的日子已经一去不复返了。报业集团所属媒体应广泛采用手机、数码相机、QQ、MSN、博客，加强采编人员与读者、网友的互动，扩大新闻来源，同时全方位开展报网、报刊、网刊等媒体间的互动、互联、互通，协同作战，共同发展，向传媒集团迈进。欧洲许多报纸已经根据多媒体传播的需要对人员和机构进行重新组合——建立"内容组"组织结构，即打破传统的机构设置，将不同媒体的工作人员与提供内容的编辑记者按板块进行混编，以保证同一条新闻信息及时通过多种媒体渠道发布出去。

国内报业中，《广州日报》在这方面先行一步，2007年6月在中国首家成立滚动新闻部，对传统报业与互联网、手机等新媒体相互融合、相互促进进行大胆探索。滚动新闻部着眼于每周7天、每天24小时全天候不间断的跨媒体传播，以期为受众提供最快捷、最立体的新闻内容和最全面、最实用的服务信息，从而使原本作为平面媒体的《广州日报》能够打破时间与空间的限制，不断更好更快地为受众提供无时不在、无处不在的新闻与信息服务。《杭州日报》与杭州网共同组建滚动新闻中心，为该中心增加记者名额并配备照相机、摄像机，全力打造数字记者，真正做到一次生成、多方发布。无疑，未来的报纸结构将向着这个方向演变。

（三）报网互动模式呈现多样性

各家报纸机构对报网互动有着不同的理解，结合报纸自身与网站的实际情况，报网互动实现方式也是多种多样的。报纸和网站的相互作用、影响乃至融合都会因为互动时间持续和空间介入上的不同、连接作用及合作的紧密度不同，而使系统间的耦合度有所不同，造成报网互动具有不同的层次特质[①]。如此一来，就构成了报网互动的不同模式。

从报纸生产流程来说，报网互动一般从以下几个层面展开：信息采集层面的互动；读者沟通层面的传播反馈互动；报纸发行层面的互动；广告经营层面的互动；整合媒体资源层面的互动；提升媒体品牌形象层面的互动等。

从操作层面来看，报纸与网络的互动模式大致可以概括为六种：[②]

1. 技术应用型。《都市快报》应用网络MSN即时聊天软件，由记者在网上组织话题，吸引读者参与，次日见报。《今日早报》利用QQ群召集车迷后，又在浙江在线开设"早报车盟"BBS，开办当日即有近200个帖子，报上发预告，网上互动开展讨论。

2. 多媒体补充型。以新闻信息的整合、重构和各种信息形态的相互转换为主，如报社记者兼职多媒体记者，在网上推出文字稿件的同时附加视频信号，开创了网上阅读新形式。

3. 社会活动型。开通网上和短信投票系统，大大节省人力物力，影响报纸以外的广大网民，宣传效果更佳。

4. 读者参与型。美国《威斯康星州日报》为激发读者对报纸的兴趣，每天定稿前开通网民选用头版稿件的投票系统，读者登录报纸网站，从五条故事素材中选出一条定为次日的头版内容。报纸可以从网站统计分析系统查看稿件点击率的变化及规律，使采编工作更有针对性，密切了报纸与读者的关系。

5. 资源整合型。大洋网和《广州日报》整合资源，发挥《广州日报》以深度报道见长、阅读时间持久和大洋网直观快捷、辐射面广的特点。国内许多传统媒体都有这方面的尝试和探索，如《人民日报》不定期地把"强国论坛"上的帖子搬到报纸上，《河南日报》每周刊出多个版面的网上同题报道。

6. 合作联盟型。合作联盟型指突破报纸联合和网络媒体联合的局限，形成一个多家报纸和众多网络在内容和经营等多方面深层次的合作，让这种模式成为报网互动的发展目标。

(四)该阶段报网互动中存在的问题

我国报业集团一般都是"N报N刊一网站"，尽管从纵向上看，报网互动的

---

① 蔡雯、陈卓：《试论报网互动的基本模式》，《现代传播》2007年第5期。

② 钟之静：《报网互动：双赢的传播模式》，《青年记者》2007年第10期。

层次、形式正在不断走向深入和多样，互动的内容不断丰富，也取得了一定的成效。但不管是就纸媒转型为数字报业的发展要求而言，还是就报纸网站应对新媒体市场的竞争而言，目前的报网互动都还处于初级阶段，总的说来效果不佳、动而不合，报网互动形式简单、效果一般；报纸互动的主动性不强，多属单一个案合作，报网间尚未形成统一的价值观念，尚未建立互动的体制和互动的利益驱动机制。主要问题体现在以下几个方面：

1. 报网之间还没有形成统一的价值理念

对新媒体和报网的认同度不高，国内报业集团报刊和网站基本上还是各自为政，缺乏报网互动的意识和动力。各系列报刊与网站的合作尚处于浅表层互动，报刊与网站疏离感明显，缺乏更深入、更有效的合作形式，有的甚至原则上不与本集团的网站互动，转而投向更有影响力的全国性门户网站，还有的报刊干脆自办网站、自谋发展，统一的互联网平台还没有完全建立起来。已有的报网互动目前主要还是网上调查、在线交流、报纸的网络表现等几种形式，总体而言互动的效果不明显、社会影响不大。

2. 报业网站在内容产品和经营策略上难以整合

报业网站一般属区域性门户网站，有自身的定位和发展路径，这也就导致了它与各报刊的互动只能是其工作中的一个方面，这些网站无暇、无力为报刊量身定做互动方案。各系列报刊发展水平、发展方向、发展路径、读者对象、内容定位、价值诉求等各不相同，甚至互不兼容。因此，它们各自与读者互动的方式方法当然会大相径庭，报业集团网站如果想较好地与所有报刊良性互动，前景不容乐观。还有一些合作报道报刊是主动的，网站是被动的，网站本身的利益、诉求、优势、动力都体现得不够，在合作过程中的主动性和创造力都大打折扣。

3. 网站作为报业转型的核心平台难以建立

绝大部分纸媒的电子版在网络上只是一种简单的呈现，只能按日更新，没有延伸阅读的可能，没法进行专题归类，且视频、音频等多媒体优势无法启用，所以许多报业集团的网站不能完全、及时地体现纸媒的意志。出于自身发展的强烈需要，报业集团的一些报纸尝试自办网站，但所办网站总体上质量并不高，除了能较好地体现报社的意志外，缺乏明显的特色，很难形成自己的品牌。

4. 报网互动缺乏体制机制保障

由于网站与各报刊同为集团下属的市场经营实体，对于报刊的一些经营类活动，网站在缺乏利益保障的前提下，本质上缺乏深层的互动冲动，这在客观上导致了一些互动活动的浅表性、碎片化倾向。集团报刊在一些重大活动中主动与网站进行互动，但往往是各报刊都在互动，同一重大报道缺乏统一的协调。比如"两会"报道，集团许多报刊都与网站互动，显得比较混乱，没有统一的规划。

三、报纸与外部网站之间的合作互动

(一)报纸与电信运营商合作：奥一网

2005年8月18日，中国电信和南方报业传媒集团签订合作协议，南方报业传媒集团开传统媒体先河，收购了1996年12月上线的全国最早一批，也是深圳第一家商业门户网站——深圳热线，由《南方都市报》派出骨干团队对其进行全新改版与运营，并改名为"奥一网"。

作为地方报业整合网络媒体资源的代表，奥一网融合了网络和传统媒体的Web2.0门户网站，网站初衷是建立区域新闻门户。首期上线测试的共有30个频道，其中含新闻、资讯、社区等各类互动频道。奥一网的频道设置充分体现了对传统优质报业资源的整合，同时又吸纳了第二代互联网互动性强、个人传播性强的显著特性，着力开发博客、牛客(newsblog)、EDM电子杂志等基于第二代互联网的产品。

作为运营方《南方都市报》团队在奥一网的运作坚持秉承南方报业稳健、权威、创新的优秀传统，同时又面向未来提出全新的网络传播理念。奥一网的整体设计风格颠覆了互联网繁杂、冗余的积弊，高度强调简洁而精确——内容上不求海量而求精确，以专业化的团队为网民提供实用信息和鲜明观点，高度追求阅读的效率，重拾用人脑思考的乐趣；形式上，减少页面的各类干扰，追求清爽明快，回归人类的视觉习惯。

虽然是合作的产物，对于奥一网而言，该网站的主要方向就是："杂交，两栖，混血"，即传统媒体与网络媒体杂交，线上与线下两栖，印刷工业与互联网工业混血。这背后同时也意味着传统媒体与网络媒体、线上和线下、印刷工业与互联网工业的竞争。此外，南方报业传媒集团奥一网在运营上与同类网站的最大不同之处在于，网站完全作为一个独立的媒体存在于报社的体系内部，而不仅仅是某一份或一组报纸的网络发布平台。网站拥有完整独立的策划、采编、经营和技术支撑体系，使得网站完全可以按照网络传播的特点和规律组织自己的报道活动和开发应用业务。

（二）报纸与商业网站跨界合作：大渝网

从理论上讲，传媒业具有很强的区域化属性，广告主的大部分广告也主要投放在区域性市场上。因此，区域性传媒市场，尤其是经济较发达地区的区域性市场就成为兵家必争之地。腾讯等全国性商业网站正是认识到了未来地市级传媒市场的巨大增长空间，才纷纷布局区域性新闻网站。腾讯早在 2004 年就开始筹备启动区域性城市门户项目，第一个上线的站点是 2006 年 4 月重庆大渝网。

重庆大渝网模式，意味着报业被注入了纯粹的互联网基因，在这样的合作模式中，《重庆商报》自身的报纸品牌优势和采编资源，与腾讯公司的用户基础、网络品牌影响力，以及互联网产品的技术、运营经验，形成互补性力量，在区域市场价值上具有明显优势。

技术方面，大渝网依托腾讯 QQ 客户端的区域定位技术优势和《重庆商报》的本地化内容和资源优势，通过基于 QQ 客户端的定向传播手段（All In One 地方版、Tips 和区域定位系统消息等等）打造一个立足于为重庆、为本地互联网用户提供本地化内容资讯、互联网产品和城市生活便利服务的网站平台。但更为重要的是，双方的合作是平等的。这一点非常重要，“它保证了新媒体精神在大渝网身上的彻底贯彻。对于《重庆商报》来说，需要大渝网提供一个高效率的信息传递体系；对于腾讯而言，需要重庆商报提供的是高度贴近民生的信息。这样，双方之间就形成了效率比照，缺乏了哪一方的效率，都不可能会有大渝网仅仅不到一年广告收入就近 500 万元的业绩。”①

四、国外报业报网互动实践

（一）思路：先做网络，后做报纸

国外报业，特别是美国报业从 2002 年开始，就逐渐转变了报网互动的思路，他们的做法是先做网络、后做报纸——先做一个信息资讯的收集、整理、加

---

① 朱春阳：《报网互动在中国：技术、效率与制度的关联分析》，《南方传媒研究》2007 年第 7 辑。

工、发布的网络平台，然后在这个平台上部署各种形式的产品（报纸是其中之一，网上内容也是其中之一），把报纸网站办成一个综合性信息服务平台，并在此基础上不断开发出新的商业模式和赢利模式。[①]

在这一全新理念的指引下，报纸的目标不再是过去单纯的新闻纸，而是一个拥有良好公信力、拥有卓越品牌的综合信息服务平台。正如《纽约时报》公司董事长亚瑟·舒尔兹伯格所说："作为世界上最有影响的报纸之一，《纽约时报》将会发生一系列重大变化，但我们对读者的承诺始终如一：尽可能为读者提供最好的消息。"在网络时代，提起《纽约时报》，人们想到的不是新闻纸，而是新闻。《纽约时报》网络版创办于 1996 年 6 月 19 日，《纽约时报》网络版上的"即时新闻"栏目每 10 分钟就刷新一次，还配以彩色照片、图片，给人良好的视觉效果。更厉害的是，《纽约时报》在 1999 年 5 月成立了一个专门的电子媒体公司，公司下属 50 个网站，其内容以《纽约时报》的报纸内容为主，但又增加了其他的信息，真正实现了综合信息服务，因此深受网民欢迎。

加拿大《多伦多星报》在报网互动方面的运作模式与《纽约时报》颇为相似，创建于 1996 年 4 月的《多伦多星报》网络版除了母报的内容外，还增设了"最新消息"栏目，其内容又细分为最新加拿大消息、最新国际消息、最新商业消息与最新体育消息等，弥补了报纸内容的不足。此外，《多伦多星报》在互联网上开办的独立经营的 Tostar. com 网站如今已成为加拿大点击率最高的网站。从 1998 年开始，该网站先后增设了汽车销售、聊天室、网上游戏、美食、视听、当家理财、科技信息与卡通漫画等栏目和信息服务。以后，《多伦多星报》又与一些信息供应商联手，创办了 Toronto. com 网站，这一网站吸收了 25 万个商家和企业及2 000个提供各类信息的网站加入，做起了整个大多伦多地区的网上生意，收益颇丰。

美加报纸采取相同的互联网互动，其实质就是对网络先进技术的嫁接和利用，而这种合作又基于两个主要目的：一是靠网上广告增加收入，二是以此扩大自身的辐射范围和影响力。前一个目的目前显然已经取得很大进展，2005 年，美国报纸网站广告第一次超过 2 亿美元，比 2004 年增加 31%，而截至 2005 年第一季度，《华尔街日报》的在线订户达 73.1 万，网络业务收入为 1.172 亿美元，超过了该报印刷版的发行收入。加拿大《多伦多星报》独立经营的 Tostar. com 网站也将传统报纸的分类广告与整版广告业务拉过来不少，《多伦多星报》

---

① 庞春燕：《报业发展搭上数字化快车》，《传媒》2006 年第 8 期。

董事长加罗威对该报报网联动取得的成果颇为满意。他表示说：如果说网上报纸的诞生是报纸为自身生存不得已而为之的对策，那么网上分类广告的崛起则令报纸的决策者大受鼓舞。①

(二)互动手段

随着信息技术的发展，目前世界各主要大报大多建立了自己的网站。据统计，全世界有 5 000 多家报纸在互联网上落户，美国有 1 500 多家报纸建立了自己的网站。这些网站不再是原有报纸的简单复制，而是比原有报纸内容更详尽、时效更快捷，因而受到读者的欢迎。国外报纸良好的网络化基础为其实现报网互动打下了基础。具体看来，国外大报的报网互动手段有以下几方面：

1. 内容互动

在提供新闻和信息方面，拥有品牌、团队和体系的大报网站比其他竞争对手都更具优势。网络内容的营收模式大体有三种：一是将内容打包向其他网站或媒体销售；二是付费浏览；三是付费数据库查询。传统媒体的品牌和高质量、个性化的信息将成为多数网站的主要依靠。

《华尔街日报》在传统媒体和网络媒体的紧密结合上已经做到了彼此嵌入，又互有分工、各有侧重。为了使印刷版和网络版两个平台更紧密地整合在一起，《华尔街日报》在其网站上不间断地对重大突发新闻进行更新，并且在次日的报纸上刊载较长的相关分析文章。由于截稿压力而来不及在报纸上完整刊载的新闻故事，可以登载新闻标题并引导读者参阅网站，而网站也可以预先介绍报纸即将刊载的一些内容。在《华尔街日报》印刷版上，读者会在报头位置看到“The Wall Street Journal”的背景就衬着“wsj. com”几个字，在提醒人们网络版的存在。在一些简要新闻末尾会注有“详情请登录 wsj. com 查看”，如果涉及房产、就业等信息，还会“链接到”旗下的房产网、就业网。同样，印刷版的内容来源一部分也会取自网络，尤其是“民意”。

《纽约时报》报网互动的一个重要办法是给网民提供数据库查询服务，该网站的访问者只要通过数据库查询的方式，就可以回顾《纽约时报》自 1981 年以来的全部内容。《纽约时报》被称为“历史记录式的报纸”，而纽约时报网站的这一举措不仅使得其品牌在网上延伸，而且还大大增加了其原有的功能。

---

① 庹继光、刘玥：《报网互动：数字化视野下的一种解读——美加报业经营对中国报业数字化的启迪》，《西南民族大学学报》(人文社科版)2006 年第 12 期。

《今日美国》创办的今日美国网站(www. usatoday. com)拥有固定的网上读者约950万人。今日美国网站除了按照自己的程序提供种种新闻信息外,还向读者提供母报版面内容。点击"检索程序"(archives),就可以查阅两天以前直到1987年4月该报的所有资料。查阅这些资料的标题和提要是免费的,如要获得资料全文则要付费,每篇2.5美元。也可以购买阅览票(pass),日票4.95美元,可选10篇;月票14.95美元,可选100篇;年票99.95美元,可选1200篇(合每篇0.083美元)。当然,今日美国网站有免费的新闻信息服务,读者只要在登记表上填写本人的简要情况,就会在每个工作日获得网站送来的电子新闻信,有简明新闻、旅游、技术、书籍、汽车、购物、促销等几种类型,任君选择(新闻信上都附有广告)。读者也可以订阅该报的电子版,内容和印刷版一样,价格更加便宜,13周39美元,26周78美元,52周156美元。

《金融时报》在竭力扩大报纸发行量的同时,采取了印刷媒体和网络媒体齐头并进的策略。www. ft. com是全球访问人数最多的新闻网站之一。《金融时报》认为,网站的成功并不会导致印刷报纸销售量的下降。网站的内容每天更新,遇到一些突发新闻、重大新闻,首先会在网站中进行报道,以此和电视抢时间。遇到来不及出版的报道也会先挂上网站。2005年《金融时报》推出免费下午版后,网站流量和收益进一步增加。因为免费下午版向订户介绍当日重要财经新闻以及评论,但读者如果要获取具体细节,还是要访问《金融时报》的网络PDF版。如今,《金融时报》已经把它的网站成功地转化为一个比较重要的收入来源,并集中精力构建了这样一个整合资讯的传播平台,将内容打包销售。

而《华盛顿邮报》则与MSNBC. com网站合作,报纸向网站提供高质量的稿件,网站为传播报纸信息提供新平台,创造了传统媒体与网络媒体结合的典范。

2. 广告互动

就在美国报纸总发行量不断下降,报纸广告进入低增长,报纸广告经营举步维艰的时候,报纸网络版广告市场却迅速发展起来。美国报业协会认为,报纸网络版广告市场将是美国平面媒体未来的主要出路。

《纽约时报》网络版在广告经营策略上充分体现了报网互动的特点:网络广告和印刷广告实行联手经营,为吸引报纸客户上网,凡购买印刷版广告位的客户都可以折扣购买网上广告位,网络版的广告位有25%来自印刷版分类广告。这种模式可以让客户在印刷版和网络版享有同样的推广宣传机会,比较具有吸引力。企业利用网络为传统业务做廉价有效的宣传,印刷版的销量因此也有所上升。

据2006年3月1日《上海证券报》的消息，道·琼斯公司为了应对新兴媒体的挑战，合并了《华尔街日报》印刷版和网络版的业务，并将此业务纳入了消费者出版部门。道·琼斯将此前各自独立的印刷出版和电子出版部门共同归入消费者媒体集团，旨在使《华尔街日报》等平面媒体实现印刷版和网络版同步发布新闻报道和刊登广告。

3. 团队互动

《华尔街日报》网络版副编辑主任戴维·佩蒂特(David R. Pettit)在接受《网络传播》记者采访时曾提到，该报社的传统媒体和网络媒体一直都在密切合作。网络编辑每天都和传统媒体编辑保持联系，两个团队合作一起报道新闻，传统媒体的记者经常利用网站查找可供深入挖掘的新闻线索。他表示，《华尔街日报》一直都在探寻如何利用网络使传统新闻报道更加完整、全面。

《华尔街日报》网络版的编辑和记者都负责为读者提供最新信息，他们会充分利用《华尔街日报》和道·琼斯的报道资源，并和这些传统媒体的同行密切合作，《华尔街日报》驻世界各地的采编人员每天都会提供上千篇稿件支持该报的网络版。

4. 形式互动

打开《纽约时报》网站的页面，《纽约时报》一贯秉承的"档案记录报"的严谨稳重风格便扑面而来。在着色方面，网络版的版面体现了传统印刷版《纽约时报》"百年大报、严肃大报"的诉求，除了文章标题采用深蓝色外，各页面主要采用白底黑字。纽约时报网站的头条新闻和重要图片几乎每半个小时更新一次，充分体现了《纽约时报》的新闻价值诉求。整个版面以蓝色为主色调，穿插有橙色、墨绿色等小色块作为补色，给人以大方明快之感。与其他美国大报网站相比较，其图片和广告量明显较少，色调的统一让读者不易分散注意力。

5. 并购以及投资其他网站

报网互动的范围已经不再局限于报社自己的报纸网站，还并购和投资其他网站。例如，2005年2月，纽约时报集团表示以4.1亿美元从发行商PRIMEDIA公司手中收购信息门户网站About.com，试图通过此举进一步在网络上推销自己。此外，纽约时报集团还与美国其他八大报业集团共同组建新闻网站"新世纪网络"(New Century Network)，投资财经网站TheStreet.com。

通过并购及投资其他网站，国外大报集团已将触角直接延伸到新媒体产业，期望能够从中获得收入。

与我国国内报纸相比，国外大报的报网互动发展早、形式多样、富有成效，这是因为其紧紧围绕以下几个方面来进行的：一是以向受众提供信息内容为核心，利用本身报纸悠久的历史及其机构人员的优势，为自己的网站甚至为其他网站提供信息方面的支持；二是全方位合作互动，不仅限于内容，还有团体、广告、形式、资本等方方面面，这也反映了媒介融合的大趋势；三是紧紧围绕着盈利目标，这样不仅能够弥补报纸的损失，同时也可以为报纸的创收开辟更多渠道。①

第五节　互联网的勃兴与报业的衰落

一、互联网的勃兴

（一）互联网从无到有、从小到大、从弱到强的发展历程

每一种媒体的诞生，都是传播技术变革的结果。1969年，互联网这一从美国国防部走出来的实验性网络，引发了世界范围内的一场革命并逐渐波及经济、政治、文化、社会的各个层面，尤其对传统媒体产生了深刻的影响，一种新的媒体在不知不觉中萌芽并逐渐壮大。

1. 作为信息渠道，互联网默默无闻

互联网最早起源于美国国防部高级研究计划署DARPA（Defense Advanced Research Projects Agency）的前身ARPA net，该网于1969年投入使用。由此，ARPA net成为现代计算机网络诞生的标志。20世纪90年代中期，随着互联网的普及化与商业机构的逐步介入，互联网的发展达到高峰，很快显示出它在通信、资料检索、客户服务等方面的巨大潜力。

与世界同步，中国互联网在20世纪90年代绽放光彩，1994年4月20日，中国成为国际上第77个真正正式拥有全功能Internet的国家②。1996年，随着

---

① 曾凡斌、张玉敏、曾妍：《国外大报报网互动探析》，《中国报业》2007年第5期。

② 1994年4月20日，中关村地区教育与科研示范网络（NCFC）工程通过美国Sprint公司连入Internet的64K国际专线开通，实现了与Internet的全功能连接。

中国科技网(CSTNet)、中国金桥信息网(CHINAGBN)、中国公用计算机互联网(CHINANET)、中国教育和科研计算机网(CERNET)四大骨干网的建成,从官方到民间,互联网产业化的尝试空前活跃。

这个时期互联网普及程度不高,主要用户是大型机构与企业,人们对它的认识主要基于其信息处理的快捷、便利,视其为信息高速公路的桥梁。同时商业运营已经进入,但成熟度不高,其商业价值还处于开创期。20 世纪 80 年代到 90 年代正是中国内地传统报业发展的黄金时期,都市报不断崛起,随着经济的迅猛发展,各种金融类报刊蜂拥入市,整个报业市场在数量、质量上空前繁荣,不少报业组织在市场利好的刺激下,开始寻求规模经济,要求组建报业集团。这个时间段,互联网与报业在平行的两条轨道上发展,互联网的兴起对报业的影响不大。

2. 商业网站出现,报网是和谐的友谊关系

1997 年以前,互联网作为一种信息通道,拓宽了人们的生存空间。1997 年后,由于互联网自身的价值优越性,其商业功能被不断放大,人们开始将其作为一种产业来经营,最明显的标志就是商业网站在中国的勃发。

1997 年 2 月,瀛海威全国大网开通,成为中国最早也是最大的民营 ISP(互联网服务提供商)。1997 年 5 月,丁磊创立网易,马化腾开始将 OICQ 引入网络,搜狐、ChinaByte 等 ICP 开始崛起。1999 年,马云开始了全球最大 B2B 网站的缔造,淘宝网由此诞生。1999 年 7 月 12 日,中华网在纳斯达克首发上市,历史进入新千年,中国的网络公司同时揭开了纳斯达克登录大赛的序幕:新浪、网易、搜狐、亚信、UT 斯达康、空中网、TOM、掌上灵通、百度、携程、亿龙、前程无忧、分众等纷纷登陆纳斯达克,这些上市公司几乎包括了所有主流的互联网服务。

互联网作为独立的媒体发展,开始于 2004 年左右的 Web2.0 大潮,早期商业网站的经营之道都是通过一个概念的建立,获取风险投资资金,然后再寻求境外上市,获得源源不断的资金动力支持其后续开发。由于拥有强大的资金后援,所以很多商业网站并没有清晰的赢利模式,只是利用互联网美好的前景作为卖点开发其商业价值。这种建立在虚拟经济之上的网络商业化运营,很快显示出它的泡沫幻影。2000 年全球互联网进入寒冬,纳斯达克跌破 2600 点大关,下跌近 50%。大盘暴跌之下,在纳斯达克上市的“中国概念股”一路走低,中国互联网企业普遍受到沉重打击。“网络泡沫”一词被顺势提了出来,大量中小网

站没能挺过这一波巨大泡沫的袭击，或倒闭或裁员，纷纷成为“先驱”。

当互联网作为一种产业试水的时候，中国内地报业市场正处在调整期，从1997年第一家报业集团成立到2004年40家报业集团规模拟定，报业市场已经形成以党报为龙头，N报N刊＋网站的市场格局，一些报业开始“触网”，开办报纸网络版。这个时间段互联网和报业之间互取所长：互联网没有独立的采访权[①]，必须仰赖报业获取新闻信息；报业办网络版，则借助技术平台拓展受众空间。所以，两者是一种和谐的友谊关系。

（二）互联网从新锐变成主流，报网竞争加剧

经历了“网络泡沫”的爆裂，中国互联网开始进入理性耕作时代，经过洗牌后生存下来的各类互联网开始通过寻找差异化的定位、专业化的服务、成熟的商业运营模式获取可持续发展的驱动力，互联网进入品牌经营时代。

网易、新浪、搜狐三巨头牢牢把持着专业门户网站，受众可以在那里享受信息获取、个性服务、娱乐、互动参与、意见表达等一站式服务。腾讯QQ用户群已经成为中国最大的互联网注册用户群，而腾讯则成为中国最大的即时通信服务网络；阿里巴巴成为电子商务市场当仁不让的霸主；谷歌、百度垄断了搜索引擎市场；各种个人网站、社区、网上刊物、微型门户纷纷以专业化、特色化的服务立足市场。特别是随着Web2.0技术的演进，博客、播客等各种自媒体出现，互联网实现了从运用技术到商业获利工具再到独立产业的职能转换，成为一种真正意义上的新媒体而进入传媒市场，抢夺份额，瓜分受众。

2007年是互联网胜利的一年。互联网有效地帮助传统媒体传播超越了时空的限制，突破了异地采访的规约，使真相大白于天下，使黑暗无所遁形。可以说，从传播角度看，在2007年的诸多事件中，互联网居功至伟。

二、报纸面临的生存危机

与互联网发展如日中天形成鲜明反差的是，报纸在21世纪第一个5年经历了从辉煌到衰落的震荡。中国报业经过20多年的高歌猛进，在进入21世纪

---

① 新闻出版署新闻报刊司负责人借换发记者证之际明确表示：商业网站不是新闻单位，没有合法采访和首发新闻的资质，经批准的也只有转发新闻的职能，没有自采新闻职能，因此这类网站一律不发放新闻记者证。

后开始感到成长乏力的困惑，这种困惑首先通过报纸广告增速明显放缓和下滑表现出来。

从中国报业2000—2010年这10年的广告经营数据来看，2004年和2007年是两个关键年份：2004年报业广告增长放缓，并首次出现了负增长，这个负增长之后，业内有一种声音，就是说报纸的经营出现一个拐点。① 此后的2005年春天，全国各大报社的广告营业额普遍开始大幅下滑，平均跌幅达15%以上。②

2007年报纸广告经营额增长率为3.07%，报业广告增长乏力，报纸广告营业额的下滑趋势继续，报纸在广告市场的份额持续减少，有些报纸甚至出现负增长。男性读者、年轻读者离开报纸的趋势依然明显，报纸读者老龄化趋势更加显著。此后报纸广告也难觅此前两位数的增长速度（见图3—1）。

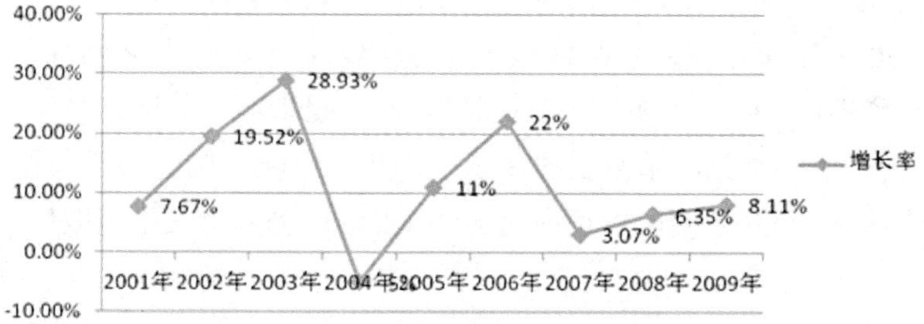

数据来源：根据国家工商管理总局广告司历年公布数据整理。

图3—1　2001—2009年中国报业广告经营额增长率变化

中国报业此时面临三重危机：传统媒体的危机、新媒体带来的危机、经济不景气带来的危机。三重危机中，经济不景气带来的危机在其中起了催化、加速以及凸现前两个危机的作用。从长远来看，传统媒体危机是根本性的，新媒体的影响是决定性的，经济不景气的危机所带来的影响是阶段性的。

（一）报纸自身的发展弊病

内容与运营模式的同质化带来了可替代性与微利化趋势，再加上价格竞争：报纸的同质化竞争削弱了报业的强势，同质化竞争分割了报纸市场，分散了报纸资源，摊薄了报纸利润，也削弱了传统报纸作为一个整体的竞争实力，必然

---

① 罗建华：《中国报业发展态势“三家论剑”——石峰“波动论”、吴海民“拐点论”、喻国明“节点论”比较综述》，《中国报业》2006年第4期，文中指出京华时报社社长吴海民提出“拐点论”。

② 姚林：《报业广告市场衰退主要原因解释》，《中国记者》2005年第10期。

导致经营利润下降、摊薄，直至无利可图甚至“负债经营”。

报纸的经营方式和赢利模式也存在严重缺陷。经过近十年的产业化发展，报业因赢利模式单一而遭遇增长极限，几乎已经走到尽头。这种单一经营模式存在巨大风险，一旦广告市场波动，广告收入减少，报纸就没有别的收入支撑。

表面上看，好的报纸广告收入数亿，相当可观，但背后却是巨大的投入，减去成本之后的利润所剩无几。高昂的成本导致人均利润更是微薄。

(二)以互联网为代表的新媒体的冲击

互联网花了十余年的时间于2005年完成了自身的资源积累与商业模式塑造，并显示出其强劲的生命力，遂开始全面抢滩传统媒体市场，导致我国的媒体环境在近年来发生了巨大的变化，而互联网对传统媒体的冲击也越来越大。

2006年上半年，报纸广告总额为313亿元，报纸广告的同比增长率为6.19%，而2005年上半年同比增长率为7.68%，报纸广告的同比增长率仍在下滑。但一向作为宏观经济晴雨表的报业广告并未反映我国经济增长速度，2006年上半年，我国的GDP同比增长率为10%，报纸广告的增长率仍旧低于经济增长率。

广义而言，信息的同源性与媒体蛋糕的分割存在此消彼长的关系，互联网在居民总体中的到达率呈上升趋势，这意味着它势必对传统的报纸读者市场造成冲击。互联网虽然已不算是新媒体，但层出不穷的手机报、手机电视、博客、维客、播客等新型传播体或传播手段都是基于互联网技术产生的，它们正以便捷、海量、多样等特点蚕食着传统媒体市场。从这个意义上讲，互联网的兴起给报纸、杂志等传统平面媒体带来了巨大的压力，具体表现在：

1.受众群体增大，纸媒读者流失

通过网络接收信息的人群迅速增大，传统媒体的受众群不断减小。人们每天上网的时间更多了，用于看报的时间却逐年衰减。一项针对北京市场的调查显示，北京综合性报纸读者的平均年龄超过41岁，报纸读者的老龄化趋势日益严重。2004年，35岁以下的年轻读者已经有11.6%由过去的经常阅读报纸转变为现在的几乎不读报纸——他们已经习惯于从网络上获取新闻及相关信息。特别是随着博客、播客、维客、简易聚合(RSS)、标签(tag)、搜索引擎、网络视频等Web2.0技术和网站的大量涌现，网络媒体的内容生产能力已经不亚于传统媒体了。年轻一代轻点鼠标就可以做到与外界一切联通，所以传统媒体的受众

结构不断趋于老龄化。

从2000年到2008年间，网民规模从2250万人增加到了29800万人，增量几乎达到200%。这表明，网民基数已经占全国人口比例的四分之一，以报媒为代表的传统媒体的受众群体正逐步被瓜分。

2.经营收入逐年剧增，报业广告下滑

新媒体的成长性还表现为其传播影响力已经迅速转化为市场优势，强大的广告聚合能力导致新媒体近年来经营收入增幅迅猛，报业价值链被切割，利润被分流，互联网广告占据其中最大板块。中国网络广告市场规模包括品牌网络广告和搜索引擎广告等运营收入，但不包括渠道代理收入。其中品牌网络广告市场规模包括品牌图形、付费搜索、固定文字链、分类广告、富媒体广告和电子邮件等网络广告运营收入；搜索引擎广告市场规模包括基于搜索及细分产品的各类广告运营收入。中国互联网协会发布的《2009中国互联网调查报告》显示：2006年，我国网络广告（不含搜索引擎在内）收入达49.8亿元，比2005年增长了50.91%，2007年、2008年中国网络广告依然分别保持51.8%和55.6%的增长，2008年受奥运会经济的拉动，网络广告市场规模达到180.6亿元，相比2007年同比增长了71.0%，依然保持高速增长的态势。而报业广告的主要来源，除了知名品牌和快速消费、汽车、IT业广告外，还有报纸曾经独享的分类广告。

3.新媒体开辟内容生产，对传统媒体的依附减弱

网络媒体与传统媒体曾经有过一段甜蜜的合作期，在创始之初，网络媒体由于没有独立的内容采编权，不得不依靠传统媒体的内容资源壮大自己，而报业之所以心甘情愿地将内容信息分享给网络，也是看中了新媒体积攒的人气资源，可以借此扩大自己的内容传播渠道。如果说网络媒体曾经依靠传统媒体，尤其是报业和通讯社的原创信息内容，在传播市场上确立了自己的优势，那么，在积累起足够的人气后，以创新起家的新媒体又以技术和渠道为依托，利用其庞大的客户群体为创作队伍，开始拥有市场化模式下的交互式信息生成能力，进而发展成为制作、发布各类信息的强大的开放式资讯平台，因而对传统媒体的依赖性正在减弱。

三、关于报业生存景观的几种理论假设

报业面临的全行业危机引发了业界与学界的相关人士对这个问题进行深入探究，提出了关于报业困境的相关假设，主要代表有“寒冬论”“拐点论”“消亡论”。2006年4月12日，中国社会科学院新闻与传播研究所副所长唐绪军在“2006年《传媒蓝皮书》发布会暨清华传媒产业论坛”上将报业经济的走势归纳为“下拐点论”“上拐点论”“小周期论”“大周期论”“波动论”五种观点。[①]

（一）“下拐点论”

“下拐点论”认为，2005年，传统报纸停止上升进入抛物线下滑的阶段。2005年，《京华时报》社社长吴海民在《媒体变局：谁动了报业的蛋糕？——关于报业未来走势的若干预测》一文中提出：“中国报业经历20年的高歌猛进之后，目前陷入了一场深刻的经营危机。以2005年为‘拐点’，传统报纸停下了持续多年的上升脚步，进入一个抛物线般的下滑轨道。广告增长率从持续了20年的高位跌落下来，就是这一趋势的显著标志，同时伴随着的是年轻读者的流失和发行市场的萎缩。”

（二）“上拐点论”

喻国明教授的观点属于“上拐点论”。他认为，中国报业尽管受到新兴媒体的冲击，但通过对我国报业生命周期的分析，可以看出“它正处于震荡期末期和成熟期初期，还有着相当长的生命历程和极大的发展空间”。也有学者称吴海民的观点为“拐点论”，而称喻国明的观点为“节点论”。

（三）“小周期论”

“小周期论”主要是国家新闻出版总署报刊司林江在接受《中国报业》的采访，阐述《中国报业年度发展报告（2005）》中的主要观点时提出的。他认为，从20世纪90年代以来的发展情况统计来看，报业有一个非常明显的周期性增长趋势，基本上以5年为一个周期。1990—1994年为第一个增长周期，完全是晚报的天下，一些老牌晚报全面繁荣；1995—1999年是第二个周期，都市报开始出

① 杨海军、王成文主编：《传媒经济学》，河南大学出版社2008年版。

现并且迅速在市场中发展壮大；2000—2004 年是第三个周期，都市报又有新的发展，标志为“厚报时代”；2005 年是第四个周期，处于调整的过程中间。这就是“小周期论”，是根据 20 世纪 90 年代以来报业 15 年实际发展情况分析得来的。

（四）“大周期论”

“大周期论”主要是解放日报报业集团社长尹明华提出来的。他是从一个技术的发明、出现到消亡、再到被取代这样一个周期性变化来看待这个问题的。他认为，任何事物都有一个从孕育到成长、成熟、衰退的生命周期，周期是一种规律，规律是不可抗拒的，纸质的报纸必然会被替代品所取代。他是从大的技术周期角度来看待这个问题的。

（五）“波动论”

“波动论”是国家新闻出版总署副署长石峰提出来的。2005 年年底，原国家新闻出版总署副署长石峰出席在海南三亚举行的“城市周报发展策略恳谈会”，会上他表达了对报业发展态势的看法。石峰认为：“判断形势很重要，尤其是要正确地判断发展态势！”他在引述慧聪国际咨询有限公司的监测数据后说：“平面媒体的广告总量在增加，下降的是增幅，与电视、广播、杂志广告份额相比，增幅只下降了一个百分点。”他还说：“所以，我们对报业经营中出现的问题要进行冷静理智的分析，发展过程中出现波动是符合事物发展规律的，关键是要找出波动的原因。因此，我觉得即使是报业经营出现了困难，也不至于到了‘报业寒冬’的地步。”

四、衰退：报业发展一个不可争辩的事实

我们虽然不认同乐观主义的观点，认为报业面临的危机可以随着市场转暖而全面复苏，也不同意悲观主义的“消亡说”，但一个不可争辩的事实是：报业发展正经历不可逆转的衰退。武汉大学媒体发展研究中心的张金海教授就多次提出，我们应该理性地看待目前报业正在经历的衰退，只有对报业现状的准确把握，才能制定出适合报业发展的相应对策，指导报业的重生。

衡量一个产业是否进入衰退，一般要看其是否出现三大特征：第一，生产能力及供给是否出现严重过剩，即市场是否高度饱和；第二，产业中的企业是否开始恶性竞争并互相压价，以及随之而来的整个行业利润空间变小，产业组织难

以维系再生产；第三，因为竞争或者利润空间的挤压，部分企业是否不得已而退出了这个市场。这三个显著的特征昭示着整个行业的式微。

(一)阅读时空浓缩，报媒产品过剩

一个基本的事实是，网络媒体吸引了大批读者的眼球；而最新的统计结果则显示，有57.9%的网民把传统报纸作为浏览新闻的途径之一，也就是说，已经有42.1%的网民放弃了报纸，即使仍然保持着读报习惯的网民，读报时间也相应地大大缩短。至于一些全国性报纸和专业类报纸，发行量的锐减已经由来已久，传媒产品过剩已经是一个不可争辩的事实。

(二)报媒利润空间萎缩

报纸间的恶性竞争已经出现，特别是同一城市的都市类报纸，竞争已经白热化甚至恶化。2002年的报业大战把南京爆炒成一片新闻的热土，南京报业市场近十年来一直是《扬子晚报》独霸报业一方的局面，原有的《新华日报》《南京日报》《服务导报》《金陵晚报》等几家报纸只占有很少的市场份额。后来新登场的《江苏商报》《现代快报》《江南时报》等几家新报纸向现有的报业格局挑战，试图撼动《扬子晚报》的霸主地位。为争夺市场份额，新登场的报纸纷纷降低报价，出现了好几家一毛钱报纸、两毛钱报纸甚至免费的报纸。一时间，报价大战硝烟弥漫，引起了国内新闻界的密切关注。这种恶性竞争的结果就是报媒的利润空间萎缩。

(三)一批报纸退出了市场

2006年6月，我国台湾传来消息，创立于1928年2月1日，拥有79年历史的《"中央"日报》停刊。这家由国民党经营的报纸是全世界最资深的中文报纸。停刊后的《"中央"日报》由世界经理人集团接手，转型为网络电子版延续香火。在此之前的2006年3月13日，报业巨头奈特-李德尔报系(Knight-Ridder)宣布它将以45亿美元的价格被麦克拉奇报业(McClatchy)收购。据美林证券分析师劳伦称，这一价格相当于奈特-李德尔报系(Knight-Ridder)2005年利润的9.4倍。而通常情况下，报纸行业的收购价格为其利润的12—13倍。收购价格反映出报纸产业收入和市场价值滑坡的现实。2006年，《纽约时报》《波士顿环球报》《费城问询报》《圣何赛水星报》频频传出编辑部裁员的消息。

在中国，近几年倒下的体育类报纸几乎能组成一支足球队:《南方体育》《球

报》《21 世纪体育》《体育时报》《体育快报》《青年体育》《足球 11 人》《体育生活报》《北京足球报》《体育参考》《体育天地》《体坛导报》等都以各式各样的方式销声匿迹。城市综合性报纸停刊的有《巷报》《新周报》《蜀报》《商务早报》《四川青年报》等,如果做一项统计,这已经是很长的一串名单了,原因同样是没有市场需求。

《京华时报》老总吴海民曾经说过:"传统报纸的衰退期来得有点令人猝不及防,传统媒体必须进行革命性的创新,与其让别人革自己的命,不如自己起来革自己的命,积极寻找未来的出路。"①因此,传统报业必定要经历一次战略性转型和结构性再造的挑战,报业集团将不再是报纸品种的单一组合,而是向多媒体的方向渗透和融合,通过网络向音频、视频等多个领域进军。只有这样才能获得报业的重生。

无论从世界范围来看还是从中国国内现实来看,报纸市场支配力的滑坡都是全行业性的。因此,报业必须顺应新技术带来的趋势和机遇,完成从媒介形态的变革到产业链的重新打造,从而延续自己的生命力。

第六节 数字化为时已晚,报业艰难转型

2005 年到 2007 年的这一阶段,报纸开始考虑更深层的问题,并重新理解数字新技术,同时也启动了数字报业的战略布局,理论研究层面、产业政策层面也都做出了积极响应,但这并没能改变报业的现实处境,报业并没有借此实现翻身,甚至颓势渐现,出现了经营危机。报媒开始反思自身的生存,充满危机感。这种业界的危机感和焦虑忧思恰好与这一阶段理论研究的"光鲜多彩"形成鲜明对照。

一、对数字技术变革的深刻认识

相较于前两次的传媒大变革,数字技术给传媒行业带来的绝不仅仅是一两个新媒体或者几种新业务,它是一次根本性的变革,是一次彻底的颠覆。数字时代,我们看到的内容,我们接触到的媒体,我们接触媒体的方式方法,甚至我

① 参见吴海民:《报业衰退的三大特征》,《新闻与写作》2007 年第 1 期。

们的生活形态、思维方式都在悄然发生变化。①

(一)数字技术是替代性、颠覆性的

广播、电视的出现,使信息传播形态发生了改进,但并没有取代报纸,因为广播、电视还取代不了报纸廉价、方便的两大特性。收音机、电视机相对于报纸是贵的,但在收听、收看时不如报纸方便,在重复获取、选择获取上不如报纸方便,在信息存储、检索上也不如报纸方便。

以数字技术为依托的新媒体的出现不再是当年纸媒与广播、电视共存的历史重演:一方面,新媒体完全可将介质定义为人人都有的物品,如手机、笔等,这样便将传播功能附加到了其他功能性必需品上,造成"介质零成本"化,另一方面,新媒体用户不用依靠收音机、电视机这样单一功能的媒介就可以通过阅读、视、听等多种渠道获得信息,在获得信息的过程中,完全可以实现自主选择,在信息的存储与检索上比纸介质更方便。纸质媒介的一切优点新媒体都有,而新媒体的优点却是纸媒不可企及的。因此,纸媒被取代只是时间问题。

本次转型实际上是建立在无线通信技术和网络技术基础上的。与以前传统媒体的历次革命性变革不一样的是,这次的颠覆性意义更大,而且更具有不确定性。新媒体打破了地域限制,强化了即时性,进一步扩大了传统媒介覆盖范围,加快了资讯传播的过程;另一方面,量的积累也出现了质变,但真正的颠覆表现在传统媒介的"传—受"模式被打破:传者受者不再是固定的,任何人都可能成为信息源与接受者,这对传统媒体的商业模式改造无疑是一大挑战。②

(二)传统报业为适应数字技术需要进行结构性重建

因为数字技术带来的不仅仅是技术变革,这场技术形态的变革还延伸出更具产业颠覆性意义的报纸生产流程改造、经营形态变革、产业格局演变以及行业管制体制的变革。在这些延伸出来的变革中,传统报业将面临极大的挑战。

数字技术的发展打破了各种传播技术手段、功能结构和形态模式之间的壁垒,使融合了各种媒体功能的"大媒体"的出现成为可能。当数字化技术来临,报纸需要适应数字化环境而进行深层次变革的时候,当内容生产能力引入数字

---

① 向熹:《为纸媒业掘墓,为传播业开新局》,《南方传媒研究》2006 年第 4 辑。

② 朱学东:《传统报业的未来取决于对新技术的理解运用》(新媒体系列之六),http://blog.voc.com.cn/blog_showone_type_blog_id_32535_p_1.html

化技术而发生了变化的时候，原有的“报纸”的表现形式也将随之而改变。

以数字技术为基础的技术平台和技术方法，使得信息生产和传播的各个环节都将发生革命性的变化，生产的新闻不再针对单一媒介形态，而是可能针对多种媒介形态——国外称这样的新闻为“融合新闻”，它应该适应多种发布平台和发布形式。这就要求报业在全方位运用数字技术和面对所有形态的媒介介质基础上采集、制作和传播新闻，建立新的新闻制作和发布流程。这个全新的生产流程不再是一报一台各行其是，而将是跨媒介的团队合作，是多种媒介新闻生产流程的重组和整合。

基于传统媒体运行规律而建立的原有新闻传播管理体系也将不再能适应新的情况，必将发生深刻转变。新的管理体制要改变条块分割管理的缺陷，打破不同媒体形态之间的纵向壁垒，使之成为一个横向兼容、能够统领各种媒体运行特点的新体制。由于数字技术的发展使媒体系统和外部系统的互动更加密切，因此新媒体的管理体系还应该能够适应跨行业的要求，能协调各个相关行业的利益和责任，恰当调配各个相关行业的能量，将其有机地统筹到媒体融合的大环境中，在统一整合的平台上建造与新的技术体系、生产流程、人员组织相协调的大媒体产业结构。

此外，变革不仅意味着简单的颠覆，还意味着重建。在颠覆的同时，如何重建一套更适应需要的经营状态、产业格局以及管制体制，对于没有太多变革经验和能力的传统报业而言，更是一个难题。在自我否定的同时如何自我重建，这是一个痛苦的自我革命的过程，但也是一个凤凰涅槃、浴火重生的过程。应该说，这一阶段，数字报业给困顿中的中国报业描绘了一个触手可及的美好前景，但是在这个美好前景之下，一个个实际得不能再实际的问题迎面袭来，使得中国报业通往数字化转型的道路艰辛异常。

(三)数字化既是引发报业变革的动因，也是报业战略发展的出路

已经有400年历史的传统报纸进入了生命的衰退期，尽管大家对这一问题还有不同认识，但这是一个不可回避的现实。从世界范围看，欧美等发达国家的报纸在20世纪末就遭遇了“拐点”，进入了一个历史性的衰退期；[①]而中国的报纸在同一时期却曾经高歌猛进，特别是都市类报纸的发展推动了报业的繁荣，使产业的衰退期得以大大延缓。但以2005年为“拐点”，中国报纸的衰退期也已经来临。

---

① 吴海民：《应对报纸产业衰退的八大战略举措》，《新闻记者》2006年第6期。

应该说，对传统报业未来生存的讨论的兴起和产生是与报业陷入困境的现实密切相关的。在国内，从改革开放的 1978 年直至 21 世纪初，传统报业均以“跑马圈地”式的发展模式持续增长，然而在以互联网为代表的新兴媒体冲击下，传统媒体的生态环境和基本格局发生了重大变化，传统报纸的读者减少，广告收益下降，市场竞争趋于同质化，其“渠道过剩”之劣势越发明显。

从报业发展的趋势来看，传统报业正走上一个下行轨道，发达国家尤甚。虽然中国社会经济发展的不平衡性依然会给尚未真正成长起来的中国报业一定的时间和机会，但趋势就是趋势，谁也不能阻挡。为了生存，传统报纸已经到了不得不转变的境地。报业的未来取决于对新媒体、新技术在报业领域的理解和运用。传统的管理手法、制度、理念和运作模式在数字技术时代必然要进行重大调整，谁调整得快，谁就多一分成功的可能。单纯的防范和保护是不能解决报业所面对的挑战的。

二、报业数字化转型：从战略到实践

报业“做与不做”数字化关系着自己的生存与发展，因而中国报纸的数字化生存探索一直没有停止过。很多报媒机构在报纸电子化尤其是网络化生存的进程中进行了很多探索：如《杭州日报》进入互联网最热门的视频领域，《宁波日报》直接推出“电子纸张”，各家报纸的手机报更是在其所在的城市大行其道。在一片喧哗声中，我们看到更多的是中国报业在面临网络新闻冲击时的无奈与无助，多种多样的尝试甚至被看作是因找不到未来的方向而在黑暗中的乱撞。

（一）报业数字化转型：从战略、理论到实践

战略层面，主管部门的重视和部署使得报纸从数字技术冲击下的应对上升为战略转型和产业政策调整，“数字报业”战略进一步明晰也成为此时报纸转型的重要依据和改革方向；数字报业实验室计划又再次确定了数字报业的实验方向。对比来看，数字报业的“九大实验方向”（网站、手机报、电子商务、电子阅读器、手机二维码、多媒体数字报刊、报业数字化平台、户外数字媒体和移动采编

系统）虽然都一一在报业进行了实践探索，但是收效甚微，而“面临的十大问题”①却没有一个得到真正解决，从而也印证了报业在这一阶段数字化进程的结果。

研究层面，对于由数字化技术兴起而造成的报业生存困境，学界业界都高度关注，发表了大量的研究论文。对报业生存困境的考察几乎成为所有报业数字化相关研究的第一步，各种观点：寒冬论、拐点论、波动论等，都是对报业生存困境的思考。不过这些基于报业困境的研究论述虽然指明了报业数字化的必要性，但却并没有给报业提供真正的理论指导，报业虽然意识到了自己的危机和病态，却苦于没有药方。

实践层面，在以网络为代表的新媒体挤压下，在报业自身竞争的驱动下，2003年之后，以解放日报报业集团为代表的一批报业新锐开始了进军新媒体领域的尝试。这一次，报业开始意识到了自己所拥有的强大内容财富和品牌影响力是自己最后的一张王牌，开始顺应历史潮流采用新技术对已有的内容财富进行深度开发。他们坚信，这是报业在多路夹攻之下的救亡图存之道。然而时过境迁，商业网站已经成功地崛起为第四媒体，报业要想反超谈何容易。报业也先后多次尝试开展新媒体业务，如设立报纸网络版，开办新闻网站，开发手机报、电子报，开拓网络视频、数据库等，但这一系列尝试却在实践过程中遭遇重重困难，报业屡屡陷入被动。仅以手机报为例，产品的设计初衷是发挥报业的内容生产优势，为受众提供便捷的信息产品，手机报内容以社会信息为主。但事实却是，一方面，受众已经习惯于通过网络免费获取信息，“订阅”手机报的消费模式需要较长时间进行市场培育；另一方面，手机报需要借助通讯运营商的渠道到达受众，而各家报纸社会新闻内容高度同质化，手机报产品特色不明显，报业在合作中缺乏议价能力，短期之内被动局面难以改变。

更为重要的是，各大报业对数字化业务的巨额投入并未给企业带来新的利润增长，报业收入仍然主要依靠传统纸质报纸的广告销售，尚未找到合适的数字化转型路径。

---

① 这十大问题分别是：数字报业产品的行业技术标准问题，数字报业的版权保护问题，报业跨媒体发展的政策界限问题，发展数字报业的认识和观念转变问题，人力资源储备问题，传统出版组织架构的改造问题，受众形态的研究匮乏问题，商业模式的探索问题，数字报业的资本合作问题，关联产业与报业之间的合作共赢、理性合作问题。

(二)报业数字化转型的价值及意义

1. 报网互动是对报纸网络化探索的深化

报纸办网的实践,尽管是早期报业在与大型门户网站等新媒体进行抗争的一种策略选择,但从报网互动的这一探索的发展来看,从“依附式”的不平等关系发展为这一阶段的报网之间的互补互动,这一过程中经历了互联网媒体从 Web1.0 到 Web2.0 的技术理念的转变,“互动”“分享”“开放”成为 Web2.0 的关键词。可以说,报与网之间的优势互补既推进了报业网站的成熟完善,也在整体上改变了报业的内容结构、生产流程、协作思维与运作理念,为进一步的融合实践创造了条件。具体来说,报网互动的意义表现在:

一是报网互动改变了报业作为传统新闻业的内容结构,丰富了报业的产品体系,促使报业的运作理念从“内容为王”向“产品为王”等新模式转变。在这一过程中,报业的原有生产方式与组织结构开始延伸、重组,以适应新的运营模式的需求。

二是报业网站是报纸数字化转型的第一个“孵化器”或者说“试验田”,从根本上撼动了传统报业既有的观念。这其中包括“渠道观念”——从致力于内容原创到对传播渠道的重视,“渠道即市场”“渠道开发”等观念注入报人思维;以及“用户观念”——从读者观到用户观的转变,报业网站打开第一个阀门,让报业可以窥见用户属性的改变。

2. 传统报纸跨界合作与联盟探索新模式

数字技术带来了信息传播渠道与接收终端的多样化,使报业的内容产品可以通过多种媒介和渠道(如光盘、互联网、广电网、电信网)进行传播和销售,而受众则可以通过多种终端(如计算机、数字电视机、数字收音机、电子阅读器、手机等)进行接收和消费。媒介渠道极大丰富,内容与渠道分离,使得报纸不再是主流媒介渠道,传统报刊的渠道捆绑或垄断优势没有了。报业为挽回自身颓势而尝试开拓网站、视频、手机报等新媒体业务,但发现这些领域的渠道已经很难由自己掌控。

内容与渠道的割裂迫使报业不得不改变传统的自我积累式发展模式,转而寻求与其他媒体的合作与联盟。一个典型的例子就是大渝网,这个国内首家由区域性强势平面媒体与综合门户网站实施跨平台战略合作而推出的地区性门户网站,正式上线营运不足一年便已连创奇迹,达到日均流量 350 万以上、日访问独立 IP 突破 60 万。大渝网形成的“即时通信传播＋互联网传播＋平面传播”的模式使其迅速成为重庆市民获取本地资讯的最有效的网络平台。[①]

媒介联盟的形式还在不断探索当中，但可以肯定的是，媒介之间的紧密合作、战略联盟乃至相互渗透必将使报业的资本来源与构成发生重大变化，促使其吸收业外资本、投资主体趋向多元化，从而带来产权结构的多元化变迁。

3. 探索数字报纸和手机报，积累新媒体运作经验

纵观 2005 年到 2007 年三年间中国数字报业的发展，有两种形态遍地开花，一是手机报，一是多媒体数字报。开通“两报”的报社数量相当可观，呈现出报业整体争先恐后进军的态势。手机报纸的商业模式基本是：报业集团和各移动通讯运营商合作，报业集团提供信息内容，移动通讯运营商提供终端用户和运营平台，订户缴纳的信息使用费由双方按提成分成，网络流量费由通讯运营商自己收取。广告的商业模式由于形式和效果所限，在手机报上极为少见。在这种商业模式下，移动通讯运营商处于绝对的主导地位，他们相当于超市老板，各报业集团相当于供货商。移动媒体迅速发展，报媒机构如果持续采取手机报这样的运作模式，必将使自己处于极其不利的地位，面临和网络媒体一样的尴尬局面，在移动媒体这个巨大的市场丧失主动权。

(三)未能突破的发展困境

不同于第二阶段对于媒介融合的零星思路和片段尝试，这一次是报纸主动重新规划自身数字战略。从制度安排的视角来看，国家也在花大力气进行体制改革，为数字报业提供空间。可以说，这一次数字化转型，报纸媒体全行业上下都高度一致，主动积极地投入到这次转型探索中。但是，由于存在种种误区和问题，收效甚微。

1. 对数字技术的理解和认识存在问题

尽管政府积极鼓励发展数字报业，学界也探讨了报业的生存困境，但是报媒业界对数字技术的理解和认识仍然存在问题：报业布局新媒体、进行数字化探索时大多延续的是传统思路，例如多媒体数字报就是把已经出版的内容转换成 PDF 格式放在网上，即使是加载了音视频的多媒体信息，依然是报纸的版面

① 《大渝网开创报网互动新模式》，http://media.people.com.cn/GB/22114/45733/81806/5620107.html

内容;报网互动则反映了报业希望通过融合的方式,把自己的网站培养成商业网站;而被大多数报媒机构寄予厚望的手机报业务则是报业的又一次失误之举,传统报业因为不占有渠道优势,在手机报业务中基本丧失了主导权,这与"邮发合一"①时代报业面临的情形颇为相似。

如上所述,这一阶段,影响报业变革的技术与以往的技术完全不同,在这种技术应用下,报纸的传统优势荡然无存。数字技术不论是在功能上还是效果上,均是对传统报媒的完全替代而不是互补,因此,传统报业幻想以融合的手段来实现对新媒体技术的融合,就好比是在极具有杀伤力的对手面前还寄希望于跟对手讲和,这本身就是观念和认识上的一个误区。因此,那种修修补补式的融合已经不再适用于此时的报媒,报媒需要的是彻彻底底的转型。

从根本意义上讲,中国报业数字化是对报媒的彻底改造,这种更深层次的变革是对原有运作模式的一次颠覆。遗憾的是,现阶段报媒的数字化革命依然处在产品重组与产业再造的矛盾焦虑中,难以突破。

2. 传统报业数字化技术储备明显不足

报业所选择介入的数字媒体项目,如报纸新闻网站、电子阅读器、多媒体数字报刊、户外数字媒体等,大多是技术驱动的科技创新项目,而传统报业一直以来就是一个对技术非常不敏感的行业。报业技术部门长期以来都只是一个运营维护部门,而新媒体对于技术的研发和创新却有着极高的要求。不仅如此,报业在软件硬件上的配套也不尽完善。这些,都导致报业在实施种种数字化探索时,并不是"完全准备好"了,技术和人才方面都存在问题。

3. 报业数字化缺乏清晰的市场模式和商业模式

这一阶段,困扰报业数字化转型的最大制约瓶颈就是赢利点单薄、赢利模式不清晰,传统赢利方式仍然是支撑,再投入资金日渐疲软。报业布局新媒体大多是一种盲从式的跟风,从数字报到多媒体数字报,从移动数字报到电子纸报……这些项目几乎都处在资金投入阶段,鲜见盈利。对于报业新媒体这一全新的行业,最大的问题是还没有人准确地认识并有能力实现互联网时代客户的价值主张:是技术主导?还是坚持内容为王?或是渠道主宰?传统报业陷入了

① "邮发合一"时代,由于邮局控制着报纸的发行渠道,报纸的一大块利润被邮局作为邮发费截留了;如今,在手机报订阅收费模式下,移动运营商占据着渠道优势,报业的大部分利润被移动运营商拿走了。

迷茫;而互联网则因为高度的市场化和国际化,不断把握和满足用户需求,从而成为引领模式创新的重要力量。

4. 数字技术引发媒介融合,行业边缘亟待打破

数字技术的发展必将打破传统媒体和行业的边界:过去由不同媒体提供的业务及服务,如今可由一种媒体提供;过去由一种媒体提供的业务及服务,如今可由不同媒体提供。平面媒体、广电媒体、音像、电信网络、互联网等产业互相渗透、交叉和重组,信息技术的每一步发展,都在技术、业务和市场上推进了产业间融合的趋势。

由于体制性的障碍尚未破除,报业、广电业和通信产业之间的行业壁垒也还广泛存在,造成了报业在这一阶段的数字化变革依然是在报纸主业基础上的边缘化尝试,各个业务板块间并没有有机地整合,行业界限明显,没有形成有利的产业衔接点互相支持。

报业数字化要实现内容包含文字、音像、音频和视频等在内的多媒体传播,而传统报业只局限在文字编辑传播领域,音像、音频、视频的传播则局限在广电业的范畴,报业如果想一步到位,直接跨媒体进入广电领域阻力较大。但在报业创建的新闻网站上进行数字影像的传播,暂时没有受到管理体制的限制,且从发展情况来看,政府基本上是默许新闻网站开展视频新闻的采访与播出的,这也反映出政府管理部门在报业数字化领域的政策松动。然而,事实证明,报业对这点依然是后知后觉,即使有一些报业先行者,也没有成功实现突破。

5. 报网互动面临双重困境

这一阶段,国外一些报业在处理报网关系时,已经将网络编辑部和报纸编辑部合并为统一的编辑部,充分利用统一平台的优势;而我国报纸的网站几乎都独立于报纸之外运行,报纸编辑部和网站编辑部是两个完全独立的部门,各做各的事,在新闻的时效性、表现方式等方面还经常发生冲突,结果基本是网站服从报纸,统一的数字化平台形同虚设,数字化的优势和报纸资源的优势几乎无法体现。因此,报业不仅要整合内部资源,更要走出现有资源局限,整合网络、通讯、音频、视频等传播手段和多媒体资源,在统一平台上实现报业数字转型。①

---

① 白贵、张然:《报业数字化转型:问题与模式》,《人民共和国党报论坛 2006 年卷》,中国传媒大学出版社 2007 年版。

一些媒体办的网站与报纸更像两个相互独立的单元，各成体系，不能有效地进行报网互动，在新闻传播和经营上无法形成合力，结果导致新旧媒体两张皮。报业办网在操作上是从传统报业母体分离，延伸出新的媒体机构，这在组织结构上就造成了报与网之间的关系不对等，新闻网站在内容生产与传播上未能获得主体的认同。因此，尽管是从报纸孵化出来的一个部门或者具有独立地位的网站，它仍然体现出报网之间的"隔阂"：一方面，网站难以融入报业传媒的母体并扩大报业的内容与价值优势；另一方面，这种不对等的关系造成了网站在身份上的"低人一等"，使得报网互动难以形成上下游产业的承接关系。

三、报业数字化转型的关键问题

（一）错过了窗口期

医学上有一个"窗口期"的概念，是指人体感染某种病毒后到体内对病毒产生抗体的时间段。对于数字技术，报业改革其实也是有一个窗口期。

报业数字化转型之所以有窗口期，有三个原因：其一是技术导入和选择有路径依赖，传统报业内部的既得利益者对数字化改革缺乏动力，且话语权明显大于报业新媒体的支持者和实践者，如果这一选择延续，改革将不再可能或者面临巨大困难；其二是以互联网、手机为代表的数字技术发展速度非常快，一旦对技术不敏感，错过就意味着脱节，且报业数字化所需的人才及其他力量，包括资本、资源等的支持，一旦错过时机就难以再汇聚；其三是互联网作为报业的竞争对手，逐渐强大，打破了原先与报业的友好关系，逐渐侵蚀传统报业市场。

报业的实际情况也恰恰印证了这一论断。互联网技术发展的早期，也正是报纸最为兴盛繁荣之时，报纸虽然及时介入，却并未重视，而后在一场由数字技术和网络技术带来的大变局面前，反倒是广播和电视借由电子媒介技术改造的先机，提早迈入了数字化进程。2004年，面对早已被切分得七零八落的数字"蛋糕"，报业如何迎头赶上，捍卫长久以来的强势地位，已经成为所有业界同人的共同焦虑。此时报业在数字化面前可谓是彷徨前行。

（二）受资源与资金掣肘

报媒机构开展的数字新媒体项目往往都是"抱着金饭碗讨饭"，"金饭碗"指报社的品牌影响力、内容资源和广告资源等。但需要认清一点，这些天然的来自报业母体的“资源”，虽然是最大的依靠，但往往也是最大的障碍。一方面，传统报业的操作思路和运作方式深深地影响了报业新媒体的发生发展；另一方面，这些资源如何为新媒体所用，转化为资本，转化为竞争力，报业仍未找到合适的方法，仅仅是“试水和探索”，缺乏真正的市场磨砺。

从报业数字化发展的资金来源来看，数字新媒体也好，数字报业也好，都是一个高投入、高风险和长期收益的产业，传统报业集团大多是自己投入资金来发展数字报业，存在巨大的资金缺口，报业创建的新闻网站存在巨大的生存压力。一方面是传统报业集团在资金投入上有限，另一方面是新闻网站受多重因素的制约，短期内知名度和影响力很难形成，广告收入也很难保证。

这一问题实际上从新闻网站组建之初就已经留下了隐患。数字报业是一个需要高投入的产业，如果投入资金过少，无疑会打水漂，产生不了任何效果；如果想多投入，现实情况似乎又不允许，所以说新闻网站的发展事实上陷入了一种两难的境地。从国家层面来说，出于新闻宣传的考虑，必然要重点发展新闻网站，以便在网络新媒体领域占据舆论制高点；从报业集团层面来说，更多的还只是战略层面的考量，投入建设新闻网站一方面是响应国家对于新闻媒体的要求，另一方面也是在探索新的数字信息时代传统媒体如何生存和发展的问题。应该说，从发展数字报业的角度来看，政府和传媒达成了很高的共识。但是，进入具体运作层面就出现了诸多问题，比如，资金从何处出？国家不可能给予过多的资金投入，报业集团的投入也会非常谨慎，而发展新闻网站对资金的需求又是如此迫切，这是一个摆在政府部门、报业集团和新闻网站面前一个迫切需要解决的问题。在数字电视领域，对民营资本的松动刺激了民营资本对数字电视的投入；而在新闻网站领域，如果看不到很好的赢利模式，就很难吸引民营资本流向新闻网站。因而，当前我国的报业数字化发展还有很长的一段路要走。

(三)新旧媒体运作模式存在巨大差异

从风险来看，以数字技术为依托的新媒体本身就存在着较大的市场风险，主要体现在：(1)新媒体产品的技术开发与技术应用有很多尖端的研究课题需要解决，这不光要耗费大量的企业资源，还有完全失败的可能；(2)新媒体技术上的成熟与功能上的完善并不一定能适应消费者的需求，还需要接受用户体验的检验，有不断调整，甚至重新设计、开发的可能；(3)新媒体市场的产品革新速度迅猛，对比互联网公司一直以来较强的技术研发与模式创新能力，报媒机构推出的报业新媒体产品可能还未实现业绩增长就面临着在技术与模式上被淘汰的风险。

从赢利模式来看,免费服务是互联网企业的一大特征,其商业模式不是传统的基于成本的,而是基于用户量的。在用户量达到一定数目之前,所谓的盈利是不可能的。所以需要前期大量投入进行用户积累工作,网络视频就是最典型的例子。可以说,大部分互联网新媒体在初创期间都是在"烧钱",需要大笔投入来追求规模效应,因此资本投入就成为关键因素。

对于新媒体所独有的高风险和免费模式,互联网新媒体的解决方式和途径是依靠风险投资。在互联网新媒体领域,风险投资和互联网一拍即合。风险投资投入互联网技术,就是在与互联网的创业团队共同赌博,风险投资本身具备足够的应对风险的机制和能力。风险投资的游戏规则是投入十个新媒体项目,九个失败,只要有一个成功就可以获利。此外,风险投资奉行的原则是"用时间换金钱",不要求新媒体项目在短时间内盈利,而是要求把规模做大,然后通过股权稀释退出。

但这些做法在传统报媒的现行制度和文化体系内是完全行不通的。对于依赖广告收入的报媒来说,对互联网新媒体这样一个貌似"无底洞"的项目进行大规模的投入,显然是有障碍的。作为国有企业的单个报业集团,很难把巨量资金投向一个不确定性的领域。说到底,问题在于报业对于风险的认知和承受能力。

第四章　报业全媒体转型

传统报业命运多舛，从面世到现在一直在遭遇多个杀手级应用的挑战，从第一次来自无线电波的挑战——收音机时代的有声传播，使一部分读者变成了“听众”；到第二次光影显像的挑战——电视时代的图像声音，使更多的人变成了电视机前的“沙发土豆”；到第三次互联网的挑战——网络时代的快捷和互动，使大多数人变成了“网民”；紧接着第四次——来自手机终端的移动互联，第五次——来自大数据和云计算……一个比一个能量大，一次比一次生死攸关。

自 2008 年开始，国外众多报纸纷纷裁员、休刊、合并、申请破产保护，中国报业在受到金融危机影响的同时，也同样面临着互联网、手机媒体等新兴媒介的市场分流，媒体的数字化生存模式日益成为各报业集团热切探索的内容。在经历了“网络化”挫败、“数字化”迷茫之后，集经验和教训，中国报业打出了“全媒体”的口号。对于报媒业界来说，“全媒体”仿佛是一根从传统报业的红海进入数字化蓝海中赖以生存的救命稻草，不论理解与否，报业纷纷开始启动全媒体布局。然而，这场以“全媒体”为名号的转型变革并未能帮助报业摆脱现实困境。

第一节　新技术主导下的媒介环境变迁

技术创新始终是报业变化发展的引擎，伴随着报业数字化发展的全过程。随着计算能力从线性增长到指数级增长，改变发生的概率也随之增大——这意味着，与过去十年相比，未来十年将会发生更多的技术性变革。全球技术研究和咨询机构高德纳公司(Gartner)预测：未来五年信息技术将有包括个人云、云计算、综合生态系统等在内的十大趋势，这意味着移动化、智能化、云端化将是不可逆转的潮流，媒体的发展也必须与之相适应。在新科技革命和经济全球化的交互作用下，科学技术正以前所未有的深度和广度影响着传播领域的一系列重大突破。

一、媒介技术变革发展的新趋势

在信息生产和传播技术领域，2000 年以来，主要的技术创新存在于移动终端领域，信息抓取、整合及共享领域，社交网络领域。在这样的技术背景下，出现了信息传播领域的三大趋势：

其一，信息传播终端的融合，混媒终端[①]成为融合的重要载体。以智能手机、平板电脑、电子阅读器、互联网电视等为代表的混媒终端的出现使得受众可以通过单一终端完成多项媒体业务的接触和使用，并随时随地地连接在网络之上。视频播放、图文资讯阅读、移动互联网接入等多种业务在混媒终端之上的整合颠覆了原有单一媒体介质的承载能力和表现形式。也正因为如此，混媒终端充分体现了未来媒体业务双向互动、多元整合的发展态势。一方面，媒体业务的融合在混媒终端上是最为直接的体现；另一方面，这种终端由于日益获得消费者的青睐，并逐渐加大了对受众的控制，因而开始改变整个媒介传播环境，改变媒体内容生产和商业模式的建立，从而进一步推动媒介融合的发展。

其二，以搜索引擎、微博等为代表的信息（资讯）抓取、整合及共享技术，使得人类的信息（资讯）生产进入了一个崭新的"信息融合时代"，专业新闻传播机构的专业化信息生产与各种商品和服务供应商的信息生产，以及个人所提供的信息和言论交织在一起、融为一体，构成了当今时代人们的信息环境。[②]

其三，大数据、社交网络、移动互联网带来了突破性的经济和技术力量。云计算、移动互联网和社交成为自 2008 年以来的流行词语，也是技术发展的趋势。但是这些趋势真正产生的影响，是它们所产生的大数据。企业决策将基于预测分析而不是个人直觉，因为这些数据将会给出结论。更多的新媒体运营商——不论是数字电视运营商还是移动媒体服务商，或者各种网站运营商——在媒体的运营过程中都产生了海量数据，这些数据主要来源于媒体内容和业务产品在运营中生成的数据。[③] 媒体也都充分意识到了数据潜在的价值，通过对

---

① 所谓混媒终端，是指较为智能的，能够同时承载多种类型媒体业务的媒体介质。目前较为典型的混媒终端主要包括以 iPhone、黑莓、安卓、诺基亚等为代表的智能手机，以 iPad 为代表的平板电脑，以 Kindle 为代表的电子阅读器、以谷歌 TV 为代表的互联网电视机以及数字电视产业中的双向互动机顶盒、一体机等等。参见黄升民、刘珊："三网融合下的'全媒体营销'建构"，《现代传播》（中国传媒大学学报）2011 年第 2 期。

② 宋建武：《传统媒体集团向综合信息服务商的转型》，《新闻与写作》2011 年第 9 期。

③ 周艳、龙思薇：《大数据时代的到来与思考》，《广告大观》（媒介版）2012 年第 9 期。

数据的挖掘，将数据应用于优化内容、产品和提升营销服务水平。

二、新技术力量进一步对报业冲击

处在多元裂变且不断革命的技术浪潮中，多年来传统报纸媒体建构的新闻专业生产藩篱屡屡被互联网上的草根力量突破，信息的传输成本一降再降，传输渠道资源已经从多年前的稀缺变得丰裕。不仅如此，在这种供过于求的环境下，之前所谓的受众“注意力”在信息洪水的涤荡下不断离散、不断稀释，报业作为主流权威媒体的基座被一一撼动。

首先，数字革命进入了一个崭新的时代——移动互联网时代。移动设备正在成为人们获取新闻的新渠道。这一现象正在增强传统报业的品牌吸引力，并产生长效影响。在通过智能手机或平板电脑获取新闻的人群中，有八成也通过桌面互联网浏览新闻信息。换言之，人们正在利用口袋、书桌和膝盖上的各种媒体的便利，全天候地获取新闻。

其次，传统报纸媒体依赖的思想和信息单向传播机制基础正在瓦解，互动性、碎片化、社会化的信息传播生态体系正在建立，社会结构和权力结构的边界正在重塑，民众不再沉默，网民正在通过各种方式参与内容生产(见表 4－1)。而且，即时传播技术带来瞬间而又巨大的情绪凝聚作用，能够让传统的广场效应无远弗届。从根本上来说，技术进步对传统报纸媒体信息采集和传播功能的解构是不可逆的。

再次，新的技术带来了旧有技术的革命，同时也毁灭了建立在旧有技术基础上的商业模式。此时，报纸媒体作为传统媒体的代表之一，其产业内部必然会出现一系列的格局调整。一方面是报纸媒体对新媒体渠道的占有，另一方面则是随着数字化的深入，更多的内容与服务的市场需求需要得到满足，报业自身的身份角色也需要转变。

最后，不得不承认，传统报业与技术行业之间的鸿沟越来越宽。一方面，新的移动平台和社交媒体渠道的涌现代表了极速的另一个图层，报媒机构必须紧紧跟随技术变革的步伐；另一方面，谷歌、亚马逊、Facebook、苹果等技术巨头开始通过制造“数字生活”中的“一切”来增强他们的实力。这里的“一切”包括智能终端设备、智能操作系统、浏览器、电子邮件服务、社交网络、电子商务、网络游戏等等，而所有这些服务都将为这些技术公司积累海量详细的用户个人信息数据。

表 4—1 网民参与内容生产的方式[1]

参与类型	网民参与内容生产的具体方式
原创性生产	一些具有一定新闻素质的网民有意识地参与到网络新闻生产中，他们有时提供的是完整的新闻报道或新闻评论
启动性生产	网民有意或无意地向媒体提供新闻线索，是帮助媒体寻找报道题材、启动报道的一种方式
资源性生产	网民参与各种形式的网络调查，为新闻报道提供一定的报道素材与背景；网民的微博、博客以及各种 BBS 帖子都可能为网络新闻报道提供丰富的资源
增值性生产	通过论坛、博客、微博等转发自己认为好的或是有意思的新闻，虽然不直接生产新闻，但能使新闻扩散，从而实现增值
互动性生产	有些新闻的生产过程本身就需要受众的参与，如网民与新闻事件当事人或嘉宾的在线交流
整合性生产	网民不直接进行内容生产，但是他们对媒体的新闻进行筛选、整合，根据自己的价值判断进行重新编排，从而为其他网民提供有序的新闻资源。例如微博中的用户转发

三、颠覆性的新技术决定了报业必须彻底转型

新一代信息技术已经成为影响全球经济增长和分配行为的强大力量之一。传统报业正处在一个新的科技革命和产业革新的关键时期，在新科技革命和经济全球化的交互作用下，数字技术正以前所未有的深度和广度影响着传播领域的一系列重大变革。由传媒新技术的突破性进展所驱动的这场变革，不仅导致了传统报业的客户偏好发生巨大转变，而且还导致报业的内容生产、广告经营、出版发行以及报社组织结构等核心经营要素发生变革和重构。报业核心资产面临的威胁更大，读者、人才、广告资源、无形资产等等都在流失，且这个趋势愈演愈烈、难以遏制。

仅从读者变化的层面来看，有三点趋势促使传统报业必须变革。一是读者的持续流失成为制约报纸重回辉煌的天花板。据央视市场研究公司 CTR 的调查数据，2001 年报纸的到达率为 71.2%，2010 年为 66.9%，2011 年下降至 65%。在可比较的相同年代内，网民的绝对规模从 2001 年的 2650 万猛升为 2012 年底的 5.64 亿。二是传统的媒体分界线正在消失，媒体和受众的外延正

① 彭兰：《社会化媒体、移动终端、大数据：影响新闻生产的新技术因素》，《新闻界》2012 年第 8 期。

在拓展。随着媒体间的界限变得模糊,媒体也开始转变角色,由单纯的传播延伸为提供服务。三是八〇后、九〇后的“网生代”开始成为传媒消费主体,如果报纸媒介不能为这类新型用户创造价值,必然会被边缘化。

这一点,在美国报业的演进过程中表现得非常清楚。从 2008 年到现在,美国已有 200 多家报纸资不抵债、难以维系,有一些报纸停止印刷版,转而经营网站。特别是当用“6 年战胜了 100 年”的《赫芬顿邮报》这一由网络写手缔造的新媒体荣获 2012 年普利策国内报道奖时①,我们不能不注意到,一个新的多样化的新闻业已经出现。

相较于国外报业面临的险境来说,中国报业的现状也不乐观。根据央视 CTR 媒介智讯的数据,2012 年中国报纸广告较上年下降了 7.5%,是唯一一个全面下滑的传统媒体(见表 4—2)。面对这样的境况,业内称其为报业广告的“第三次低谷”。此前的 2005 年和 2008 年,报业也遭遇了不同程度的广告困境,但这一次广告低谷带给报业的震动明显强于前两次。如此大的降幅在改革开放初始报纸广告恢复以来的 30 多年中也是首次出现。报业广告的下滑,再次深刻地反映出中国报业正在全面进入衰退时期,过去以广告收入为主要营收的经营模式已经走到尽头,中国报业不仅迫切需要转型②,而且必须进行彻底的结构性转型。

表 4—2　2012 年中国传统媒体广告花费增长速度③

媒体	增速(%)
电视	6.4%
报纸	−7.5%
杂志	6.8%
电台	8.9%
户外	2.0%

数据来源:CTR《媒介智讯》,2012 年。

① 《〈赫芬顿邮报〉获美新闻界最高荣誉普利策奖》,http://tech.163.com/12/0417/07/7V9D73IH000915BF.html

② 黄升民、马涛:《在挑战中奋起,在竞争中转型——2012 报业盘点》,《中国报业》2013 年第 1 期。

③ 《2012 年中国传统媒体广告市场增长跌破“5”》,http://www.ctrchina.cn/ctrwebsite/cn/new_News_Article.php? articleid=413

第二节　报业全媒体战略的产生由来

从发展脉络来看，2008 年我国报业明确了全媒体转型的战略并开始了策略应对，全媒体模式探索在 2010 年形成密集之势，国内数十家报媒机构尝试通过全媒体实践实现身份与发展模式的转变。作为中国报业特有的融合概念，“全媒体”指出了一种路径却同时又备受质疑。深入诠释全媒体的脉络，可以窥见其生成语境的多重性——外部的技术因素推动、内在转型压力趋势以及业务模式的创新借用。

一、关于全媒体概念的不同理解

“全媒体”概念是在报业数字化改革的过程中提出的，并成为最近五年来国内报业最主流、最关注的变革理念。报业的全媒体化肇始于媒介融合，基于融合媒介的全媒体信息生产与发布平台，是我国报业在实践媒介融合过程中的实验与探索。

尽管学界和业界对全媒体的概念有着各自理解，对报业之于全媒体的“集体热情”也有所质疑，但是处在改革前沿的报业集团依然坚定地将全媒体视为未来战略转型与发展路径的一种必然选择。传统报业对全媒体的认知与实践基于媒介融合催生的压力机制，带有丰富的实用理性色彩，同时在转型探索上呈现出比较明显的急迫性。

(一)三种“全媒体”论说

来自实践层面的“全媒体”。业界和学界对其内涵的理解，从最本原的技术应用层面延伸，形成了三种不同观点的论说：传播形态论、业务模式论、媒体战略论（见表 4—3）。

表 4—3 三种"全媒体"论说

媒体论说	代表性论述
传播形态论	新华社新闻研究所课题组认为，所谓"全媒体"，是指综合运用多种媒介表现形式，如文、图、声、光、电，来全方位、立体化地展示传播内容，同时通过文字、声像、网络、通信等传播手段进行传输的一种新的传播形态。[a] 2009 年 11 月，南京政治学院军事新闻传播系的周洋认为，全媒体是媒体走向融合后跨媒介的产物。具体来说，是指综合运用各种表现形式，如文、图、声、光、电，来全方位、立体地展示传播内容，同时通过文字、声像、网络、通信等传播手段进行传输的一种新的传播形态。[b] 罗鑫认为，全媒体是各种媒介实现深度融合的结果，是媒介形态大变革中最为崭新的传播形态。全媒体就是一个开放的不断兼容并蓄的传播形态，随着 3G 网络的成熟和 4G 网络的开发成功，又将有许多意想不到的传播形态加入其中，丰富受众的媒体体验。[c]
业务模式论	学者彭兰采用全媒体化加以解释，"全媒体化的含义，应该体现在四个方面：第一，在一个全媒体的市场格局中寻找自身新的定位，构建自己的产品体系；第二，在全媒体的思维下，去重新思考媒体的业务模式；第三，全媒体化不仅要为媒体自身的产品提供传播途径，也要为受众的参与提供空间；第四，全媒体化不仅是传媒机构内部的流程再造，也是一个重新定义自己在产业链中的位置、寻找合适的外部合作伙伴的过程"。[d] 其观点聚焦于全媒体的新闻报道模式及融合产品体系。
媒体战略论	人民日报社总编辑吴恒权基于当前报网融合从物理变化到化学变化的转变，在人民日报编委会层面提出了"传统媒体与新兴媒体并举、建设全媒体传播格局的构想"，目标在于通过改革创新，打造现代传播体系。[e] 2009 年，南方报业传媒集团社长杨兴锋提出：在媒介融合趋势下，南方报业传媒集团要想真正做强做大做优，从单一媒体、单一品种的运作转为多媒体、全媒体的运作，就必须建立全媒体的生产能力，形成全介质的传播能力和提高全方位的经营能力，向全媒体集团转型。[f] 南方都市报总编辑曹轲在集团新媒体聚合战略之下，搭建起南都全媒体运营架构，提出了完整的"南都报系全媒体集群构想"。[g] 解放日报报业集团社长尹明华提出在现有传媒体制之内以虚拟组织的方式进行全媒体流程再造，进而实现价值追求的全媒体运营思路。[h] 烟台日报传媒集团社长、总编辑郑强认为，新闻纸不是纯粹意义上的"纸"，而是一种显示终端和存储介质，就像电脑、显示器、手机、手持阅读器等一样；报社不是"报纸社"，而是"报道社"，其核心业务不应该是报纸而是报道，是内容；报业不是报纸产业而是内容产业。报社应从报纸生产者向内容供应商转变。[i]

a. 新华社新闻研究所课题组刘光牛：《中国传媒全媒体发展研究报告》，《科技传播》2010 年第 4 期。
b. 罗鑫：《什么是"全媒体"》，《中国记者》2010 年第 3 期。
c. 同上。
d. 彭兰：《媒介融合方向下的四个关键变革》，《青年记者》2009 年第 2 期。
e. 吴恒权：《报网融合：既是现在，也是未来》，《新闻战线》2010 年第 8 期。
f. 周燕群、王武彬：《南方报业全媒体转型的思路与做法——专访南方报业传媒集团董事长杨兴锋》，《中国记者》2012 年第 3 期。
g. 曹轲、庄慎之、陈雨：《南都全媒体集群构想》，《南方传媒研究》2010 年第 23 辑。
h. 尹明华：《流程再造中的价值发现》，《传媒》2010 年第 8 期。
i. 马涛：《保持先行者的优势——专访烟台日报传媒集团社长、总编辑郑强》，《广告大观》(媒介版)2010 年第 6 期。

传播形态论是对全媒体最直观的理解，在业界尚未统一全媒体定义的情形下，学界大多倾向于把全媒体理解为一种新的传播形态；业务模式论聚焦于全媒体的新闻报道模式及融合新闻产品体系；而报纸业界的视角则更多地倾向于把全媒体作为一种融合的战略来理解。对于报业来说，全媒体在战略上虽有“全”的特色，但核心在于“媒体”——在“全”的方向下报业的媒体形态、角色转型与变革。由于全媒体实践思路尚不明朗，作为未来媒体的身份焦虑与想象就异常突出。

(二)关于全媒体概念理解的争论

1.学界的审视和质疑

对于报业一线布局全媒体的热情与积极，学术界的理解更多地呈现为表面化、简单化与质疑式的理论取向，特别是对报业在全媒体探索过程中求全求大的业务模式持质疑态度。“实际上，这股疯狂的‘全媒体’热，是中国传媒界面对新媒体带来的挑战压力与机遇诱惑陷入的一个集体迷思。”①而来自新媒体人士的观点则认为，“全媒体只是新媒体时代的传统媒体”，在结构上与新媒体存在本质差异。②

新华社新闻研究所中外媒体发展战略研究中心主任唐润华认为：

一个全媒体至少要具有以下三个形态：一是信息的呈现形态，就是说文字、照片、音频、视频、图表；二是信息的媒介形态，就是通常所说的载体和终端，比如报纸、杂志、电台、电视台、互联网、手机这样一些传播载体或者终端；三是信息的经营形态，也就是产品或者说业务的业态。这三方面齐全了，才能够叫做“全媒体”。③

暨南大学麦尚文认为：“传播形态对于受制于‘纸’的纸媒而言，曾经的荣光恰恰是今日创新的窠臼，这一固有局限意味着，报业对传播形态的追逐并非其全媒体的核心价值。”④换个角度理解，没有那种传媒形态可以叫“全媒体”，任何一种传媒都无法做到也没有必要穷尽所有的媒介形态，全媒体的核心在于“全”

① 唐润华、陈国权：《走出“全媒体”的集体迷思》，《新闻记者》2011年第4期。
② 谢文：《为什么中国没出Facebook》，凤凰出版社2011年版。
③ 唐润华、陈国权：《走出“全媒体”的集体迷思》，《新闻记者》2011年第4期。
④ 麦尚文：《全媒体融合模式研究》，中国人民大学出版社2012年版。

中聚“核”。“全媒体的含义不是拥有所有节点，而是可以增加无限多的节点”[①]，从业务模式层面来探讨全媒体，仅仅是新闻业务层面的“大报道体系”的构想，并非报业全媒体破局之道的根本；新闻业界主要是将全媒体作为报业的变革方向与共识来解读。

2. 来自报业的认同

最早提出全媒体布局战略的地市报人——烟台日报报业集团董事长、党委书记郑强认为，以全媒体的视角重新审视传统报业，新闻纸、报社、报业等等都会有新的内涵：“第一，新闻纸不是纯粹意义上的‘纸’，而是一种显示终端和存储介质，就像电脑、显示器、手机、手持阅读器等；第二，报社不是‘报纸社’，而是‘报道社’，其核心业务不应该是报纸而是报道，是内容；第三，报业不是报纸产业而是内容产业。”[②]

报纸业界对全媒体持有较高的价值认同，视全媒体为未来战略转型与发展路径的一种必然选择，将其置于融合语境中审视，因此超越了开始阶段作为传播形态的理解，迅即转入一种发展模式的探索。报纸业界对全媒体的认知与实践，基于媒介融合催生的压力机制而带有丰富的实用理性色彩，同时在转型探索上呈现出较明显的急迫性。郭全中认为，“由于观念、旧有利益格局等因素的影响，导致当前全媒体战略大多流于形式，成效不大”[③]，“全媒体战略的本质在于发挥规模经济效应和范围经济效应”[④]，要立足于打破当前传统媒体发展的行业化分割和区域化分割等制约因素。

3. 新媒体业界的偏见

新媒体业界倾向于把全媒体视为传统模式的一种“改良”。雅虎中文前总裁谢文认为：

> 全媒体是改良，新媒体是革命。新媒体与全媒体结构差别乍看上去，全媒体和新媒体的差别不大，以目前互联网发展的水平看该有的都有了。但认真分析，二者本质上的差别极大。新媒体是以互联网为

---

① 支庭荣：《网络聚合、社区互动与增值运营——论“全媒体”背景下的赢利模式创新》，《新闻与写作》2009 年第 11 期。

② 郑强：《从传统报业到全媒体的探索之路》，《传媒》2008 年第 10 期。

③ 郭全中：《传统媒体实施全媒体战略面临的主要困难与对策》，http://media.people.com.cn/GB/22100/120097/120099/13045030.html

④ 同上。

核心，以包容、吸收、削弱、肢解乃至取代传统媒体为己任，以无中心的人与人互动为本质的创新；全媒体是以传统媒体（无论是纸媒、电视或手机）为核心，以新瓶装旧酒，与互联网并存共荣为己任，以中心化的单向广播为本质的守旧。说穿了，全媒体只是新媒体时代的传统媒体。①

二、报业全媒体布局的现实紧迫性

报业布局全媒体，可谓是不得不"转"之"型"。虽然无法绝对地认为报纸只有依靠全媒体才能够实现自我救赎，但是也不能否认以"全媒体"为典型特征的媒介融合是大势所趋，是主观发展与外部环境的双重要求。报业之所以选择全媒体道路，有其现实紧迫性。

（一）行业困境：市场收缩，广告与发行发展趋缓

从报纸行业的内部发展需求来看，整体趋缓的状态使其无法再依靠传统的内容传播方式来吸引受众，也无法再依靠传统的广告和发行模式来支撑自身，只有拓展其他的渠道来获得增长空间。在这样的生存与发展要求之下，多元产业经营和全媒体布局便有了可能性和必要性。

根据《2011年度全国报纸印量调查统计》，从2008年开始，中国报业市场出现了负增长，②报纸的发行收入近年来增长额度也较小。而在广告经营方面，根据工商行政管理总局发布的数据来看，报业市场份额连年下降，报业广告经营额占整体广告经营额的比重在1985年达到最高点（36.36%）之后，逐步下降为2011年的15.02%。根据央视CTR在60个大中城市的监测数据，35岁以下报纸读者的比例自2005年的47.6%下降到了2011年的31.3%，2011—2012年间报纸读者流失了350万，几乎相当于一份发行量最大的报纸停印。③ 总的来说，发行量下降、读者流失、广告收入锐减等问题已经成为中国报业的固有问题（见表4—4）。

---

① 谢文：《为什么中国没出Facebook》，凤凰出版社2011年版。

② 中国报业协会印刷工作委员会：《2011年度全国报纸印量调查统计报告》，《印刷杂志》2012年第6期。

③ 《报媒衰落：是退？是转？》http://www.ynhouse.com/client_info/view—f4b7676c3cfb3aa2013cfb906ac113fd.html

表 4—4　1981—2011 年国内广告经营额、报业广告经营额　　（单位：亿元）

年份	广告经营总额	报业广告经营额	比重(%)	年份	广告经营总额	报业广告经营额	比重(%157)
1983	2.34	0.73	31.20	1998	537.83	104.35	19.40
1984	3.42	1.19	34.80	1999	622.05	112.33	18.06
1985	6.05	2.20	36.36	2000	712.66	127.76	17.93
1986	8.45	2.56	30.30	2001	794.89	157.70	19.84
1987	11.12	3.55	31.92	2002	903.15	188.48	20.87
1988	14.93	5.34	35.77	2003	1078.70	243.00	22.53
1989	20.00	6.29	31.45	2004	1264.60	231.00	18.27
1990	25.02	6.77	27.06	2005	1416.30	256.00	18.08
1991	35.09	9.62	27.42	2006	1573.00	313.00	19.90
1992	67.87	16.18	23.84	2007	1741.00	322.00	18.50
1993	134.09	37.71	28.12	2008	1899.60	343.00	18.06
1994	200.26	50.54	25.24	2009	2041.03	370.46	18.15
1995	273.27	64.68	23.67	2010	2340.51	381.51	16.30
1996	366.64	77.69	21.19	2011	3125.55	469.45	15.02
1997	461.96	96.83	20.96				

数据来源：根据国家统计局和国家工商总局网站相关资料整理。

与此相对的是，电视媒体虽然在近年来增长速率放缓，但仍然坐在我国媒体的头把交椅上；而网络媒体和新媒体的发展无论是在用户吸引力还是在广告主认可上都获得了迅速的成长；此外，随着三网融合政策的出台和各方力量的努力，我国的有线、无线形式的新兴媒体也获得了极大的生存空间（见表 4—5）。

表 4—5　2012 年第一季度部分新媒体广告收入情况

新媒体公司	2012 年第三季度	较 2011 年第二季度增长	较 2012 年第二季度增长
百度	62.46 亿元	49.6%	14.6%
腾讯	10.20 亿元	69.0%	15.4%
新浪	7.50 亿元	19.0%	17.0%
搜狐	7.04 亿元	19.0%	15.0%

资料来源：根据上市公司财报资料整理。

(二)竞争压力:新媒体冲击不断,双改要求紧迫

一方面,报纸媒体的转型因为内部发展的需求所驱动,也被印证为可行;另一方面,国家媒体的不断扩容以及相互之间的融合可以使整体的媒体市场布局和结构更加完善,所以国家政策层面会鼓励媒体融合的发展,我国也不例外。如今,在政策的要求之下,报纸媒体的改革力度之大、要求之高都到了容不得半分犹疑之境,报纸转型迫在眉睫。

截至 2012 年 11 月,我国 3388 种非时政类报刊已有 3271 种完成转企改制,占总数的 96.5%。[①] 下一步将重点推进不具有独立法人资格的报刊编辑部体制改革。曾被誉为"媒体中的媒体,新闻中的新闻"的中央级媒体《中华新闻报》的倒下已经为所有报纸媒体敲响了警钟;随后,柳斌杰明确指出,"对那些宗旨不明、读者不认、效益较差、资不抵债、发展难以为继的报纸,要下决心注销停办;对那些不符合年度核验条件的,要予以注销退出;对那些有严重违法违规行为的,要坚决予以吊销"。转企改制和报纸退出机制诚如两块大石压在那些发展势头一日不如一日的报纸媒体的心头。

另一方面,新媒体的现状与优势也向报纸媒体提出了挑战。据中国互联网络信息中心(CNNIC)的最新数据:截至 2012 年 12 月底,我国网民规模达 5.64 亿,全年新增网民 5090 万人;互联网普及率 42.1%,较 2011 年底提升 3.8 个百分点;手机网民规模 4.2 亿,较上年底增加约 6440 万人;网民中使用手机上网的用户占比由上年底的 69.3%提升至 74.5%。其实只要稍微留意一下身边的人,尤其是年轻人获取信息的方式也能得出这样的结论:越来越多的人通过网络、手机、iPad 等获得信息。[②]

与新媒体公司的收入相比,2008 年新浪的广告收入已达 25850 万美元,约为人民币 17.5 亿元,逼近全国广告额最大的《广州日报》(2008 年广告按刊例价计算为 22.06 亿元),成为新媒体发展的里程碑。互联网广告收入超过报纸指日可待。

新媒体的利润总额和利润率远远高于报纸。根据新闻出版总署的统计资料,2011 年全国报纸利润总额为 98.61 亿元,而腾讯 2011 年的利润总额为

---

① 《全国 3271 种非时政类报刊完成转企改制,占总数 96.5%》,《新京报》,http://news.jxgdw.com/cm/1920178.html

② 《报纸的黄昏:数字技术驱动下的大势所趋》,http://www.ynhouse.com/client_info/view-f4b7676c3 cf5d1de013cf68393863198-1.html

102.248 亿元，腾讯一家的净利润已经超过整个中国报业的净利润。百度 2011 年的净利润也高达 66.4 亿元。

新媒体的不断冲击，新媒体对市场的不断争夺以及政策上对于报纸行业的改革要求，都使得报纸媒体的生存环境日趋严苛。

(三)国外报业同行现实惨境

在世界范围内，在数字媒体高歌猛进的同时，有着 400 多年历史的传统报纸不断在上演挣扎、转型乃至不得不告别纸质出版、拥抱新媒体的一幕幕悲喜剧。

2008—2009 年的经济危机使众多报业集团真切感受了撼动的彻骨之冷。自"二战"后，报纸先后经历了 1991 年、2001 年、2008—2009 年三次大衰退，但在 2008—2009 年的大衰退中，报纸的广告收入下跌更多。2009 年 3 月 16 日，美国《西雅图邮报》弃纸媒仅留电子版。[①] 此前，美国已有四家报业集团提出了破产保护申请，其中包括《洛杉矶时报》《芝加哥论坛报》《费城问讯报》的东家。2009 年 7 月 23 日，《安阿伯新闻报》在出版了最后一期以后，结束了该报 174 年发行印刷版报纸的历史，转报为网。[②] 日本也正面临杂志销售额大幅下降的局面，到 2009 年 10 月底，销售额只有 16196 亿日元，同比下降 4%。俄罗斯报刊业损失惨重，2009 年，由于金融危机，俄罗斯 20%的期刊停止发行，一些刊物也减少了发行量和出版周期，很多刊物转为电子期刊。

令人沮丧的是，直到 2012 年，美欧报业总体上仍无起色，西方的媒体同行们还在晦暗不明的处境中艰难地探索。美国报业的总体广告收入连年下跌，2011 年纸媒广告收入总额只有 207 亿美元，略高于 1951 年的 195 亿，即倒退到了 60 年前的水平。与此同时，从传媒转型的标志看，一些重要指标已达到临界点：据国外知名市场研究机构 eMarketer 的预测，2012 年美国网络广告额将第一次超过纸媒广告；在 iPad 上市不到两年的短暂时间内，美国的 iPad 等数字终端用户在成年人中已占 29%，iPhone 等智能手机用户已达到 48%。而在平板电脑和智能手机上使用的媒体应用程序(APP)等数字产品，在形态和质量上大步跃进，创造的多媒体用户体验远胜于纸媒。

---

① 《〈西雅图邮报〉脱离纸媒只保留电子版》，http://news.xinhuanet.com/photo/2009—03/17/content_11024787.htm

② 《〈安阿伯新闻报〉将于 7 月停发纸质报纸》，http://www.cc4cc.com/frontpage/Newnews/newshtml/53D0FDA3E2C58954D6C45046

2012 年 10 月，美国三大新闻杂志之一的《新闻周刊》宣布自 2013 年起停止出版纸质版，将主要力量投向与 The Daily Beast 新闻网站的深度整合，在网上发行数字版。德国是欧洲最大的媒体生产国，长期以来面对数字化冲击表现出了较强的免疫力，但 2012 年末仍有多家大报接连倒闭。2012 年 9 月下旬，德国发行了 93 年的《纽伦堡晚报》宣布停刊；10 月，《法兰克福评论报》宣布申请破产，11 月，《德国金融时报》宣布即将停刊，被业界认为是战后德国纸媒出现的最大倒闭潮①。2012 年 12 月，默多克新闻集团旗下的首份 iPad 付费报纸 *The Daily* 也宣告于月内停刊，令一场纸媒向新媒介终端延伸的尝试无疾而终。此时距离 *The Daily* 发布还不到两年时间，而这些仅仅是全球范围内传统报纸媒体衰落的一个缩影。

三、全媒体战略的形成历程

传播技术的变革、市场日益激烈的竞争已然将我国报业推到了变革转型的风口浪尖，不变就有被抛弃的危险。在技术进步与市场竞争的双重压力下，报媒机构纷纷大步开拓新闻传播新业态，向全媒体迈进已成为传媒业的潮流。

（一）技术服务商的早期启蒙

2005 年媒介融合进入国内传媒业的视野之后，“全媒体”在报业技术应用层面作为一种新的应用方案被提出。2006 年，北大方正电子有限公司从技术提供商的角度率先为报业面对新媒体挑战支招，提出了实现报业全媒体技术布局与数字报业的战略规划。② 此后，该公司相继推出“全媒体报业技术规划”“数字报纸的解决方案”“全媒体资源库解决方案”。这是国内较早的基于报业技术变革而提出的全媒体理念，但它的创意并非来源于报业传媒内部，而是来自技术提供商对传媒变革趋势的预知和判断。在技术应用上，“全媒体”这一概念在通信技术领域也多次被提及，比如包含各种媒介形式和渠道的“全媒体通信”，③在商

---

① 《国外数家媒体频破产 引发转型警示》，http://finance.qq.com/a/20121205/004182.htm

② 特约记者：《引领报业走进“全媒体”时代——访北京北大方正电子有限公司总裁刘晓昆》，《中国传媒科技》2006 年第 10 期。

③ 2007 年 11 月 12 日《投资中国项目精选》上的一篇《Xtel 统一通信平台项目招商》文中提道：“Xtel 统一通信平台具有以下功能：全媒体通信，支持音频、视频、即时消息、手机短信、应用共享等各种媒体形式”。文中的“全媒体通信”包括了当今的各种媒介形态。这种对“全媒体”认识上的进步与信息技术和通讯技术的发展是分不开的。

业模式上实现全面覆盖的全业务运作、全业态模式。通信领域的技术特点与业务模式与报业全媒体对传播形态、渠道拓展和生产流程的创新设想有着诸多相通之处。可以说，全媒体在技术层面萌芽于全业态、全渠道通信技术的突破性构想，然后由技术供应商与应用软件开发商将其运用于传媒业改革上。2010年，方正公司进一步调整全媒体融合的解决方案，为报业提出了四套全媒体改革应用系统。

全媒体萌发于对技术较为敏感的技术供应商和通信运营商，由此衍生出的报业全媒体技术规划拓宽了报业对新媒体的理解与表达，此时的报业正处于一种焦虑状态。在 2005 年前后的寒冬论争辩中，报业自身的局限与发展模式的弊端显露无遗，此时，媒介融合理念开始引入中国并成为趋势，报业虽然希望主动应变但又苦于无门，难以找到融合的明确方向。“全业态、全覆盖”“一次生产，多渠道发布”的全媒体业务理念经过技术供应商引入后，正好契合了报业对高层次规模化生产与范围经济生产方式的追求，突破了原先单一传媒形态与业务模式的局限，随即获得报业的积极呼应。报业由此还可以从新旧媒体身份争论的恐慌中逃离，转向从一到多再到全媒体形态传播能力的建设。

(二)部分报业媒体的探索积累

《杭州日报》是较早进行相关尝试的媒体，2006 年 9 月，《杭州日报》和杭州网联手打造的报网互动版“报网 e 动——热帖大家顶”正式推出。2008 年清明节前夕，《杭州日报》和杭州网双方联合推出滚动新闻，它克服了报纸的出版时限，将刚发生的新闻事件通过杭州网在第一时间发布给读者，并不断跟踪新闻事件的进度，把后续过程第一时间呈现在读者面前。“滚动”体现在两个方面：一个是时间上，新闻不断滚动跟进；另一个是《杭州日报》和杭州网之间的跨媒体“滚动”交流。此后，《杭州日报》组建跨媒体的滚动新闻中心，由纸媒和网媒共同经营而不是分头作战、后期拼合；滚动新闻中心记者都同时具备文字、摄影、视频、主持等三栖甚至四栖的综合能力。①

2007 年 6 月，《广州日报》滚动新闻部成立，成为《广州日报》印刷版和《广州日报》新媒体(包括互联网、手机和视频在内)的跨媒体平台，负责报纸、手机和网 站三个部门的联动发稿。滚动新闻部隶属于广州日报报业集团新媒体事业

---

① 张百新、顾立林：《技术、转型、前景：数字时代媒体变局的关键词》，《全媒体时代与传媒战略转型：2009 年新华社新闻学术年会论文选》，新华出版社 2010 年版。

部，共有 9 人，主要职责是与报纸采编部门进行日常沟通，有新闻发生时可在集团新媒体平台上滚动报道。滚动新闻部的员工平时的大部分工作就是向报社的采编记者要稿子，催促他们将刚刚写好并未见报的稿件发到滚动新闻部记者的手中，这些新闻经过简单的编辑就成为手机和网站上即时滚动的新闻。滚动新闻部应该是最早的全媒体平台的雏形。①

(三)示范媒体单位搭建全媒体平台

2007 年，国家新闻出版总署启动了全媒体数字采编发布系统工程建设，确定了南方报业传媒集团、中国安全生产报、烟台日报传媒集团等组织进行数字复合出版的研发和试点。按照这一部署，2007 年 10 月 29 日，烟台日报传媒集团成立“1029 项目组”，启动“全媒体数字采编发布系统”的研发，通过优化原有的产品生产流程，推动集团从报纸生产商向内容供应商转型。2008 年 3 月，该集团组建全媒体新闻中心，并于当年 7 月 1 日正式上线使用。为适应转型的需要，烟台日报传媒集团的产业架构也做了相应调整，初步形成了包括纸质报、手机报、多媒体数字报、电子纸移动报、户外视屏等比较完备的全媒体产品方阵。2008 年 7 月，该集团全媒体采编系统正式运营，报业集团下属各媒体发稿取消“日报记者”“晚报记者”等称谓，一律称为“YMG”记者（YMG 为烟台日报传媒集团的英文缩写）。YMG 记者不再局限于向哪家媒体供稿，而是由集团统一调配。YMG 记者的稿件也向多个全媒体终端发布——纸质报、手机报、多媒体数字报、电子移动报、户外视屏等。②

继烟台日报传媒集团之后，全国很多报业集团也开发了这种全媒体复合出版平台，如解放日报报业集团、浙江日报报业集团、宁波日报报业集团、北京日报报业集团、南方日报传媒集团等。

(四)报业开始集体全媒体转型

在平面媒体领域积极利用互联网技术、发展互联网媒体的同时，不少报纸开始进入全媒体布局。它们一方面在平面和出版领域继续深耕，并将此作为基础媒体业务；另一方面则进入其他的媒体渠道，通常来说互联网媒体和电子刊、手机报

---

① 程征：《广州日报滚动新闻部的运作机制》，《中国记者》2009 年第 8 期。

② 新华社新闻研究所编：《全媒体时代与传媒战略转型》，《全媒体时代与传媒战略转型：2009 年新华社新闻学术年会论文选》新华出版社 2010 年版。

是较易进入的衍生媒体业务，其他形式的媒体业务则为拓展性媒体业务。

现在我国报纸媒体的全媒体布局包括影视制作、广播电视、数字出版、移动媒体、互联网媒体以及户外媒体等多种媒体领域，正朝着全方位、多渠道的媒体布局方向发展。在这种全媒体的发展定位中，报纸媒体将“报业”作为“报道业”，强调内容和信息服务的重要性，为自身的内容和经营探索出更多的出口与渠道。

2008 年 6 月，广电总局网站公布了视频牌照大名单，新华社以及 22 家报社、3 家杂志社获得了 27 张“牌照”，其中包括各地报纸和报业集团。这意味着报社的网站将获得从事视频服务的资质。在政府令的指导下，各大报业集团逐步从网络、手机报向多媒体、电子商务的方向推进，形成了多头并举的数字化发展格局。[①]

从转型角色来看，大报小报、中央与地方，全都加入了这一全媒体的转型浪潮之中(见表 4—6)。《人民日报》除了主管及主办的 16 种报纸之外，还以人民网作为实际操作者拓展至网络、手机和视频等多种领域。地方报纸中，杭州日报报业集团、烟台日报传媒集团和宁波日报报业集团都是在全媒体发展中具有很强代表性的先行者。其中，杭州日报报业集团在强调创新报纸产业，将

表 4—6　报业全媒体布局各个媒体形态

	报纸	期刊	出版	网站	电子刊	手机	多媒体报	广电	电影	电子商务	网络视频
人民日报	11	5	√	√	√	√					√
南方报业传媒集团	11	8	√	√	√	√		√			√
文汇新民联合报业集团	11		√	√	√	√					
羊城晚报报业集团	5	1	√	√	√	√				√	
宁波日报报业集团	8	2		√			√				
烟台日报传媒集团	9	2	√	√	√	√	√				√

① 冉华、张金海、程明、李小曼:《报业数字化生存与转型研究:基于产业发展的视角》,武汉大学出版社 2010 年版。

报纸业作为集团重要产业支柱和品牌资源的同时，积极与其他媒体合作实施跨媒体发展，构建大传媒产业。此外，杭州日报报业集团还与杭州市文广集团合作发展杭州网并进入数字电视产业；与淘宝网合作建立“19 楼”城市论坛；与华数互动电视合作研究电视机与互联网互联互通的全媒体；与中国移动手机阅读基地合作开展数字阅读内容业务；与 9.18 广播电台合作组建公司开展电台广告业务；与风景名胜区合作开发推出“西湖通”无线导游系统；开发户外媒体，建设阅读栏；与地铁集团合作开发地铁广告、地铁报纸零售系统等。

第三节　报业全媒体转型的战略实施

自 2008 年开始，国内报业在全媒体转型战略选择上达成了默契和共识，纷纷布局和行动。从数字报业到全媒体，报业对数字化转型的理解更加深刻，实践行动也更积极。带着对全媒体的美好期待，报业以全媒体为名义的实践，为未来的转型道路探明了方向，找到了问题，转型欠缺的关键因素也更加明晰。

一、报业将全媒体作为转型的阶段性发展模式

就报业的全媒体实施情况来看，全媒体可以理解为中国报业在新传播技术平台之上的内容生产、传播形态与运营全方位的发展模式。“全”即报业传媒对流程、渠道、产品及用户体验的一种完美构想，全媒体体现为全流程生产与协作、全介质呈现与传播、全方位经营与管理三方面的整体框架。

(一)全媒体体现了中国报业数字化转型中的身份构想和集体焦虑

从媒体组织的角度看，全媒体是中国报业在数字化转型过程中的一种身份想象与角色追求，在延续作为旧媒体的优质传统与借用新媒体的技术驱动之间寻求实现价值的路径。全媒体对于报业的核心意义最终不在于组织与形态的“全”，而在于媒体转型——从传统的突出纸张介质的纸质平面媒体向多介质甚至无限介质传播延伸的全媒体机构变革。因此可以说，全媒体是报业在新媒体竞争生态中的一种跨越式身份构想，由于现阶段受到传统新闻观念、体制机制、技术及人才等多方面因素限制，在实践上未有明显突破，但是它的提出恰恰体现出报业在新媒体冲击下面临转型困境的一种集体焦虑。

从另一方面来看,也有报业对自身传播手段缺乏自信而乱投医的成分,以为引入涵盖音频、视频、图片等五花八门的信息呈现方式即可获得用户的追捧。但是,“如果无法呈现对于用户而言最有价值的信息,无法和用户在互动过程中实现信息渠道精确化对接,无论使用多么全面的信息呈现方式,很可能都只会被当做一场感官娱乐的盛宴而已”①。

(二)全媒体是报业转型发展过程中承前启后的变革模式

作为中国报业技术变革历史上最为重大的一次转型,全媒体可以理解为中国在技术革命驱动下报业发展历史上承前启后的变革模式——摆脱作为传统媒体的单一模式,整合新媒体技术元素并进行全流程的结构重组,这种来自于身份的清晰认知体现出中国报业在数字技术变革影响下对于未来发展模式的一种集体共识。

二、报业全媒体布局的规律性特点

与以往报业的历次改革不同,报业全媒体转型的显著特征在于规模和结构上的“增量改革”模式。在技术以及市场的双重驱动下,报业的思维模式或者说观念理念,以及组织结构,即市场布局架构,都将发生深刻变革。

具体来说,国内报业在全媒体战略布局上的考量有以下几点:如何保持原有的优势以及原有报业结构的优势,包括内容流程与组织文化的存续和创新;如何使原有优势产生新价值,赋予传统报业拓展与扩散的空间;如何探索有竞争力的运营模式,充分考量本地市场的竞争格局特征,并据此建立具有相对优势的发展模式,尤其在商业模式上,全媒体战略需要有效的市场回应,这是全媒体化的必然要求。

根据报业全媒体布局实践的改革深度和执行力度,以及对报业原有结构的颠覆程度,虽然国内报业的全媒体布局呈现出复杂多变的模式选择,但是仍可以将不同模式归为以下三类布局方向②:

第一,“延伸改良主义”布局。即在原有报业框架之内进行延伸,在不改变报业内容生产体制及组织特征总体面貌的前提下,发展报业网站或建设内容的

① 朱春阳:《中国报业的 2011—2012:寻找通往资本市场的快车道》,《中国报业》2012 年第 4 期。

② 麦尚文:《全媒体融合模式研究》,中国人民大学出版社 2012 年版,第 267—268 页。

价值链、价值终端，实际上是基于原有流程及内容体系的一种“局部创新”。出于传统的制约及市场风险考虑，国内大多数报业都选择此种布局方式。如广州日报报业集团的报网互动实践、浙江日报报业集团基于原有体系建立的七大报业平台、解放日报报业集团在流程改造中延伸的原有内容的传播终端等。

第二，“整体转换式”布局。在流程及内容结构上进行再造、重组，舍弃原有的报业体系，建立全新的全媒体结构体系，触及传媒体制深层的结构性改变，在运营理念上注入全媒体化思维。选择这种布局模式的报业相对较少，或者构想大胆但在实践上却举步维艰。烟台日报传媒集团、南方都市报社所进行的全媒体转型都是整体布局改革的大胆探索。

第三，“新媒体带动式”布局。以新媒体平台作为驱动变革的动力平台，带动庞大的、传统的报业体系的转变。这种布局类型有着非常清晰的新媒体战略，作为全媒体战略的先导部分，然后步步推进，渐进式改变新闻生产的结构，协助思维与观念在传统媒体与新媒体市场边界中探索“跨界”运作，从而进一步谋求深层次的结构变革。人民日报社通过人民网带动全媒体战略部署，宁波日报报业集团以宁波网驱动传统结构体系，杭州日报报业集团的“一报一网”战略模式以及四川日报报业集团成立全媒体中心，以网络媒体（四川在线等）为核心搭建起三大平台等，都是以新媒体作为破局点的探索模式。

三、报业全媒体战略实施要点

报业实施全媒体转型的要点有三个：在战略观念上，从传统以纸为核心到跨界融合；在转型理念上，从“报网互动”到“报网合一”；从流程上，内容生产及管理重构。

（一）战略观念：从以纸为核心到跨界融合

全媒体体现了我国报业战略构想的一次重大观念转变。近20年来报业改革进程中的中国报业曾经阶段性地提出过多种发展战略的转型，从20世纪90年代中后期以“裂变”（创办晚报、都市报竞争区域市场）为主题的“党报市场化战略”，到2000年后以“整合”（政策性驱动、在规模上做大）为特征的“报业集团化战略”，再到2005年前后的“多城”战略，即在中心城市与二三线城市逐鹿的“跨区域拓展战略”。这些阶段性战略路径选择了一个共同着力点，即以“纸”介质为核心,探索传统新闻业的战略变革思维。这是一个注重规模量变的报纸业生产时期。

与这一报纸业时期不同,2005 年以后,报业的新媒体(主要是报业网站)在经过此前约五年时间的培育后逐渐成长为主流新闻媒体,并在传媒结构以及思维上改变了报业传媒的战略方向。这一时期,以"互动"为特征的"报网互动战略"形成了多种实践模式[①],而以"跨界"为理念的"跨媒体集团运营战略"在实践上首次突破体制边界。[②] 此后,报业从谨慎的"跨界"运作到探索性的"多介质传播""多媒体报道"实践,在战略观念上,纸媒观融入了多媒体观、新媒体观,在报业新闻网站获得内容原创资质,特别是视听节目播报执照后[③],报业传媒的全媒体战略最终清晰地呈现出它们的框架。从传统新闻业的单一媒介思维模式中走来,全媒体战略构想预示着传统报人在观念与视野上的重大转换,而报业也逐渐进入结构性融合发展的质变时期。

在技术变革带来的新媒体生态面前,传统报业面临着巨大挑战[④],因而迫切需要在战略思维方式上进行范式转换。有学者由此把全媒体理解为一种创新思维,其中"蕴涵了众多个体的有价值的经营新思维",全媒体"可以定义为建立在数字化和网络技术不断完善、用户群体高度互动和各类终端功能协同基础之上的传媒组织的持续经营创新。这种创新是广义的、开放式的、无止境的"[⑤]。全媒体融合在战略观念上呈现出与传统新闻业完全不同的视野,其中的战略新思维主要包括:从注重原创的"内容为王"转向用户导向的"产品为王",从依赖

① 蔡雯在《试论报网互动的基本模式》(《现代传播》2007 年第 5 期)中较早较全面地总结分析了报网互动的运作模式。

② 例如为广电传播机构进行跨媒体运作树立了典范的上海文广新闻传媒集团,作为市场化导向下的跨媒体融合教学示范的牡丹江新闻传媒集团,同级日报集团与广播电视机构合并重组的成都传媒集团、佛山传媒集团等。相关研究文章参见周志懿、杨春兰:《起航——来自中国传媒集团一线跨媒体改革的调研报告》,《传媒》2007 年第 11 期;支庭荣:《我国报纸、广播、电视跨媒体集团的政治经济学分析》,《国际新闻界》2009 年第 6 期;宋建武:《跨界求生机——对我国媒体集团"跨界"发展实践的思考》,《新闻与写作》2009 年第 9 期。

③ 除中央重点新闻网站人民网、新华网、央视网之外,地方重点新闻网站如宁波网、大众网、奥一网等报业新闻网站获得信息内容原创与视听节目许可证,成为报业转型全媒体的"加速器"。

④ 李希光:《传统新闻界面临的十大挑战及对策分析》,《媒介融合背景下的新闻报道》,浙江大学出版社 2010 年版,第 3 页。

⑤ 支庭荣:《网络聚合、社区互动与增值运营——论"全媒体"背景下的赢利模式创新》,《新闻与写作》2009 年第 11 期。

增量改革的规模经济转向追求集约聚合化生产的范围经济方式转变①，从单一介质的内部编辑部生产模式向社会化生产模式转变。在战略考量上，报业传媒在制定新媒体战略与全媒体战略的过程中，产品意识、用户观念、跨界聚合理念及社会化生产协作思维共同构成融合新闻的思维场。报业对这一融合思维的不同考量与实践最终呈现为个性化的全媒体集团的融合路径。

以南方报业传媒集团为例，其集团战略最早从党报的市场化战略实践发端，《南方日报》的先后八次改版正是“党报再造工程”中“走市场”思维驱动的结果。南方报业传媒集团随后推出“裂变战略”——“多品牌滚动发展战略”，集团内部得以孵化出多个报系（如 21 世纪报系、南都报系、南方周末报系等），由此形成了中国报业结构最完整、综合运营能力最强的集团，这一时期的运作初步反映出范围经济的思维方式。随着对纸媒转型与融合的实践与思考的深入，报系的裂变战略转型为现阶段的聚合战略，在这一战略思维的牵引下，该集团提出了建设“全媒体的生产能力、全介质的传播能力和全方位的经营能力”的全媒体集团战略②，并形成了集团 11 报 8 刊 4 网 1 出版社的全媒体集群架构。③ 南方报业集团的全媒体战略思维个性在整体框架思路上体现为报网关系演进的“四步融合法”④。在微观实践层面，南都报系以“南都，无处不在”为口号，探索全媒体集群构想，以市场空间的发现来驱动内部资源整合与媒介融合的“包围倒推式”融合路径⑤。南方报业传媒集团的全媒体战略可以视作我国报业融合战略思维的个性典范（见表 4—7）。

---

① “范围经济”最早由美国经济学家潘扎尔和威利格提出，指单个企业组合生产两种或两种以上产品的生产成本低于这些产品分别由多个企业生产的成本总和的现象。其实质是通过发挥资源的协同效应降低运营成本，从而全方位地挖掘价值。相关研究参见何卫国：《规模经济与范围经济的适用性》，《经济问题》2005 年第 4 期；喻国明：《从规模经济到范围经济——现阶段传媒竞争战略的新趋势》，《当代传播》2007 年第 6 期；蔡立、范以锦：《范围经济视角下的全媒体运营及思考》，《中国报业》2010 年第 6 期。

② 杨兴锋：《从南方报业看传媒集团战略转型的方向与路径》，《中国记者》2010 年第 1 期。

③ 曹斯：《南方报业入主凯迪网络》，《南方日报》2010 年 5 月 28 日。

④ 南方报业传媒集团董事长、社长杨兴锋指出南方报业建设全媒体集团的四步法：“第一步是每一家报纸都有自己的相关网站，实现报网互动，推出滚动新闻等；第二步是整合网络平台；第三步是用公司制办法运作新媒体；第四步是媒体融合，就是将新闻信息发到统一的编辑平台，加工以后，选择适合的、不同的平台发布和传播。”

⑤ 南方报业传媒集团社委、《南方都市报》总编辑曹柯这样形容南都的融合思维：“不能关起门来做内部的资源整合，一定要先找市场，找到市场空间，再倒推过来做内部整合。”

表 4—7　报纸网站的典型发展模式

模式定位	网站代表	运作特点
大型新闻门户网站定位	人民网、南方网、宁波网等	在身份上突出主流媒体属性，有庞大的报业集团资源支撑，原创内容能力较强
全媒体主平台模式	南都奥一网、解放牛网	全媒体战略布局的主要业务平台；综合性运营；“内容＋互动＋商务”产业链增值
城市生活服务类资讯网站模式	青岛新闻网、大粤网、大洋网、19 楼	城市的综合服务门户网站；本地化的服务；资讯服务与区域商务平台组合
政治经济网站模式	南网（南方报网）	基于党报的品牌及内容优势；专注网络问政；“网民问政、公民参政”

（二）转型理念：从报网互动到报网合一

在报业全媒体的框架内，报业网站作为新闻门户的主流媒体地位得到认可，这一新闻门户角色开始呈现多元化的样态——报业全媒体的信息平台、用户的个人门户、报业社交媒体等等。经过报业媒体的实践探索，报网从原来的“两张皮”、报网双主体的理念冲撞转移向报网合一的实践，报网从互动发展为合一，再造报网融合。

对网络媒体的整合与建设往往是全媒体布局最关键的环节，这也是国内报业要破解的核心命题。以南方报业传媒集团的网络运营为例，集团在原有的“一报一网”的基本格局之上，先后整合并购了南方网、南都网、奥一网、凯迪网，四网最终聚合在“奥一全媒体”名下。在网站建设上，报网互动实践基本是以奥一网、南都网为探索平台，“网络问政平台”等互动生产品牌更是形成了特色鲜明的“广东经验”[①]。2010 年 11 月，奥一网获得国字号视听节目许可证，成为具有多种媒体形态内容原创资质的综合性新闻网站。在突破网站生产资质建设的瓶颈后，集团全媒体框架初步搭建起互联网核心平台，为深层次的融合奠定了基础。

以 2010 年初人民日报社借助自身平台人民网进行数字改版收费为标志性事件，报业开始对内容“自己定价”，显示出报业在新媒体竞争中对自身价值的自信。在具体实践中，《人民日报》与人民网、《南方都市报》与奥一网、《烟台日报》与水母网等原有的报网分离且不对等的关系开始呈现出深层协作的融合关系。

---

① 针对奥一网的报网互动“网络问政平台”实践，新华社 2009 年 11 月 18 日播发了长篇通讯《解读网络问政的“广东经验”》，《人民日报》2010 年 4 月 21 日亦刊登了整版报道《网络问政的“广东样本”》。

在2010年上海世博会与广州亚运会两个重大事件的全媒体报道竞争中，国内报业第一次全面呈现出全媒体实践的群体景观，报业全媒体先行者们纷纷借机检阅自己报网融合的实践能力。以南方报业传媒集团的亚运会报道为例，共有100名注册记者在“全媒体采访”“大编辑部制”的全新机制下从事全介质报道，南方报业转身成为一个“无处不在”的信息制造商和观点整合商。

人民日报原总编辑吴恒权在谈到报网融合时认为，报网融合，就是《人民日报》和人民网逐渐形成“你中有我，我中有你”的过程。这意味着要打造一条全媒体新闻生产链，通过这个链条，向新闻生产的上游追溯，向新闻反馈的下游延伸。在这个过程中，《人民日报》原先纸质印刷的单一新闻产品已经改变模样，正以丰富多彩、立体全面的形象呈现给受众。

对于新兴媒体的发展，对于报网融合的趋势，人民日报社领导集体一直有着清醒的判断。吴恒权认为：“报网融合的过程，既是一个盘活《人民日报》新闻存量资源的过程，更是一个激发《人民日报》和人民网增量资源的过程。我们正在经历一场由‘物理变化’向更深层面的‘化学变化’发展的过程。”

以2010年全媒体转型实践为起点，报网关系从原先作为探索尝试、战略选择，变身为报业转型中的关键纽带之一。随着报网真正实现合一、融合，“报网还将进一步融合为一个功能相辅、价值相补的新系统”①。此时，报网互动成了报业传媒的内部问题，摆脱了传统门户网站的抗争关系。②

报网互动，从各取所需的互补互动到整体融合的协作生产，推动着报业生产流程与内容体系的变革与完善。以2012年8月南方报网的改版为例，南方报网作为南方报业传媒集团的网站，一直以数字报纸为主，2012年，南方报业传媒集团将南方报网改版成“南网”，着重发展网络问政、即时新闻和法人微博：从成立负责采集各类信息的全媒体突击队，到组建制作包括广电节目（含适合网络播出的视频、音频）在内的各类内容的全媒体采编虚拟团队；从将要闻编辑部和新媒体部整合为全媒体编辑部，到推动流程重组和采编部门共建频道，南方报业传媒集团的探索开始摆脱“报网互动”的旧思维，升级到“报网融合”的新境界。③

---

① 蔡雯、陈卓：《试论报网互动的基本模式》，《现代传播》2007年第5期。

② 胡年费、麦尚文、汤凯锋：《报网十年恩怨，谁能笑傲江湖》，《南方日报》2010年1月13日。

③ 张东明：《从报网互动到报网融合——从〈南方日报〉第九次改版看全媒体转型探索之路》，《中国记者》2012年第12期。

(三)流程再造:内容生产体系及管理方式重构

数字技术使得内容本身发生了以下变化:(1)从有限到海量,报业全媒体转型为报业带来了多种媒介传播渠道,与之对应的大内容不仅包括了报社自身积累的内容资源,还包括了更多的社会内容资源;(2)从封闭割裂到跨界合作,传统媒体不再单纯从事低端的原始信息生产,新媒体也不再单纯依赖传统媒体提供内容资源,新老媒体通过跨界合作共同进行内容生产,再借助广泛的渠道实现内容产品的多平台、多形式传播,实现规模化效益;(3)从单项传播到双向互动,传统报纸的内容只能"看",用户只有被动地接收内容,既不能点播内容又不能对内容进行及时反馈,难以就内容形式互动,报业全媒体则打破内容不能互动的限制,使其具有像互联网一样的互动性。

在全媒体的架构之下,报纸媒体以往传统的单一、单向、封闭的内容结构已经不能适应市场发展的需要,内容的生产、制作、分发、交易、管理等环节都需要在开放、合作、融合的原则下重新架构。①

于是,全新的内容流程再造便成为报纸媒体向全媒体转型的重点。一方面是内容生产模式的改造,由原来的单一图文形式转为图文和音视频相结合的多样化信息内容生产。二是媒体内部信息资料的存取方式改造,可存可取和多角度利用的"平台"概念在越来越多的报纸媒体中得到认可,并且发挥着积极的作用。三是对信息和资料管理方式的改变,信息再加工和二次利用的产品库开始形成。通过这三个方面的改造,内容流程更加适应全媒体时代的内容产品需求,也能够更好地满足多种渠道的媒体所需。

内容平台成为全媒体框架内新的内容组织方式。南方报业传媒集团就将"全媒体一体化平台"定为集团重点工程,全力研发适合新型数字传媒集团需求和全媒体出版需求、面向聚合战略的全媒体数字出版系统,以实现新闻信息的统一采集、加工、编辑,实现内容的跨媒体综合排版、多人合作编排,实现内容的一次生成、多次发布,多媒介、跨媒体同步发行出版,实现内容产品的统一管理运营。解放日报报业集团社长尹明华认为:"不同的内容能够装载在不同的渠道中,但不是所有的渠道都可以装载所有的内容,而是要由内容的种类和性质来决定。全媒体传播从表面上看是对渠道的要求,事实上反过来也是对内容的

---

① 马涛:《大网之下的大内容猜想》,《广告大观》(媒介版)2011年第6期。

要求。”[①]在国内报业全媒体的内容生产方式中，多层开发的观念逐渐形成，这在烟台日报传媒集团、解放日报报业集团的全媒体实践模式中均可以看到。

在全媒体模式下，纸媒内容的优势如何延伸到网络媒体、移动终端等平台上？这个问题一开始就受到了报人的重视。内容的价值需要重新挖掘、发现，于是才有了“付费墙”模式在美国各大报社网站的成效。而国内报业对于内容价值的发掘，除了基于数据库的“舆情监测”产品外，暂无更好的实践探索，亟待突破。

第四节　报业全媒体布局的五大模式

以报网互动的实践作为报业全媒体转型的原始积累，国内大多数报业都在构想从报网的单一关系转向全媒体化的发展路径，部分报业领先者甚至在全媒体布局上搭建了相对完整的实践框架。这种探索于2006年作为新概念提出，并在2008年第一批“国家级数字报业实验技术”中初步得到实践。截至2012年9月，全国已有十多家报业机构在全媒体战略布局上逐渐成形[②]，但总体上仍处于“大胆构想、小心探索、谨慎投入”的实验与观望阶段。

全媒体作为报业在数字技术深度变革下的一种阶段性战略抉择，由于内容、影响力、资金、技术等因素，导致各自的“起点”不尽相同，全媒体布局的发展模式也各有特色，报纸集团的全媒体布局沿着各自的步伐逐步推进。

从单一媒体到全媒体，报纸媒体集团选择了不同的发展路径，但是一些规律性的思路仍然依稀可辨。不论是中央级报业凭借影响力抢占舆论阵地，还是省级报业集团发挥强势内容优势做强媒体主业，抑或地市级报业集团认清环境，选择重点突破，报纸传媒集团的全媒体布局之道在于顺应潮流，结合自身集团的实际，选择适合的全媒体模式。随着融合理念与实践的推进，在这些全媒体典型模式之外，未来国内报业的全媒体布局及其实践创新将呈现出更为丰富而复杂的面相。

---

① 尹明华：《流程再造中的价值发现——科学发展观指导下的媒介形态思考》，《传媒》2008年第10期。

② 这十多家报业传媒机构分别是烟台日报传媒集团、解放日报报业集团、宁波日报报业集团、杭州日报报业集团、浙江日报报业集团、南方都市报社、人民日报社、南方日报报业传媒集团、四川日报社等。

一、网站主导模式:发挥主流影响力,拓展全媒体运作空间

从报纸集团全媒体实施的实践来看,新闻网站往往成为报纸集团布局全媒体的第一阵地。基于强大的影响力和良好的盈利能力,报业集团能够支撑网站建设的大量先期投入,而其强大的影响力则可以有效地迁移给所属网站,让报纸网站从一开始就"一鸣惊人",直接跳过漫长的"默默无闻"的培育期。

众多的报纸集团由单纯的报社联合体转变为"N 报 N 刊一网站"的媒体结构。在这些报业集团所属的网站中,一些获得市场认可的网站逐渐发展成熟,成为母报集团在全媒体布局中的重要战略基点。

在网站主导的全媒体运作模式上,报业集团往往经历了以下的三个层次:报纸自办网站、报网互动、全媒体主轴。

(一)三个层次蜕变,形成网站主导模式

1.第一层次:报纸自办网站

传统报业亲眼见证了互联网的迅速发展,在经过了最初的漠视无视、对立对抗之后,"融合"意识被唤醒,并立即付诸行动,纷纷兴建网站,以"无形之报"延续"有形之报",一大批带有报纸色彩的地方新闻网站纷纷面世。

不少报社和报业集团的网站更成为重点新闻网站,如人民网、中国日报网站、中国经济网(经济日报网站)成为中央级重点新闻网站;一批报业集团的网站成为省、区或计划单列市、省会城市的重点新闻网站。这些网站在占领网上新闻传播和舆论引导阵地方面发挥着重要作用,一些网站甚至在当地取得了与党报、广播电台、电视台同等的地位。

2.第二层次:报网互动,信息共通

为了适应网络环境下的竞争,许多报纸开始战略转型,通过报网互动的方式维持报社品牌、扩大影响。只有让网站成为其中不可或缺的一环,才能为自己的新建网站争取到受众的注意力。以人民网为例,网站以《人民日报》强大的新闻资源为依托,先后创办了"人民时评""人民视点""人民观察""人民特稿"等系列栏目,同时,《人民日报》在纸质版的视点新闻版开辟"人民时评"同名专栏,将网络中的好文章登载在纸质版上,还把人民网"强国论坛"的帖子登在报纸上,做到了"一栏两用、一稿两用、一帖多用",为新闻资源进行报网转换提供了参考和借鉴。

3. 第三层次：母体全媒体运营的主轴

Web 2.0 时代，报纸网络版已经显得远远不够，媒体网站重拾门户概念，承载起凝聚人气、实现互动和增值服务的多重功能。因此报纸主导网络为辅的局面在发生改变，互联网正在成为全媒体运营的主轴。

人民网着力打造 Web2.0 多媒体原创互动体系：人民电视、人民播客、人民掘客和手机人民网、手机强坛、手机电视、手机报、手机短信等新媒体服务，以网络电视、手机媒体两个新领域为重点，人民网已获得信息网络传播视听节目许可证、广播电视节目制作经营许可证和 3G 手机视听节目内容服务许可证。

像人民网这样的网络媒体，在网站流量累积到一个临界点之后，整个网站就会发生质变，随着市场化操作的日趋成熟，几乎可以摆脱传统报纸的影子而独立自主发展，并能在此基础上开辟更为广阔的新媒体市场和相关产业。此时，地方新闻网站也在不断发挥更大的潜在价值，转型为区域性的综合门户，承载母报集团更多的媒体产品和业务类型（见表 4—8）。

表 4—8　区域报业集团“网站主导型”全媒体运作案例

网站	所属集团	定位	全媒体运作模式
大洋网	广州日报报业集团	区域综合性门户网站	2008 年改版后的大洋网从新闻网站转型为区域性综合门户——“新闻＋城市生活资讯＋电子交易（商务）服务＋互动”，与《广州日报》多媒体数字报纸、《广州日报》3G 门户、移动阅读本等共同组成《广州日报》新媒体产品矩阵
华龙网	重庆日报报业集团	主流新闻网站 重庆日报报业集团将华龙网定位为战略转型的数字化平台	打造《重庆日报》、《重庆晚报》、《重庆晨报》、《重庆商报》、《时代信报》等五大数字报新媒体产品；重庆手机报、手机女报、宽带新闻网等新媒体产品；2009 年 1 月，华龙网与重庆广电集团所属的视界网进行整合，突出视音频类内容，重点打造宽频频道
大众网	大众报业集团	山东重点新闻网站和外宣网站，大众报业集团网站	占领“三屏”，开发桌面软件占领电脑屏，通过手机报及无线业务占领手机屏，通过户外显示屏形成联播网
浙江在线新闻网	浙江日报报业集团	属三网融合，整合了浙江在线（浙报集团）、中国浙江网、浙江电视台网站（浙江电视台），采用“1 媒体 1 公司”架构	拥有新兴第五媒体、国内首家省级手机报纸——浙江手机报；网站同时提供手机短信、互动直播、BBS 论坛、博客播客、在线调查、全文检索、数码冲印、在线多媒体点播、分类信息发布查询等网络信息服务；整合浙江省内 30 家县市新闻网站为旗下支站，同时充当浙江网络电视联盟的平台

(二)转型以网站主导,带动报网深度融合

在网站主导的全媒体运作模式中,看似网站成了搭建全媒体数字平台的一个物理基础,实则除了网络这一基础平台外,更多的还需要传统报业在转变观念、调整机制和给予业务层面以支持等。报纸与网站之间是否融合很关键。

网站得到报纸多大程度的支持与援助直接关系着转型模式的实施效果。以人民网为例,基于《人民日报》第一党报的品牌影响力与内容原创优势,报社要持续给予人民网足够的直接援助——品牌推动、内容供给、政策支持等,与此同时,还要赋予人民网在新媒体竞争格局中相对充分的创新空间,以使人民网摆脱纸媒思维与传统结构的束缚,以完整的互联网业思维模式搭建组织框架、设计产品、建构技术平台,在此基础上反哺报业(见图 4—1)。

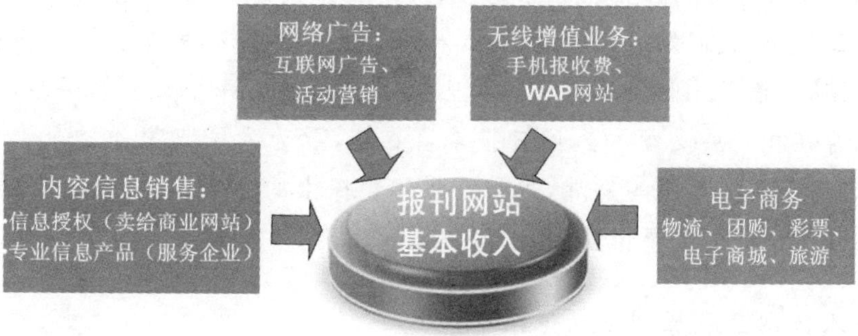

图 4—1　传统报纸新闻网站的营收支撑

此外,传统报纸布局全媒体,仅仅靠建立网站是远远不够的,只有建立一个能够盈利的网站才是正途。心怀忧患意识的地市报网更加渴求找到适合自己生存与发展的赢利模式。2008 年,由青岛日报报业集团创办的青岛新闻网以自身为平台和中心,开始了全媒体的探索。青岛新闻网自身滚动投入,先后建立和完善了手机报、LED 信息屏、楼宇电视、DM 专刊等多种媒体形态。由于青岛新闻网一开始就被当作市场主体,职工持股,集团控股,社会资本进入,在体制、机制以及发展规模上都是早期实验者,因而也较早地看到了市场收获。2009 年,青岛新闻网突破性地实现了 7000 万元的年收入,而人民网上市成功的最大好处就是解决了资金难题。人民网的营业收入大概 60% 来自互联网广告,

30% 来自信息包括网络舆情服务，另外 10% 来自移动增值。预计未来，人民网将在视频、财经信息和数据库方面有所发展和突破。

(三)典型案例：以人民网为核心的《人民日报》全媒体探索

在国内新闻业界，《人民日报》一直被赋予严肃而保守的传统形象，但实际上，在这样的刻板面相之下，人民日报社的改革实践却是低调而务实的，尤其是在媒介融合实践上，一直紧锣密鼓地探索从单一的机关报向复合的全媒体机构的身份转型。在《人民日报》的转型中，人民网扮演了关键性的角色。相对于母体党报的庞大体量和传统体制，人民网则是轻松上阵、策略明晰。

人民网原总裁何家正认为：

> 人民网在一定程度上为人民日报全媒体化发展进行了尝试。人民网在发展的过程中，始终有一副沉重的使命感压在肩头，这就是为人民日报探寻和开拓出在信息化、网络化时代保持领先发展的路子。在工作中，我们始终让员工明白，人民网所做的事情，就是人民日报在网络化、信息化时代最前沿的事业；人民网绝不是一个孤立的网站，它的存在和发展必须和人民日报紧密相连，要为人民日报作贡献。所以，为了人民日报的发展，进行全媒体化探索的任务就顺理成章地放在了人民网的重要位置。①

1. 人民网 2.0 原创互动体系

《人民日报》以人民网为核心平台打造 Web2.0 多媒体原创互动体系，在技术平台、内容产品、社交网络等领域逐步布局 2.0 新闻业战略。人民网在国内报业新闻网站中最早转型变革，由报业网站发展为国家重点新闻网站；而作为互联网上最大的中文和多语种新闻网站之一，人民网已成为国内外最重要的信息来源与原创互动平台。从强国论坛、地方领导留言板，再到《人民日报》官方微博；从人民宽频频道到即刻搜索(人民搜索)、人民电视与人民视讯；从报网互动实践下的多媒体报道到全新流程下的全媒体采、编、播统一集成，从"人民日报社编辑记者博客微博群"到下一步着力于内部采编关系与外部用户关系网的社交媒体建设，人民网在角色上担当着人民日报社融合实践的操盘手，在互动

---

① 何加正：《从人民网实践看党报走全媒体之路的问题》，http://news.sina.com.cn/m/2011－01－05/115921763072.shtml

平台、全媒体内容产品体系以及社交网络等领域，努力探索人民日报社 2.0 新闻业的大体框架。

人民网原总裁何家正曾指出，人民日报社提出传统媒体与新兴媒体并举、建设全媒体传播格局的构想，“人民网正是这一宏大战略的操盘手”[①]。截至 2011 年，人民网已经搭建起近十个全媒体平台，除了作为大型门户的网站以外，还推出了基于移动传播终端（iPad 以及智能手机）的新媒体产品，包括“人民网阅读器”“人民网社区”“人民网微博客”“人民网日本语版”等。其中“人民网阅读器”集图片新闻、人民视频、领导人留言板、人民微博以及《人民日报》当日版面于一体，是国内最大的由新闻网站主导的综合信息阅读平台，体现出人民网在全媒体化领域具有较强的融合能力。

2. 网站成功上市，对接资本市场

2012 年 4 月 27 日，人民网在上交所成功上市，成为第一家采编和经营打包上市的重点网站。人民网总裁廖玒曾提到，人民网是文化体制改革的积极实践者，也是最大的受益者。[②] 对于人民网的上市，有学者指出，“新闻网站的整体上市，将有助于其凭借资本的力量，突破原有技术上的落后和人员观念上的束缚，充分实现资源配置，利用自己特有的内容优势，打造适合未来社会发展的新型媒体。上市的新闻网站需要解决商业导向与行政导向之间的矛盾、市场化运营与行政资源依托惯性之间的矛盾、产权优化与‘一股独大’之间的矛盾”。[③] 廖玒认为，上市的主要目的在于“对接资本市场，形成倒逼机制，让人民网在坚持导向的前提下，在市场化的路上越走越宽广”。

3. 人民日报社的机构改革

人民日报社进行的大规模机构改革，为进一步的流程再造与生产关系的转变创造了条件。人民日报社在 2009 年进行大规模机构改革，改革亮点一是增设协作关系优化机构——新闻协调部。这一机构与普通采编部门不同，它具有中央枢纽的作用，在统筹新闻资源、优化采编关系与推进报网融合上具有多重功能。二是在生产网络上的身份重塑——记者站变身“分社”。将国内外的记者站改为“分社”，看似是名称上的改变，实质上是深层融合变革的酝酿，既改变

① 刘珊：《做“人民”的媒体，走全媒体的布局——专访人民网董事长何加正》，《广告大观》（媒介版）2010 年第 6 期。

② 廖玒：《唱响主旋律 迈向新征程》，http://gb.cri.cn/27824/2012/12/28/5187s3974397_1.htm

③ 郭育丰：《如何看待新闻网站上市》，《新闻战线》2013 年第 2 期。

了信息采集网络的布局，使得人民日报社具有通讯社、报道社的结构属性，又使得地方分社从记者站时期的单一供稿给《人民日报》，转向为全部发布渠道供稿，而记者、编辑的角色也随之转向多媒体报道甚至全媒体报道者的角色。①

4. 报网深度融合

从人民网 Web2.0 原创互动体系与人民日报社的机构改革来看，人民日报社全媒体雏形逐渐显现，但在战略布局上尚需进一步调整、重构；从融合的层次与深度看，人民日报社全媒体仍在经历从浅层融合到深度融合的转换。②

人民日报社总编辑吴恒权这样理解报网融合的内涵：

> 从字面上看，报网融合就是《人民日报》和人民网逐渐形成你中有我、我中有你的过程。报网融合既是盘活《人民日报》的过程，更是激发《人民日报》和人民网资源的过程。作为中国第一大报，《人民日报》肩负着重要的使命，在信息传播新格局面前，必须不断地增强领导主流媒体的能力。通过报网融合，传统媒体能够进一步焕发新的生机，新兴媒体有真正的依托，两者相辅相成，又相得益彰，在面临激烈的新闻竞争中站稳脚跟，形成更强大的竞争力。③

根深蒂固的传统媒体思维模式与结构弊病常常会影响到融合的进程。事实上，这也是党报全媒体化进程的固有制约因素。人民网原总裁何家正把党报全媒体化受到的制约归结为政策限制，但他同时认为，在三网融合的政策语境之下，全媒体将获得可突破的空间。他说：

> 中国的新闻媒体由于受国家政策的限制，很难实现全媒体发展的目标。而全媒体发展，是国外很多重要媒体成长发展的必由之路。对于像《人民日报》这样的党报来说，逐步实现全媒体化发展，可能更加切合其未来发展的需要，更加符合媒体的发展规律。实现全媒体化发展，不仅能更大范围地扩大其发展领域，使之有更加广阔的发展空间，叠加式地发挥已有的传播力和影响力，而且，能够更为有效地利用其

---

① "分社"设置使得人民日报社在结构上更加接近全媒体机构，成为具有通讯社性质的新闻网，并在实践层面推动了编辑、记者的角色转变。从2011年来看，人民电视、人民网报网互动产品体系的主要推动力来自分社，效果较为明显，分社的全媒体实践带动了人民日报社的融合进程。

② 吴恒权在香港"传统媒体与新媒体的互动与发展"研讨会上的演讲，人民日报社资料，2010年。

③ 吴恒权：《报网融合：既是现在，也是未来》，《新闻战线》2010年第8期，第4—9页。

人力物力，更好地整合资源，更大地发挥品牌效益，有效地提高新闻宣传效率。但是，在目前的政策条件下，要做到这一步却不很现实，大政策的限制难以突破。未来是否会有改变，现在不好预言。

那么，对于许多类似《人民日报》这样的传统媒体来说，是不是就只能完全放弃对全媒体发展之路的追求呢？笔者以为也不尽然。互联网的发展和网络化的到来，为大家打开了一扇很好的大门，尤其是随着三网融合的实现，客观上已具备了走全媒体之路的条件。[①]

对当下人民日报社全媒体融合的阶段性状态，人民日报社新闻协调部副主任丁伟做了这样的陈述：

在战略布局上，各方面的全媒体要素建设已比较齐全，包括传统纸媒介质的系列化、人民电视、手机报、人民搜索等等，但并没有明确的主攻方向，未形成在全媒体领域的主导性品牌，就是说我们的全媒体化没有自己的"高点"。像新华社和中央电视台，它们的融合实践有自己的突出的抓手，因此在业内很快做出影响力。[②] 由于传统机构的惯性较大，人民日报社在全媒体运作上虽有清晰的思路，但在生产流程及组织架构上的全媒体化进程较慢，仍未形成全媒体生产链，在诸多方面的体制机制上仍未理顺，实际上是处于融合发展的早期阶段。

因此，以人民网为主导的《人民日报》全媒体转型还需要在机制上进行"战略补给"，在以《人民日报》和人民网两个核心为主体的战略之下，通过协作机制与协作模式的创新，使报网在业务模式中实现有效对接，保证报网双方在实践与理念层面保持融合状态。

二、终端引领模式：对接用户需求，倒逼产业重塑

智能化、网络化诱发了终端作为电子消费产品的基因突变，从根本上改变了终端作为信息接收设备的传统定位，同时引领了终端产业几乎所有关键要素的发展创新，导致系统平台、业务类型、内容资源、商业模式等都发生了颠覆性

---

① 何加正：《从人民网实践看党报走全媒体之路的问题》，http://news.sina.com.cn/m/2011－01－05/115921763072.shtml

② 麦尚文：《全媒体融合模式研究》，中国人民大学出版社 2012 年版。

的变革。我国报业集团敏锐地捕捉到了终端领域的变革力量，但不同于以报纸网站为核心的全媒体转型模式，终端引领模式以满足智能终端用户的需求为核心，引发跨界融合，带来报业的形态重塑。在保留报业机构原有生产系统的前提下，报业借助全媒体多通道数字出版系统，进行网站、手机报、电子报纸、数字杂志、户外视屏等终端的延伸，从而实现对用户、区域的密集覆盖，进而实现传统媒体系统、新媒体系统以及用户关系圈的链接与交互，达到内容价值乃至报业产业增量发展的目的。

(一)终端引领模式"两步走"的实现路径

1.第一步：以优质内容嫁接，实现自身优势的终端化平移

在最初阶段，传统报业不得不面对新技术和新媒体带来的挑战，在利用终端产品争夺用户方面也略显迟疑。然而，之后的事态发展无疑挑起了传统报业紧张的神经，逼迫着它们利用各种各样的合作来突破这一发展瓶颈，实现内容嫁接与自建终端两条腿走路的转型。

现在，几乎所有世界知名报纸和期刊，如《泰晤士报》《金融时报》《卫报》《每日邮报》《名利场》《人物》等都已开发了 iPad 付费应用程序。无独有偶，iPad 进入中国的第一周，解放报业即率先推出了报纸阅读客户端应用程序。在此之后，越来越多的报纸媒体有了自己的 APP 并进驻各类终端界面，给了读者全新的阅读体验和更加互联网化的使用方式。据统计，截至 2010 年，我国已有《广州日报》《人民日报》等 40 多家报纸实现了 iPad 的中文报纸应用，而基于安卓平台的报纸阅读应用也层出不穷。正如《今日美国》编辑约翰·希尔柯克(John Hillkirk)所言："我们必须跟着读者走。如果读者喜欢 iPad、iPhone 或其他移动平台，我们就必须在读者需要的时候出现在读者喜欢的平台上。"

在信息海量化、碎片化的媒体环境中，信息筛选对于受众而言尤其重要，很大一部分人被垃圾信息和劣质内容所困扰，但对优质内容的需求从未曾间断。传统报业在内容方面的强大优势无疑是其应对各种外界竞争与发展压力、应对各类媒体与技术冲击的法宝。通过内容嫁接实现自身优质资源在移动终端中的完美平移，这是媒体力量夺回产业链王冠的第一步。

2.第二步：多产品与渠道布局，全面进入终端大市场的竞争

当然，传统报业的力量也绝不可能止步于嫁接内容，其对于拥有绝对自主权的移动终端的掌控欲绝不亚于这个终端大世界中各方力量的任何一方。传

统报业在利用数字技术打造全新终端产品、抢占受众市场的道路上起步很早，并且走的就是“渠道＋内容”的道路。

对于主导权终端的追逐也一直很热闹，最为典型的例子体现在电子阅读器这一细分终端类型之上。早在2005年，《解放日报》就开始了i-Paper手持终端电子报的研发和开发，同时组织专业人士和普通读者进行手持终端电子报纸的阅读体验及市场调查；2010年，《解放日报》与新华传媒股份有限公司联合上海易狄欧电子科技有限公司推出了“亦墨”电子阅读器。使用这个阅读器，除了可以下载万余种图书外，还可以免费试读一年价值1500元的《解放日报》《新闻晨报》等报纸。

随后智能终端平板电脑问世，这同样引起了报业媒体的追捧。2011年6月，北青Pad正式发布，面向市场销售，成为国内第一个由传统媒体推出的移动互联终端[①]。2012年6月1日，南都PAI由南都嘉华与南都全媒体集群共同打造，推出了一款媒体定制版的移动终端设备——南都PAI。这是南都全媒体战略的重要一环，读者可以每月38元的价格订购两年南都全媒体数字信息服务，共912元，可以免费获赠一台南都PAI。

（二）终端引领模式的创新价值和实施难点

尽管终端模式对技术的依赖度比较高，但不会落入技术的窠臼；反过来，多终端发展模式体现了传统报业对技术始终如一的积极心态。数字技术和无线宽频的发展为传统媒体装载新的内容和改变新的传播方式提供了更多的可能。传统媒体存在天然的弊端：传播不是完整地对接市场的需求，没有数据库，不知道读者在想些什么，所以终端不能完整加以反映，因而报纸提供的产品可能在市场上受到局限。而数字和宽频等新技术则提供一种可能：克服传统媒体技术的局限。对于新媒体来说，新的技术拉动新的传播方式，可以为市场提供更精准、更有效的服务，传统媒体则可改变自身的弊病，从而获得新生。[②]

从报业产业链的延伸来看，以终端为链接平台的全媒体布局模式是一种“加法”战略，即基于原有报业体系的一种价值增量。但由于未能从根本上触及

---

① 北青集团一开始做的并不是北青Pad，而是北青电子书。2010年12月，北京青年报报业集团与深圳易万卷文化产业有限公司共同出资成立了北青易万卷（北京）数字科技有限公司，试图开始对移动终端的探索和研发。

② 肖景辉：《沪上报业巨头的“E”战略——解放日报报业集团社长尹明华畅谈新媒体思路》，《传媒》2006年第11期。

传统的传媒体制与结构，因此具体来看，“终端引领”的全媒体转型模式还需在以下几方面加以完善和跟进：

1. 流程再造，实现深度融合

全媒体终端战略布局还需增设前端融合的战略构想，在整个报业集团的内容生产链的上游区域进行整合，设立全媒体内容采集中心，并在面向终端的生产机制上强化内容流程，通过前端机制实现报业生产链的完整性，从而使报业内容价值链在各个节点的链接成为可能。终端平台也应是有侧重点的战略部署，不必面面俱到，在“基本覆盖所有的领域”目标实现以后，终端布局战略的调整重心应是突出打造品牌终端，进一步明晰赢利模式。由于报业无法跟随所有的传媒技术步伐，因此，采取与第三方进行战略合作的方式引入终端技术、风投资金与平台支持因素，就成为终端模式进一步实现深度融合的战略选择。

2. 新技术跟随策略导致的滞后效应

比起终端产业中的竞争对手——终端厂商与 IT 企业来说，传统报业还没有显示出太大的优势，而且明显暴露出技术的短板缺陷。终端布局的赢利模式在思路上很清晰，但是报业在技术上的先天不足必然会制约终端的更新，因此，终端产品只能对传媒新技术亦步亦趋，采取保守跟进策略。终端在覆盖目标构想上比较完美，但在用户层面，很多终端被接受、被普及的面不广，技术也将不断改变主流终端的形式，因此制约了终端的布局效果。

(三)典型案例：解放日报报业集团“4i”战略

在国内报业中，解放日报报业集团(以下简称为“解放报业”)最早提出清晰的新媒体战略计划。2006 年，在被列入国家新闻出版总署“中国数字报业实验室计划”首批成员单位之前，解放报业就开始针对新媒体业务进行谋篇布局，提出了国内最早、最全面的新媒体战略——“4i”战略，即在概念上以四个“i”为关键词的系列新媒体品牌——i-news(手机报)、i-mook(数码杂志)、i-paper(电子报纸)、i-street(公共新闻视屏)，这四种新媒体形式在当年一年之内相继推出，尝试实现以不同的终端形式对各个细分市场的受众实现无缝覆盖(见表 4－9)。在报业寒冬的时间拐点上，解放报业提出的变革思路在概念上为传统报业的固有思维注入了新鲜内涵。

表 4—9　解放日报报业集团“4i”战略布局终端的特征

项目名称	产品特点	受众定位	赢利模式
i-news 手机报	随身接收，互动体验	以白领上班族为主	先期通过用户订制包月费获利；后期在订户提供稳定收入的情况下，通过定向派送分类广告和相关无线增值业务开发获利
i-mook 数码杂志	时尚互动，个性娱乐	追求时尚年轻读者	各种电子杂志免费下载，通过阅读习惯及互动信息定义不同的读者，向精准目标人群发送广告或开展电子商务
i-paper 电子报纸	即时更新，仿真阅读	高端公务及商务人群	向高端人群定向发送广告，整合其他报纸内容资源，收取通路费用
i-street 公共新闻视屏	技术高端，位置优越	经常活动在商业区域、消费能力较强的人士	在内容中插播滚动套装广告，通过广告销售盈利

以“4i”战略为突破口，解放报业开启了全媒体转型的序幕变革，并在 2009 年推出了即时滚动报道的移动数字报纸“新新闻”，同时还相继研发了手持阅读器“墨迹”（上海世博会专用信息平台）以及户外电子阅报栏。2010 年起，解放报业采取借用终端策略，在自建终端之外，将报业内容转移登录 iPad、iPhone、Android 系统手机以及其他有市场前景的电子终端。iPad 平台自 2011 年 9 月起上线新闻专题类应用，进一步拉长了终端产品矩阵。解放报业借助新技术变革催生的媒体应用平台，扩大了内容覆盖率与品牌影响力。

解放报业集团社长尹明华这样理解全媒体：一是所有信息面向所有渠道的趋向；二是所有人面向所有人的传播；三是基于计算机信息技术处理而形成的媒体新形态。尹明华强调以不同的终端对细分市场的受众无缝覆盖，通过流程再造实现传统报业产业链的延伸和增值。因此，在制定全媒体战略方案时，解放报业的主攻领域便放在了低成本的虚拟组织与无限延伸的传播终端上，而全媒体战略实践的最终目的，就是要实现报业价值链的延伸，对未来的不确定性拥有明确的把握能力，从而改写报业核心竞争能力的传统指标体系。

在《解放日报》终端引领模式的战略思维中，我们可以梳理出以下几个要点：

1. 内容始终是报业全媒体的核心竞争力

自 2006 年发起“全国报业内容联盟”、向综合性门户网站“重新要价”以来，解放报业对内容价值的重视在新闻业内有口皆碑。在解放报业的全媒体战略布局中,内容始终处于报业产业链的核心地位,所有对价值的追求,都落在对内容的创意表达上。在尹明华看来,内容创意是"一种难以复制的稀缺资源":

第一,内容首先是一个创意,它是独特的、是与众不同的,或者说在相同的情况下能够做出与别人不一样的结果。受众完全出于自愿,通过消费来享受它的意义。

第二,内容是一种思想,思想不同于信息,是一种更深层次的稀缺资源,具有更强大的引领指导作用。

第三,内容是一种需求,是一种文化的象征,从价值层面来说是能够生长出某种理想的需求,与终端之间始终保持着合理的张力。在当今时代,传播的内容将更加自我、更加真实、更加能够打动人。新媒体出现后,以内容为王的大旗更加强劲地飘扬。[①]

正是基于对内容的这种理解,解放报业的全媒体框架保留了传统报业生产的系统与平台,在这一内容平台之上,通过不同的终端来延伸内容的时间长度与空间半径。"现代传媒的伟大之处不仅仅是技术,而是伟大的内容结构。"尹明华把内容模式看作传媒业一条恒常的内在规律:

> 新媒介正在实现一个过程,就是逐渐找到自己的传播特性,产生独属于自己的内容和用户的体验,并在此基础上,最终发展成一个新的媒体。而提供信息、观念、思想、整合、创意和主张,怎样做出具有市场化和互动化的内容,我们似乎缺少正面的积极的响应。我们不是技术运营商。所有的终端,在技术普及之后,无一例外地必然会产生对内容的饥渴和需求。而我们的空间和能力的显现,则永远在于内容的制作。[②]

2. 虚拟组织为报业转型提供支持和保障

在全媒体融合的过程中,解放报业的原有结构体系并未发生大的调整,在这种情形下,融合的边界如何打破?内容超市如何搭建?这些问题往往成为难题。但是,解放报业采用逆向思维方法,提出了虚拟组织的流程理念,即不增加"一兵一卒"、"一枪一械"——不设专门的机构、专门的人员和专门的设备,而是

① 尹明华:《数字化时代,决胜在内容》,在第二届中国数字出版博览会上的演讲(解放日报报业集团资料),2007 年 7 月 17 日。

② 尹明华:《数字化时代,决胜在内容》,在第二届中国数字出版博览会上的演讲(解放日报报业集团资料),2007 年 7 月 17 日。

完全用一种“虚拟组织”来运作。五年来，解放报业先后成立了七个虚拟部门，① 其中涉及新媒体的包括新媒体事业部和内容创意部。尹明华认为，这样做的好处是减少不确定性，节约可变成本；不牵扯级别、职称以及增加新的事业编制等问题，可以跨过很多等级和组织架构方面的障碍。

解放报业把目光投向再造后的价值体现。即在不妨碍追求价值的前提下，尽可能地避免体制变革的困扰。“……我们只能在自己的领地范围内做有限的传播自我调节，进一步而言，只能在社会公共传播领域如互联网以及还未被现有体制明晰产权归属和产权管理的新媒体领域，小心翼翼地跨出有可能改变我们未来的每一步。”②

虚拟组织在本质上体现为一种内容创意的思想与机制，实质也是全新的体制创新，为报业的全媒体竞争提供进入与退出的灵活机制保障。由于解放报业在新流程中并未投入转向资金，却同样形成了价值的增值链，因此，虚拟组织被看作是报业全媒体的一种核心竞争能力。在未变革原有机制与生产结构的前提下，虚拟组织理念的战略目标则在于内容结构的完善，这便是解放报业构想的面向所有终端的“内容超市”。“对传统媒体陈旧内容的抱残守缺，与对新媒体内容意义的轻蔑和忽略一样，也是让人不能容忍的。”③

3.终端对接需求的放大效应

解放报业多终端发展模式对技术始终保持积极的心态，在“i战略”下的系列新媒体终端，作为四个在阅读体验与受众定位方面各异的全媒体产品，在边界上突破了传统纸媒介质，在生产体系上与报业生产系统链接，并以终端作为平台进行生产流程的再造。在这样的终端平台上可以实现用户数据平台，尝试针对需求提供定制化服务。

尽管解放报业是最早在终端上进行探索的，但是在iPad等手持阅读终端上并未能体现出创新优势，在同类产品中也并不占先机，因而下一步仍要深入探索内容价值的有效实现路径。

---

① 所谓虚拟部门，就是没有编制，没有固定的办公场所，其成员来自集团原有的组织实体，全是兼职，他们利用业余时间，用工作的增量来做各项事业，推动项目工作。见肖景辉：“沪上报业巨头的‘E’战略——解放日报报业集团社长尹明华畅谈新媒体思路”，《传媒》2006年第11期。

② 尹明华在“报业全媒体数字采编发布系统项目发布会暨中国报业全媒体流程再造和技术支撑研讨会”上的演讲，解放日报报业集团资料，2008年8月25日。

③ 尹明华：《数字化时代，决胜在内容》，在第二届中国数字出版博览会上的演讲（解放日报报业集团资料），2007年7月17日。

按照尹明华的理解，解放报业新媒体事业的意义在于以“新的传播方式拉动传统媒体的增长”，即使新媒体事业无法带来对传统报业的明显拉动，但它“可以改变传统媒体的办报方式，从根本上增加传统媒体的影响力”①。这也许是国内大多数报业传媒集团探索全媒体的最低预期，但是从传媒变革的长远趋势与战略应对来看，报业传媒有必要对未来边界消融的媒介竞争格局储备应有的框架与能力。

三、全面聚合模式：强势内容带动，形成媒体集群

报纸作为一个强大的组织和权威的平台，拥有专业化的记者队伍和职业化的编辑经验，在大众中拥有无可比拟的公信力和强大的社会动员能力。这一切，使得传统报业作为主要内容提供者的地位在一个较长时期里不会改变，这是纸媒未来的生存基础，也是其布局全媒体的基础和根本。

正是意识到了这一点，一些有远识的报业机构开始放大内容优势，采用数字技术对已有的内容进行深度开发，形成各个系列的全媒体产品，以此来规划媒体集团的未来。原有主流媒体经过多年的积累，形成了良好的品牌效应和公信力，这为发展多个媒体子品牌打下基础。

（一）模式特征：全面多领域的渠道覆盖和价值实现

报业全媒体转型“全面聚合模式”在结构上的显著特征是在内容、形态、渠道、影响等方面涉及传媒生产、传播与运营的所有层面。报业传媒希望通过全面聚合的转型模式为发展传统报业的所有领域而追求媒体覆盖与价值实现，或者在媒体发展的主要领域开展圈地运动，并在这些方面形成着力点，全面出击，实现传媒影响力的全面渗透，最终赢得绝对的市场优势。换一个角度来看，这种全面聚合模式的战略布局以内容、形态、渠道等方面的全面覆盖为基础，但“全”并不是目的，其战略目的在于提高综合运营能力，这也是全媒体对于报业转型的实质意义所在。

这一模式的典型代表——南都全媒体集群——构想的决策者与领导者，南都总编辑曹轲认为：

---

① 肖景辉：《沪上报业巨头的“E”战略——解放日报报业集团社长尹明华畅谈新媒体思路》，《传媒》，2006 年第 11 期。

新的媒体形态背景下，传统采编生产产品、经营营销产品的分野正在模糊。对一个媒体整体而言，复合传播带来的将是复合运营。所谓全媒体流程再造、全媒体集群，都已不是旧式的单纯产品生产的事，而一定是整体综合运营能力的统一建构，未来媒体的生存与竞争，最终也必然落实到媒体综合运营能力之上，落实到社会价值与商业价值的综合实现之上，而全媒体之“全”，是产品之全，介质之全，终端之全，但归根结底正是综合运营能力之全。上述南都全媒体的目标与步骤，也正是追求这样的一种“全”。①

(二)模式核心要点：全介质传播、全媒体生产、全方位运营

全面聚合模式反映了国内报业全媒体转型的关键命题——如何实现全媒体生产、全介质传播、全方位运营，在理念上从内容提供商转变为全媒体信息服务商？

南方报业传媒集团社长杨兴锋指出，从平面媒体集团向全媒体集团的转型，绝非简单地把平面媒体的内容、影响力延伸到网络等新媒体，而是要有全新的视野，要对传统平面媒体运作模式进行一次新的革命、一次新的超越、一次新的创业。②“报系”是南方报业传媒集团独创的资源整合模式，即用以优质品牌为龙头的报系来孵化新的子报子刊，集团除主报《南方日报》外，形成了三个子报系列：南方周末报系、南方都市报系、21世纪报系。多品牌向广度、深度延伸，报系化发展后集团实施一报一网，每一家报纸都有自己的相关网站，实现报网互动，推出滚动新闻等。目前，集团正在整合网络平台，采用市场化的手法运作新媒体，以期最终实现全媒体的媒体融合。早在2009年，杨兴锋就提出：

在媒介融合趋势下，南方报业传媒集团要想真正做强做大做优，从单一媒体、单一品种的运作转为多媒体、全媒体的运作，就必须形成全介质的传播能力、建立全媒体的生产能力和提高全方位的经营能力，向全媒体集团转型。③

因此，全面聚合模式并非战略上的大而全，而在于形成核心竞争力，在结构

---

① 曹轲、庄慎之、陈雨：《南都全媒体集群构想》，《南方传媒研究》2010年第23辑。
② 马涛：《大报发展的五道考题——报业集团老总如是说》，《广告大观》（媒介版）2011年第9期。
③ 曹轲、庄慎之、陈雨：《南都全媒体集群构想》，《南方传媒研究》2010年第23辑。

上进行优化。

全媒体生产、全介质传播、全方位运营，这三种能力的聚合，就是报业全媒体转型全面聚合模式的要义所在。能力聚合的背后，关键在于对报业原有结构的整体优化，只有这样，才能推动报业传媒的深度转型。

(三)典型案例：南都报系全媒体集群战略构想

在国内都市报中，《南方都市报》(后简称为“南都”)第一个提出清晰的全媒体战略构想——南都全媒体集群战略。

南都全媒体集群布局思想的形成过程包含四个阶段，分别是：2006—2008年以多媒体数字报及报网互动实践探路为主的全媒体启蒙阶段；2009年以项目形式推动跨媒体运作的分散探索阶段；2010年形成的详细的全媒体集群战略并搭建全媒体业务主平台的正式推进阶段；以及2011年起致力于全媒体核心品牌的全面实施阶段。

在2009年正式提出南都全媒体概念之前，南都在报网互动(网络问政、多媒体报道)、数字报业(南都数字报、手机报、3D纸媒)等领域的运作已形成了较为成熟的实践模式，初步具备了向全媒体转型的新媒体技术与内容基础。与此同时，作为核心力量的南都自身，也通过跨区域办报战略完成了从一份日报向“榕树战略”下的区域性日报群、全国性日报群的转变，并形成了报系矩阵，为伞媒体集群打下了品牌及框架的基础。

从2009年正式提出“构建南都全媒体集群” 到2011年，南都一直在贯彻实施其核心思路：“围绕品牌媒体(南都)，以其市场占有量为基础、品牌认同度为起点、价值观传播为核心、资源吸附力为枢纽，聚合传统媒体与新媒体形态、渠道与力量，实现复合传播与立体覆盖，打造从市场到品牌更为纵深、立体复合运营的传媒集群”[①](见图4—2)。

1. 全介质的传播能力

通过聚合传统媒体与新媒体形态以及渠道与力量来丰富南都表现形态和传播介质，南都全媒体集群构建起包括大珠三角区域性密集覆盖及全国重点城市深覆盖的城市日报群、周报周刊、新闻社区门户、城市生活门户、无线增值业务、移动终端、广播电视、户外媒体(南都视点、LED联播网)、南方微博、南都官

---

① 曹轲、庄慎之、陈雨：《南都全媒体集群构想》，《南方传媒研究》2010年第23辑。

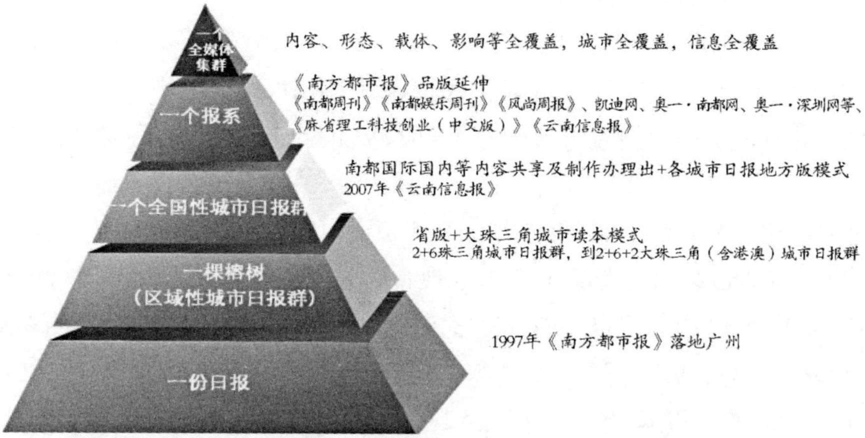

图 4—2　南都报系全媒体集群的跨区域、跨界扩张模式

方微博群等媒体在内的这样一张立体的、跨越不同时空的信息网络集群。

（1）报纸系列实现对大珠三角、全国主要城市的信息全覆盖

《南方都市报》以及大珠三角区域性城市日报群。南都全媒体首先并不是弃守本业，标新立异，而是继续强化报纸系列旗舰《南方都市报》作为跨区域办报总部的核心竞争力，继续深化“省版＋大珠三角城市读本模式”，做深做实包括香港、澳门市场在内的大珠三角市场。向全国重点城市输出《南方都市报》的核心能力，复制“股权式合作＋办报理念、关键岗位人员、国际国内时评等内容共享”的《云南信息报》模式，抢占信息源。在各自不同的行业、专业领域内深度覆盖专业期刊。由“报”而“刊”，加上《南都周刊》《南都娱乐周刊》《风尚周报》《麻省理工科技创业（中文版）》《中国财富》（中国公益第一刊），全国发行，与城市日报群的全覆盖遥相呼应。

（2）PC 联结的互联网，信息资源聚合平台

这些互联平台包括：南都网——数字业务集成平台；大粤网——广东城市生活服务门户；南都官方微博群——@南都全媒体集群、《南方都市报》、南都全娱乐、南都视觉、南都社区、南都评论、南都吃喝玩乐、南都公益－中国财富；南方微博——广东区域的微博政务平台。另外还有奥一网——深圳城市生活服务门户、2009 年入股的凯迪网——南都在网络上的言论平台、2010 年 7 月上线运营的“天天红酒网”。

(3)移动终端联结的互联网,用户需求聚合平台

2010年南都以报纸版面作价投资入股,与香港某上市集团的下属公司合资成立南都嘉华公司,专注于手持移动终端设计、制造、销售及平台运营,已研发出自主品牌“inboxpad”平板电脑S1(8188)、VQ(8388)、S9、A9等款,S9进入小规模量产阶段,销售原则以大客户行业应用为主、公众市场销售为辅。

(4)广播电视频道,从栏目内容合作到频道内容和经营整体合作

2010年亚运会期间南都与广州电视台合作亚运会报道、2011年与广东电台新闻频道合作“南都视点·南都会客室”;2009年开始与广东电台新闻频道合作“南都视点·直播广东”FM91.4;2011年珠江电影频道以每期“现金+2分钟节目广告时间”购买“南都视点·花港观娱”;并逐步推进南都音视频制作部、南都音视频业务的公司化。

2. 全媒体的生产能力

报纸媒体产品以《南方都市报》《南都周刊》《风尚周报》《云南信息报》《中国财富》等为主体,数字产品以南都音视频制作部和奥一团队为龙头,在内部推动与《南方都市报》娱乐新闻部等合作,成立音视频产品团队,在外部与运营商/广电/视频网站合作。

(1)南都全媒体信息集成中心

2010年南都与上海阿耳法信息技术有限公司合作,2011年3月在集团信息技术部指导下启动南都全媒体信息集成中心项目研发,阿耳法团队进驻南都了解需求。2011年年底,项目一期工程开始在南都部署试运行并拟于2012年1月正式上线、全部三期工程在2012年内完成(见图4—3)。

(2)以智能手机和固定电脑为终端的智能业务信息交互网

2009年年底,南都和联通合作为采编人员采购配置iPhone3GS手机,基于这款手机研发手机采编系统、手机OA办公系统、手机RTX即时通讯系统,还为时事新闻中心配备了无线折叠键盘。

(3)数字产品生产团队

南都以南都音视频制作部和奥一团队为主体,实现图文信息的数字化生产规模化、常态化以及南都内容节目化、产品化、品牌化(如“南都视点”主品牌),积累平面媒体内容有效转化为音视频内容的经验,并在市场上实现其商业价值等。

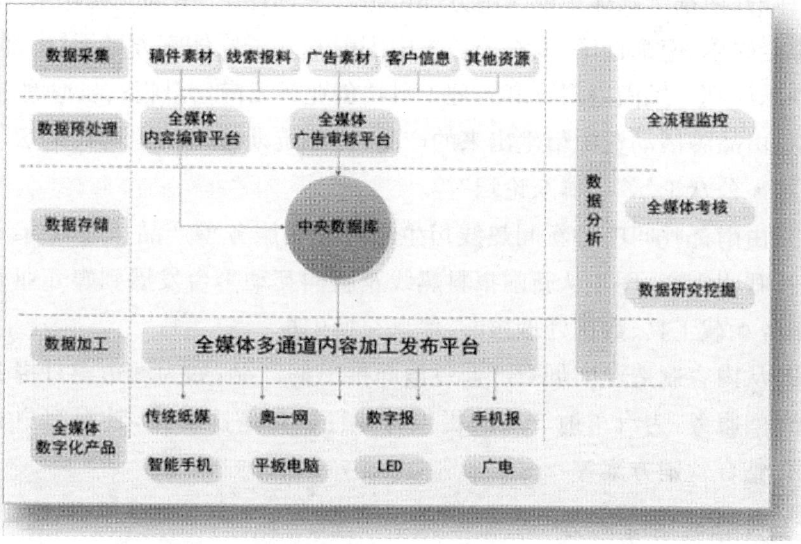

图 4—3　南都全媒体信息集成中心业务逻辑结构

(4)全媒体生产能力培训

培训内容包括：补齐团队中的数字产品生产类型人才，以使整个团队具备全媒体生产组合能力。2010 年 3 月设置全媒体首席培训官专职人员，推动南都全媒体系列培训。

(5)全媒体产品涵盖新闻、资讯、咨询服务

一是以《南方都市报》为主产品裂变衍生出的报纸媒体形态产品：《南都周刊》《南都娱乐周刊》《风尚周报》《麻省理工科技创业（中文版）》《中国财富》《云南信息报》。

二是由南方都市报的数字化改造而衍生出的产品：报纸介质上的“网眼”版、主页版（南都全媒体的橱窗）、珠三角各城市读本的“微新闻”、3D 报纸以及“微博”版；南都图书《风雨读书声》（《南方都市报·阅读周刊》的书评精选）、《南方的立场（共四辑）》等。

三是数字化产品。南都网上的《南方都市报》PDF 版、电子报，电子杂志形态的数字报精华版、邮件版南都新闻，与三大运营商合作推出的彩信版《南方都市报》手机报，基于 iPhone＋iPad、Android 操作系统的手机客户端上的《南都周刊》《南都娱乐周刊》《风尚周报》综合型新闻产品，与广东移动、电信合作的“南都视点·12580 生活播报、天天生活助理”，与广电合作的“南都视点·直播广东/南都会客室/花港观娱”，以及“南都视点·LED 联播网”上的新闻资讯，八大

官方微博群(南都全媒体集群、《南方都市报》、南都评论、南都吃喝玩乐、南都视觉、南都全娱乐、南都社区、南都公益・中国财富),子媒体官方微博《南都周刊》《南都娱乐周刊》《风尚周报》《麻省理工科技创业》《云南信息报》、凯迪网。

四是由品牌活动资源衍生出来的产品,比如定期推出的主题式论坛,如"岭南大讲坛・公众论坛"、"群众论坛"等。

五是由南都呼叫中心新闻热线衍生出的呼叫服务型产品。2001 年 8 月成立的南都呼叫中心,逐步从新闻报料热线及新闻互动平台发展到媒介业务运营平台、服务承载工具、数据处理核心、信息交换中枢。

六是从内容制造业向创意产业过渡而推出的产品,如为城市类日报提供改版咨询顾问服务,为汽车地产旅游提供行业性整体解决方案,针对客户需求提供个性化整合营销方案等。

3. 全方位的运营能力

南都全媒体集群商业模式已进入乘法阶段,通过全媒体广告复合经营,巩固并提升目前主要的收入额,同时通过品牌增值业务、数字业务实现增值(见图 4—4)。

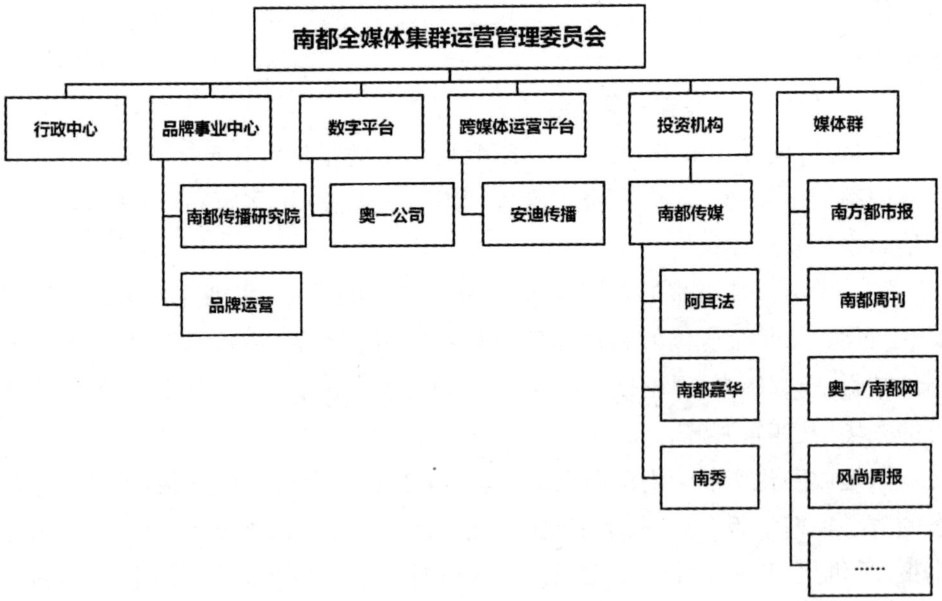

图 4—4 南都全媒体集群管理架构

(1)商业模式由加法阶段进入乘法阶段：互补型的南都全媒体集群价值，实现倍数级增值

这个阶段新开展的跨媒体、跨行业具体项目可能小亏投入。需要强调的是，《南方都市报》广告收入额不断增加的势头不仅来自报纸本身，更来自全媒体这种复合传播。

(2)全媒体复合(广告)经营

《南方都市报》报纸广告收入 2011 年继续保持增长态势，2010 年度广告营业收入达到 28 亿元。《南都周刊》(含《南都娱乐周刊》)、《风尚周报》将在 2011 年实现盈利。《云南信息报》2009 年扭亏为盈利润达 300 多万元，2010 年经营总收入突破 1.5 亿元、利润逾 2000 万元，在当地报业市场排名由末位跃居第二。2010 年，奥一网取得 2000 多万元的历史最好经营收入且实现盈利。

(3)品牌增值业务盈利

以南方都市报经营有限公司、南都传播研究院、南都传媒有限公司 AND 传播机构为三大主体，围绕南都品牌这个核心，南都通过内外不同层面资源的聚合、组合，升级现有业务，孵化新业务，实现从单一版面销售模式、劳动密集型模式升级为整合复合式、智力型销售模式。

(4)数字业务盈利

2009 年，南都数字版权销售收入超过 100 万元，2010 年同比增长 50%以上。同年，南都开始与广东电台新闻频道合作“南都视点·直播广东”节目，2 分钟的广告时间由南都独家经营，全年广告价值 160 万，全部收益归南都所有。2010 年 1 月起，南都数字业务授权奥一公司经营。同年亚运前夕发布的“广州亚运指南”客户端(专业版)开启了用户付费模式，售价 1.99 美元，具备中文、英文、韩文和日文四种语言选择，结合动态位置自动调用 GPS 导航功能，提供查询电话并可直接拨打。该客户端在苹果商店上架不到一周即跃升至体育收费类销售榜第一位，是南都移动产品第一次尝试并实现向 3G 用户直接收费。由南都制作的部分新闻视频，则通过版权出让等方式获得一定收益。2011 年，珠江电影频道以每期“现金＋2 分钟节目广告时间”购买“南都视点·花港观娱”，全年广告价值 450 万元，同年 3 月，南都授权奥一公司组建专门团队负责南都官方微博群的运营和管理，9 月开始尝试接受商业广告，以期有效地带动广告销售、实现直接广告销售收入。这一年的 6 月《南都日报》上线，在此之前通过广告外包的方式实现了保底广告收入。

四、平台驱动模式：搭建数字平台，全媒体流程再造

为实现全媒体的发展目标，传统媒体必须进行流程重组，以实现信息采集、制作、发布、销售的全媒体化运营。2008年年初，国家新闻出版总署全面启动了“全媒体数字采编发布系统工程”，确定南方报业传媒集团、中国安全生产报、烟台日报传媒集团等单位为报纸全媒体出版领域应用示范单位，进行数字复合出版的研发和试点。

(一)以全媒体数字平台为纽带

烟台日报传媒集团社长郑强认为，“构建全媒体化数字信息平台是报业实施全媒体转型的一个轴心”。之所以将构建全媒体化的数字信息发布、互动、服务平台提升到全媒体战略的“轴心”地位，是因为“没有平台作为纽带，就很难创新传媒集团的业务组合和组织形态，求得全媒体化的内容生产、传播、营销实效”[①]。

媒体集团化的加速，以及互联网引爆的媒体终端革命，迫切要求变革传统的媒体业务流程，实现新老媒体间的融通，完成媒体集团对受众的全面覆盖和细分。原有的媒体集团新闻运作模式和经营管理模式基本上以单一媒介为单位，各自为政，既不符合现代企业集团流程化、集约化的要求，又难以形成集团整合竞争力和品牌影响力。另外，随着互联网的迅速发展，终端在悄然无声中实现了所有媒体的融通，导致传统媒体的软肋暴露无遗。

大量实践证明：“要实现集团媒体之间的整合、融合，单靠行政命令是难以维持的；以报网互动、报网融合等技术层面的手段来推动，也犹如蚂蚁撼大树，难以实现目标。”[②]只有一个开放式的信息平台、一个市场化运作的独立法人、一个遵从市场经济规律的经营主体三者结合，才能完成这一使命。其中“开放式的信息平台”就是全媒体业务运营的“轴心”。

(二)全媒体内容生产链

以平台为基础，报业全媒体转型的平台驱动模式是要对传统报业的内容生

---

① 郑强：《寻求全媒体运营的战略突破——写在烟台日报传媒集团实施全媒体战略三年之际》，《中国记者》2011年第7期。

② 郑强：《寻求全媒体运营的战略突破——写在烟台日报传媒集团实施全媒体战略三年之际》，《中国记者》2011年第7期。

产进行结构性变革。基于数字平台，报业前端的全媒体采集、生产与发布等流程环节被聚合为一条生产链，以此汇聚海量的信息资讯；同时对新旧媒体形态进行整合，实现后端传播链条的“裂变”，即将这些“聚合”到全媒体数字复合出版系统平台上的海量媒体产品，再分流给 N 个终端，对应不同终端背后的受众群。

在前端生产链条聚合上，烟台日报传媒集团围绕平台研发、扩展，逐渐聚合形成了专业化、社会化两大信息汇聚通道。专业化内容生产方面，除购买新华社等权威媒体机构的内容信息外，就是发挥集团全媒体新闻中心 70 余名记者的智慧，进行本土化新闻的专业制作，将平面媒体内容的“信度”“深度” “高度”体现出来。社会化原创内容方面，一是依托全媒体数字复合出版系统平台，构建 96110 民意通呼叫中心系统，将市民提供的线索、信息、资讯等在平台上呈现出来；二是依托水母网构建“烟台民意通”频道，将市民的民意呼声通过平台呈现出来；三是依托烟台新闻摄影学会，构建“华夏拍客 QQ 群”，汇集社会图片资源；四是招募公众记者、大学生校园记者，借此丰富媒体内容资源；五是开发 iPhone 银钮新闻客户端，鼓励 iPhone 手机用户通过客户端提供新闻快讯或线索等等。媒体可以借助这些社会化原创内容扩大与受众之间的互动，也以可将原创内容通过专业化的信息核实和配置，适时发布。

在后端传播链条“裂变”上，烟台日报传媒集团业已形成了一个由众多传统媒体和新媒体集群构成的全媒体矩阵，通过变革原创内容生产方式和深加工方式，一次开发，多次生成，多点发布，开创出放射状的内容价值链。按照新闻传播规律，集团所属的手机媒体，如烟台手机报、iPhone 银钮新闻部落等；桌面媒体，如水母网、数字报、集团新浪微博（YMG 广播网）、集团新浪博客（表情）等；集成媒体，如以户外视频展播为主的光速资讯网、以数字出版为主的黄海数字出版社等；平面媒体，如《烟台日报》《烟台晚报》《今晨 6 点》《华夏酒报》等，依次将新闻信息加工成适应不同受众群体的产品，形成了全介质传播。

（三）典型案例：烟台日报传媒集团[①]

2008 年 7 月 1 日，烟台日报传媒集团成立集团层面的全媒体新闻中心，以

---

① 马涛：《保持先行者的优势——专访烟台日报传媒集团社长、总编辑郑强》，《广告大观》（媒介版）2010 年第 6 期。

全媒体数字复合出版系统平台为轴心，横向打通，纵向整合，通过建立完善的多种媒体组合，形成了崭新的全媒体框架，以再造内容生产流程，按媒体内在传播规律制作和发布产品。到 2010 年，在完成了第一阶段的以组织变革和流程再造为主的结构性融合实践之后，该集团的全媒体改革进入媒体深度融合阶段。从国内报业全媒体转型的发展现状来看，烟台日报传媒集团是全媒体地市报转型的一个重要样本，也是报业全媒体转型的改革典范。

1. 中央数据库的全媒体集成与发布平台

2007 年 10 月 29 日，烟台日报传媒集团启动"1029"项目组，历经五个月，成功研发出集团的信息发布、互动、服务平台——全媒体数字复合出版系统平台，实现了集团内部的用户、内容、线索、审核、策划、数据库、检索及新闻生命周期等八个管理的统一。

在此基础上，烟台日报传媒集团又开始了内部组织形态的变革。2008 年 7 月 1 日，集团将所属报纸(《烟台日报》《烟台晚报》《今晨 6 点》等)和集团新闻网站(水母网)等新老媒体的所有记者整合在一起，成立了集团层面的全媒体新闻中心，开始了集团化的业务流程塑造，逐步实现了信息生产—信息发布—信息增值的功能布局。新的业务流程就是由全媒体新闻中心的记者将文字、图片、视频、音频、动漫、资料等采集回来，生产出"初级新闻产品"，上传至全媒体数字复合出版系统平台，《烟台日报》《烟台晚报》《今晨 6 点》等传统纸媒和水母网等新旧媒体各取所需，然后进行"深加工"，24 小时通过 N 个媒介滚动发布，全天候、全方位、立体化地互动传播内容。

对于全媒体数字平台的搭建，郑强坦言："三年的实践也告诉我们，这仅仅是全媒体运营的初级阶段，实现的是内容生产、发布的全媒体化，而全媒体化的结果应该是融合。就是以信息平台为轴心，前端信息内容生产链条'聚合'，后端传播链条'裂变'，将海量媒体产品分流给 N 个终端，对应不同终端背后的受众群，形成新的内容营销态势。"①

2. 统一的全媒体产品方阵

在全媒体的布局中，烟台日报传媒集团以报纸出版为主业，核心业务、成长

---

① 郑强：《寻求全媒体运营的战略突破——写在烟台日报传媒集团实施全媒体战略三年之际》，《中国记者》2011 年第 7 期。

业务、新兴业务梯次配置。核心业务是主打本地市场的三张日报:《烟台日报》《烟台晚报》《今晨 6 点》;成长业务包括一份行业报《华夏酒报》,两刊《37°女人》《优格》,以及其他多元文化产业项目;新兴业务以数字技术的开发利用为基础,构建数字化、网络化的新型出版形态,包括网站、SP 业务、多媒体视频联播、数字报纸、电子纸阅读物、烟台手机报、iPhone 新闻客户端、银钮、黄海数字出版社,以及集团博客、微博等,以此形成集团的战略业务组合(见图 4—5)。

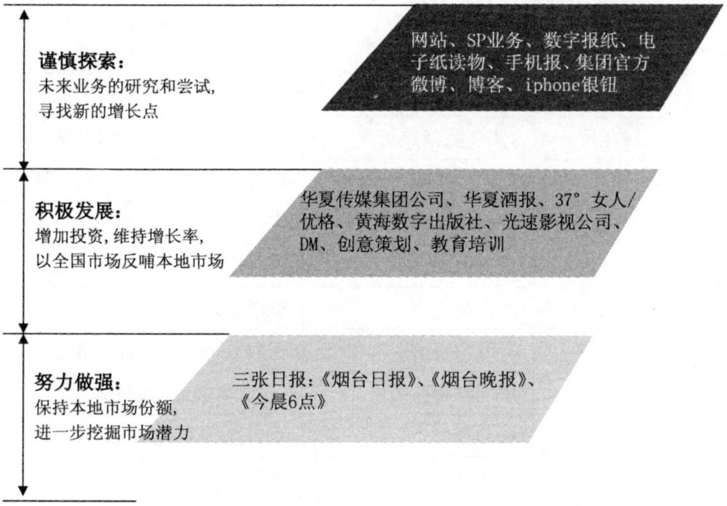

图 4—5 烟台日报传媒集团全媒体产业布局及目标规划

为了顺应全媒体时代的来临,塑造新的品牌,集团把烟台日报传媒集团的英文缩写"YMG"作为集团原创新闻产品的品牌,应用于全媒体方阵,以便于受众识别,同时也便于自身的跨地区、跨媒体发展。其中,对于新兴业务板块,郑强社长在采访中透露说,集团已经形成了一个全新的业务方阵——"mid@YMG"新媒体集群。

YMG 是烟台日报传媒集团的英文简称,m(mobile product 的缩写)指移动产品,是 YMG 在以手机为代表的移动终端上推出的系列产品,包括手机报、基于 iPhone 大屏幕终端的"银纽"、手机 SP 业务、电子纸阅读物等;i(integrated product 的简写)指集成产品,是 YMG 利用自己的出版平台,集成内外部内容资源推出的系列产品,包括黄海数字出版社、光速资讯网等;d(desktop product 的简写)指桌面产品,是 YMG 利用固定互联网为传播载体,为用户提供的系列产品,包括水母网、黄海出版网、中国酒业新闻网、37°女人网、官方微博(YMG

广播网)、YMG官方博客、网报等。此举将烟台日报传媒集团的新媒体产品形成了品牌化"谱系",同属于YMG,此举能够保持新媒体与报媒之间的承接度、同源度,而不断扩大的新媒体产品也可以多元共生(见表4—10)。

表4—10 烟台日报传媒集团全媒体布局构成

类型		名称	定位
传统报纸	日报	《烟台日报》	定位于机关、职场,致力于树立主流政经大报的品牌形象
	晚报	《烟台晚报》	打造平民化的家庭报纸
	晨报	《今晨6点》	打造年轻、时尚、前卫的都市报
	行业报	《华夏酒报》	全国发行的权威主流经济新闻报纸
期刊/杂志		《37°女人》	以都市成熟女性为受众的情感杂志
		《优格》	定位于中高端市场的新锐杂志
网络媒体		水母网	烟台地区第一新闻生活城市门户
		光速资讯网	城市公共视屏新媒体
		黄海数字出版网	黄海数字出版社官方网站
		中国酒业新闻网	《华夏酒报》官方网站
数字报纸		移动报	手机报、iPhone银钮、手机SP业务
		电子纸读物	电子纸报—E媒介;电子杂志
		数字报纸	旗下各报网络版

资料来源:根据公开资料整理。

3.全媒体新闻中心的流程再造

烟台日报传媒集团的全媒体运作之所以被业界关注,很大原因就在于集团对传统报业采编流程成功实施了再造,并在新的全媒体数字复合出版平台上对媒体产品进行了重组(见图4—6)。

集团将全部记者团队统一集中到集团全媒体新闻中心,由中心统一采写、层级开发、集约化制作,以滚动即时播报的形式,向统一的全媒体采编系统发布各类"初级新闻产品";经由这个系统,纸质报、手机报、电子纸移动报、网站、公共视屏等媒体编辑部各取所需进行"深加工",然后重新排列组合,生产出各种形态的终端新闻产品。最后,按照传播速度的快慢,通过多种媒介逐级发布、传播,满足不同受众的多元信息诉求……这就是烟台日报传媒集团全媒体运作的基本流程。

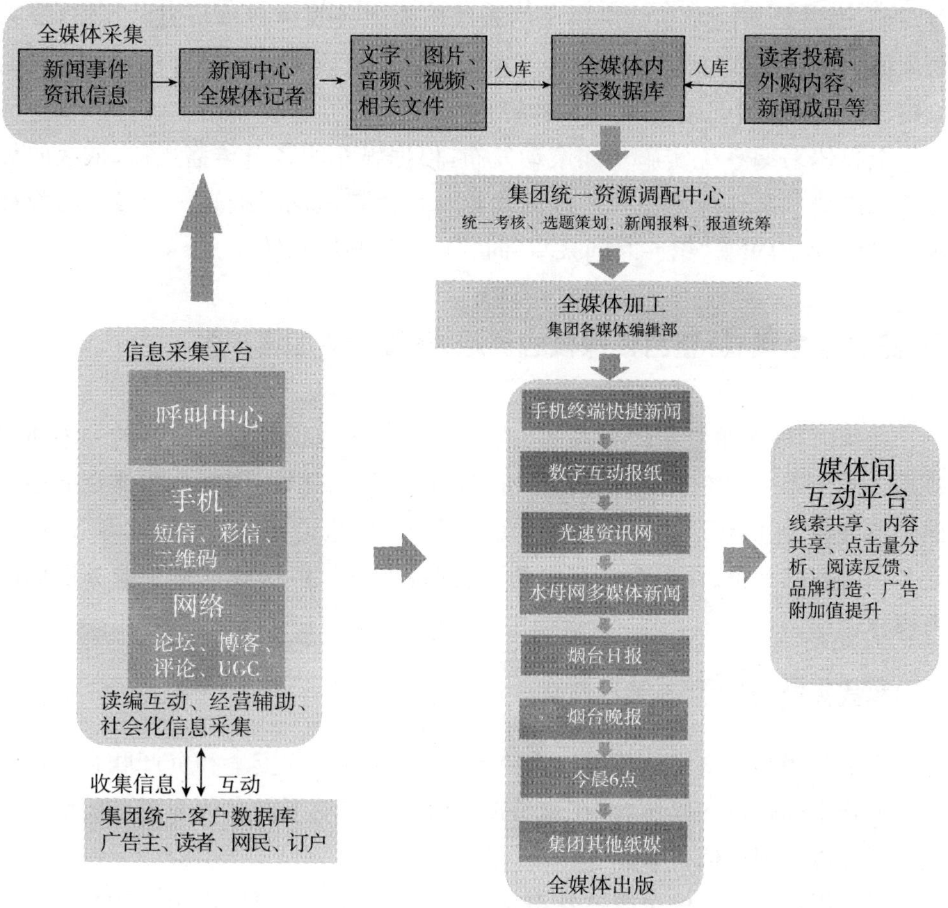

图 4—6　烟台日报传媒集团全媒体业务流程示意①

全媒体采编流程主要由三大重要节点构成：首先是开放式新闻采集。全媒体记者既拿笔、相机，也配备摄像机，既可采文字、图片，也可采视频。全媒体记者以开放性视野，对新闻实施层级开发，根据媒体的不同定位和不同需求，策划采写不同稿件。对同一主题进行差异化层级开发，已经成为全媒体采写的一个基本战术。

不论是记者、通讯员还是报料人，所有传来的信息都通过全媒体采编系统这一个技术平台发布。这个系统支持文图、音视频、短信等多种信息录入和远

① 马涛：《保持先行者的优势——专访烟台日报传媒集团社长、总编辑郑强》，《广告大观》（媒介版）2010年第6期。

程写稿，通过公共稿库和特供稿库两条线向集团各媒体传输信息。其中，公共稿库面向所有媒体，特供稿库只传一家。特供稿主要是媒体自有栏目和自我策划稿件以及新闻中心根据其定位和特色单独开发的新闻产品。

全媒体采编系统实施新闻滚动发布，根据媒介的各自传播规律，依次向集团手机终端—系列网站—电子纸阅读物—光速资讯网—纸媒—内参—出版社等发布信息，力求从“第一时间采写”向“第一时间发布”转变。

五、跨界整合模式：整合传媒核心资源，多维一体加速扩张

在我国，许多报纸集团全媒体布局的做法也可以说是对跨媒体的一种曲线接近。囿于无法在资本层面上进行所有权或股份的并购，因而各媒体在业务层面的各种联合、协作层出不穷。例如《21世纪经济报道》经营“经济之声”的广告业务，《南方都市报》在广东电台经营《南都视点》栏目，这些都属于业务层面的跨媒体运作。

（一）模式关键：资本助力跨界整合

报纸集团布局全媒体还可以走跨界整合的路线，与资本和资产联合。以前是业外资本踊跃进入媒体，现在则是在业内资本推动下的媒体业务或团队进入其他媒体以实现价值扩张。

以新媒体为核心的全媒体转型是一个系统工程，需要巨额资金的投入。但凡在全球做大做强的互联网企业，几乎都是通过资本市场解决投入问题的。也可以说，所有新媒体项目都是资金密集型、人才密集型的项目，单纯用传统媒体的盈利去支撑自然会显得力不从心，因此传统媒体要加紧拓展融资渠道，为自身的转型提供充足的资金支持。浙江日报报业集团提出5年投入20亿元推进全媒体转型，而实现转型的关键就在于依托各种融资手段，例如集团设立的“传媒梦工场”就需要“一基金一公司”甚至“多基金多公司”的模式支持，才能真正帮助所有新媒体人成就创业梦想，才能打造出一个开放的、具有互联网创新特点的传媒产业新平台。

从浙江日报报业集团的投资来看，集团集中围绕文化产业，推进文化与资本的融合，除了由浙报集团控股的全国传媒界第一个文化产业投资基金——东方星空投资公司正式启动运作外，集团已经成功地兼并收购9家县（市）报，并在三年内收回了投资。

2009 年，浙江日报报业集团确定了“全国化全媒体”之路，决定整合优势资源，发展新媒体，融合各种介质。6 月 6 日，集团与阿里巴巴签订战略合作协议，让传统媒体与互联网合作，两大集团利用各自的优势和团队，9 月推出时尚生活类周刊《淘宝天下》；9 月 27 日，集团与中央电视台财经频道签署战略合作协议，将触角延伸至电视；此外，还出资绝对控股红旗出版社有限责任公司；还组建了新公司，发展户外媒体，专门经营户外大屏幕 LED，并与视频新闻结合起来。

在上海，文汇新民联合报业集团自 2003 年以来，通过证券市场介入资本运作，加大对文化传播产业的投资，做大主业。例如，集团通过控股合并了上海印刷集团，建成上海青浦印刷基地；依靠投资、控股、参股、合作，相继组建了 11 家以音乐舞蹈、会展、动漫、票务、剧场经营为特色的文化公司；2010 年 4 月，集团又对旗下的新民传媒广告公司增资 5000 万。

由此可见，在报业集团全媒体的布局中，不同形式和背景的合作、联合已经成为常见的操作手法。需要指出的是，不论是业务层面的联合还是多家媒体的整合，都是对传统体制变革，各媒体机构的重组，或跨界合作机制的支持。

(二)典型案例：浙江日报报业集团全媒体转型战略行动

在“传媒控制资本、资本壮大传媒”的理念指引下，浙江日报报业集团融合新媒体、试水全媒体、进行战略布点的步子早已迈开。集团先后通过几大发展平台介入期刊出版、影视文化等诸多领域，跨界发展……种种“探路”积累下的资源成为集团全媒体转型的重要基础：重要项目的成功运作经验、资本市场、熟悉资本市场善于资本运作的团队，旗下超过 35 家已经分众化了的媒体及其所拥有的内容与经营人才以及 500 万读者数据。

2011 年，浙江日报报业集团推出的全媒体战略行动计划把一个个点上的突破汇聚成了具有“浙报范式”的转型路线图：探索“采编运营全媒体化，产业布局全国化”，通过内部转型、外部扩张、孵化未来进行全媒体转型；从自身的核心优势出发，以用户经营为中心，以服务为切入点实施内部转型；充分借助上市的有利条件，通过外部扩张快速实现战略布点、产业布局；鼓励和促进创业创新，以媒体孵化器模式整合内外部力量，借助技术手段完善运营。

正如浙江日报报业集团社长、党委书记高海浩所说：“浙报集团要成为全国一流的党报集团，必须紧紧抓住重要战略机遇期，牢牢把握科学发展、转型升级这个中心环节。通过全媒体、全国化的战略布局，实现发展目标的转型升级。

通过整合、联合、融合的跨媒体发展，实现发展方式的转型升级。通过企业化、市场化的深入改革，实现体制机制的转型升级。”①

1. 内部转型

内部转型重在通过对现有传统报纸、期刊的读者数据库建设与挖掘，推出全媒体新产品，提供基于互联网和移动互联网的分众化、社会化的信息服务。例如，开发党报移动阅读项目，吸附广大党政干部的碎片化时间，创造党报的读者增量与用户体验；利用社会化媒体转型试点项目，帮助钱江报系提升微博、移动媒体、互动社区网站等读者交互渠道，扩大影响，汇聚用户与社会资源，全面提高信息服务能力；利用浙江在线转型升级项目，积极拓展多媒体渠道，提高用户细分、用户直接接触和渠道掌控能力，成为区域性信息与服务提供商……与此同时，加快完成整个集团的用户数据库应用平台建设。

2. 外部联合扩张

外部联合扩张重在联合战略伙伴，延伸产业链，布局全国化，进行横向与纵向一体化的扩张。在横向一体化扩张方面，积极介入电影、电视、动漫、户外和分众化的专业期刊、成熟的互联网和移动互联媒体，进行并购、参股和合资，并在建立资本纽带的基础上，共享和运营整合这些媒体的资源和集团的现有资源，完善集团的全媒体产品布局。在纵向一体化扩张方面，将资金投向新媒体内容产品设计生产和技术支撑环节的潜力型项目，争取在三年内占领一系列行业制高点，并和集团现有用户和渠道资源进行有机整合，完成集团在新媒体产品和技术支撑方面的战略布局。

3. 传媒梦工场

建设中国第一个媒体孵化器——传媒梦工场，将浙江日报报业集团的传媒运作经验、内容生产组织与传播能力与互联网界的创业、孵化、投资机制相结合，打造影响中国传媒未来的团队，推动集团站到新媒体产业的最前沿。

2011年9月30日，浙报传媒上市第二天，集团新媒体中心成立。这是集团全媒体转型的一支“探险队”和“先头部队”，他们仅用一个月时间就确定了传媒梦工场的基本运营模式。更为关键的是，新媒体中心与传媒梦工场进行一体化运行，探险队全员转制，以企业员工身份开展全媒体转型工作。

---

① 王纲:《梦想照亮现实，创新成就未来——浙报集团全媒体转型的路径选择与初步探索》,《新闻战线》2012年第1期。

传媒梦工场的出现，可以说是浙江日报报业集团在全媒体转型方面有别于同行的特殊举动。根据全媒体行动计划，传媒梦工场引入孵化器机制，专门培育传媒行业的新兴内容生产和技术应用研发团队，为其创造工作环境，提供一定时期内的开发运营经费，并利用集团与合作伙伴的资源为其提供业务初期发展所需的各方面扶持。传媒梦工场用一定的资本投入和孵化服务换取创业团队一定比例的股份和配股优先权，孵化期结束后，视项目情况决定是否加大投资、引入其他投资者、出售或者收购。孵化项目、团队人员既可以来自集团外部，也可以来自集团内部，但均需通过项目认证与遴选审核。项目成功后，集团内部员工也可以转换身份，借助孵化器机制创业，成为集团的合作伙伴。

第五节　“全媒体”：口号很美好，现实很残酷

以互联网为基础平台的媒体融合渐成大势，不同形态媒体的合纵连横仍在加速推进，向全媒体转型已成为报媒业界共识。在这一轮技术浪潮中，报业选择了“全媒体”作为求生之道。从报业的实践来看，全媒体转型是一片热闹。全媒体诚然是形式创新、体制改革和渠道拓展的有益探索，但是报业所认识的和实践的全媒体是不是“全媒体”的正解和内核呢？“全媒体”应该做何理解？报媒认识到了全媒体，但是否做到了全媒体？报媒在全媒体的发展道路上存在着哪些潜藏的问题或者障碍？

一、重新解读全媒体

(一)理解全媒体的基础：三个无限

无限的生产、无限的传输、无限的服务是当前媒介发展的大环境，也是理解全媒体的基础(见图 4—7)。首先是生产无限。生产者急剧增加，过去存在着种种专业壁垒，有人为因素，也有技术因素，而新技术使得全民新闻、全民创意、全民摄影成为现实。其次是传输无限。以前，传播渠道极为稀缺，现在则唾手可得，文字的、音频的、视频的均可以接近零成本地传输，且速度越来越快。在传输手段上，通信网络、广播电视网络、互联网的虚拟网络都可以作为信息传输的手段。最后是服务无限。精神产品和物质产品需求的最大不同就是前者存在

无限的空间，而物质需求往往受制于物理条件。消费者潜藏心中的精神需求被解放出来，成为媒介提供服务的动力所在。

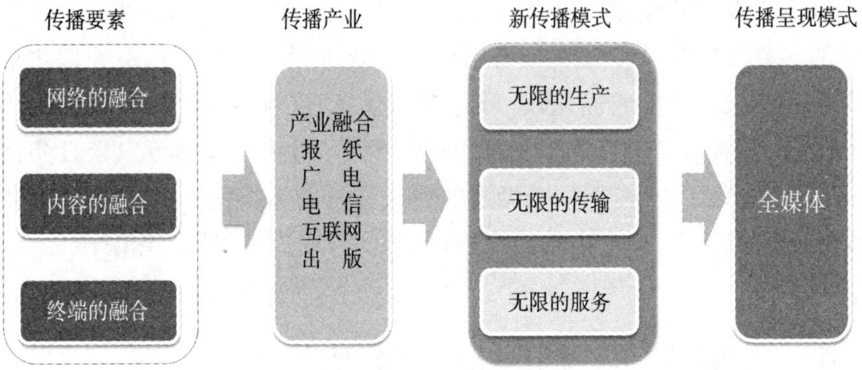

图 4—7 全媒体的理解图示

(二)全媒体的概念内涵

从生产、传输、服务三个层面来理解全媒体，全媒体的概念有广义、狭义之分。

狭义的全媒体指生产环节的全媒体，如今已经有报媒机构在实践，如烟台报业传媒集团的流程再造，南都全媒体集群“人人都是新闻人”的新闻生产。虽然报业对于全媒体的实践有其积极合理一面，但必须看到，目前业界在生产环节所进行的全媒体实践，在具体操作上依然沿用的是上世纪 90 年代的“媒体资源管理系统”理念，即搭建内容的信息化管理系统，一次上传，集中分发，多次利用。

事实上，全媒体所涉及的并不仅仅是技术手段的全媒体，而是一种真正从生产端、传输端到服务端三个端口的全方位的“全媒体”。因此，广义的全媒体指在内容生产环节，内容生产虽然是海量级，但却能够保持精品内容与 UGC 内容平衡；在传输环节，物理网与虚拟网融合，实现最快的传输；在终端服务环节，通过移动、固定各种终端提供服务、满足需求。这里的“全媒体”，首先不是单一的媒体，而是多种媒体的复合；其次，要具备全产业链，从内容端到传输端到服务终端，虽然不一定都介入，但都具有很强的适应性。

(三)全媒体的核心关键:平台化操作和大数据支撑

全媒体的核心关键在于平台化的操作。“平台化”,是基于“我为人人,人人为我”理念之下的互联网式开放沟通平台,在这个平台,传播模式是人人对人人的传播。支持传播模式运营的颠覆性变革的,是传播内容的由稀缺到丰富、传播手段的由单一到多元、传播渠道的由管道到平台。

如何理解全媒体带来的上述变革?通常的理解是技术发展的推动,其典型代表是摩尔定律。根据摩尔定律的解释,集成电路上可容纳的晶体管数目,约每隔18个月便会增加一倍。这一定律持续发挥效应,促使消费类设备且增多性能不断提升、价格不断降低。为什么会有这种变化呢?内在驱动力是什么?笔者认为,是市场中无处不在的需求促使了变革的发生。如何精确地分析和把握碎片化时代的消费者需求,洞察其需求变化,满足和适合其口味,并通过优质服务达成营销或者化解危机?核心就是大数据,这也是未来媒体运作的基本思维。这里的“大数据”,不仅仅指数据的规模或者数量之大,而是一种基于用户需求的积蓄和能力之大,我们姑且称其为“一股不可理喻的潮流”①。在大数据驱动下,平台越是开放,越拥有大数据,大数据越聚集;越是接近大数据,平台实力越强。

二、报业全媒体理解不到位,仅仅集中在生产层面

毫无疑问,这一阶段,报业敏锐地注意到了全媒体这样一个环境,也对这个环境之下的传播模式以及经营方式做了一些探索,但是从现实效果来看,报业只是将“内容生产”作为了全媒体战略的核心要义。根据上文分析,内容生产仅仅是全媒体战略中的一个层面,传输层面、服务层面却鲜有涉及。不仅如此,报业所做的生产层面的变革,也是一种“补课”。基于以上的认知偏差,报业在决策行动上不完整、不到位、不彻底。

(一)报业意识到生产环节需要改变,对内容进行数字化管理

数字化改变了新闻内容的产生、采集、处理、传递、存储及消费的方式,改变了传统报纸与读者、用户之间的传播形态,改变了报业原先的生产流程和组织

---

① “不可理喻的潮流”可以理解为在网络上,一个事件被大规模围观点击之后就成为热点,继而带来雪崩效应,形成巨大需求浪潮的现象规律。

结构。从南都全媒体集群、烟台日报传媒集团的全媒体布局来看，当前中国报媒全媒体布局的焦点是在技术设备数字化、传播网络化、内容管理信息化的基础上，再造新闻内容的生产流程，再造内容运营和管理新方式，以构建高质高效、开放集成、资源共享、多次分发数字化内容资源管理系统。而这一观念和思路，最早始于 IBM 公司所开发的信息管理系统，应用在媒介领域已经非常成熟，在广播电视数字化的实施过程中，也可以见到这种数字节目内容资源管理系统和集成分发交换平台的操作方式。这种方式重在对报纸的核心资产——内容——进行数字化管理，从而控制业务流程。

（二）报业内容流程再造，看似创新，实则“补课”

传统的信息搜集、生产与销售模式已经无法满足当下受众的需求，也无法使报纸媒体在市场竞争中获得优势。全媒体的发展并不是让报纸放弃在平面媒体领域中已经获得的成果，而是要求报纸媒体能够用一种大媒体和全布局的高度与眼光来看待媒体的发展趋势，用“平台”和“库”的理念来看待自身的产品，从内容生产流程入手做最根本的改变，以适应新的技术挑战与市场竞争。

在内容与传输都呈现出海量趋势之时，这种内容管理的思路是非常重要的，内容的整合也的确是核心所在。但问题是，对于拥有几十年信息量的报媒机构来说，直到现在要进行全媒体转型了才想起需要建立这样一种将内容进行数字化管理的思路，是不是有些太晚了？通过各种渠道将内容素材引入，打包、整理、检索，形成不同的资源系统，提高效率，进行资源的整合与管理，这种“媒体资产管理系统”的运作理念早在 2000 年就已经被国内外广电媒介广泛采用。“2000 年以来全球的媒介在回应数字化变化时，核心的措施都是建立自己的媒介管理系统，小到香港的有线电视，大到 BBC，也就是让大量的信息和内容在一个资源平台共享。”①

对比来看，报业在全媒体转型过程中选择的策略，通用的办法就是搭建一个“全媒体复合出版数据平台”，目的就在于实现内容的一次生产、多次出版、集约化生产。这种几乎完全类似于大型媒体资产管理系统的管理方式直到十多年之后才在报纸的全媒体化过程中诞生。报业现在所做的内容流程再造也好，搭建多媒体出版平台也好，都是早先报业数字化过程中应该做而没有做的，所以在全媒体阶段要“补课”。

---

① 黄升民：《媒介产业化十年考》，《国际广告》2007 年第 1 期。

三、报业全媒体转型中遇到的困难和问题

全媒体诚然是形式创新、体制改革和渠道拓展的有益探索，但是困扰报纸行业多年的商业模式和营销方式尚未涉及，在我国现实条件下，全媒体业务的发展中仍存在不少亟待解决的问题。

(一)制度制约

目前，全媒体转型大多是报纸业界的产业实践，但并没有像 2006 年“数字报业”那样得到政府的扶持和鼓励。而来自政治体制和管理机制方面的种种滞后和不协调已经严重制约了转型的下一步突破。因为在政策方面，报业转型还需要在以下几方面着力突破：

一是媒体之间的界限。在全媒体的实践过程中，媒介融合必然会兼容多种媒体内容、横跨多种媒介渠道，相应地便会受到来自电信、广电、文化、新闻出版等部门的共同监管，行业之间的利益纷争、媒介规制的分立与交错就会成为全媒体发展的绊脚石。由于政策限制，报纸不可能涉足广播电视事业。此外，这种多头管理的混乱现象背后还存在着对监管对象基本概念界定不清的问题，也使得实际操作中出现了不少问题。

二是行业的界限。根据中国现行的新闻政策，报纸可以经营其他行业，如商业零售、旅游观光、房地产等，可是其他行业的资本却不能经营报业。限制其他行业的资本流入新闻传播行业，大概是基于新闻媒介意识形态方面的考虑。同时，在新闻传播领域还禁止设立合资合作企业，不仅禁止外国资本合资合作，本国资本也是如此。但在科技迅速发展、高度商业化的当代社会，报业的维持与发展需要大量的投入，仅靠报纸自身的积累远远不够，更需要打破行业界限，容许其他行业投资报纸。这是推进报纸产业化集团化的重要手段。

三是地域的界限。如前所述，中国报业的全媒体布局在报纸层面至今仍局限于地区的范围，仅仅通过新媒体来实现全国扩张。报业实现全媒体转型，就需要打破地方壁垒，撤销地方保护措施，建立全国统一的报业市场，使各地报纸在国内统一的报业市场中平等竞争。

(二)资金短缺

传统报媒长期以来采取的是“事业单位企业化管理”的运作模式，在利润率

较高的时候自我积累较少。近几年虽然报业逐步进行转制改企，但是由于新媒体的冲击，利润率开始下降，尤其是传统报业的媒体规模都相对较小。这些导致了传统媒体的资金实力较弱。新媒体作为风险很大的行业，需要较大的资金，尤其是门户网站和视频网站，动辄需要几个亿资金，这是传统媒体自身能力远远无法承担的。即使是新浪、腾讯、搜狐等互联网巨头，在创办初期也都是不盈利的，是凭借着风险投资商大把大把的真金白银砸出来的，成千上万的网站根本没有出头的机会就夭折了。

传统报业在自有财力不足的情况下，要想大力发展新媒体就必须引入外部战略投资者，这就要求解决新媒体的商业模式问题，外部战略投资者尤其是基金类战略投资者只有看到可行的商业模式后才会投入大笔资金，最为尴尬的是，传统报业在发展新媒体时遇到的最大问题就是找不到商业模式和赢利模式。因此，传统媒体要想真正发展全媒体，就必须不断探索新的商业模式和赢利模式，否则所有的愿望便都是无源之水。①

(三)技术瓶颈

新媒体的发展趋势是：以用户和市场为导向，以技术为驱动，以平台为基础。目前取得成功的谷歌、微软、新浪、腾讯等新媒体公司从本质上讲都是真正的新技术公司，因此，传统报业要想真正实施全媒体战略，就必须突破技术瓶颈的限制。但现实问题是，传统报业目前技术水平低下、能力薄弱，急需从外部引进高水平的技术人才，而这又需要给他们解决高薪酬待遇和利益分配问题，并为其提供符合新媒体要求的股权激励和事业发展的良好平台。

(四)人才匮乏

传统报业在报纸业务方面的人才较为充足，但新媒体人才尤其是既懂媒体、又懂经营，特别是懂技术的人才极其匮乏。更要指出的是，由于新媒体公司机制更为灵活、待遇更高、发展前景更好，大批的传统媒体人才开始向新媒体快速流动，如果传统报业不能在全媒体和新媒体业务方面取得成效，其赖以生存的人才将以更快的速度流失。因此，对于传统报业来说，关键是要创新机制和商业模式来吸引和留住人才。

---

① 郭全中：《传统媒体实施全媒体战略面临的主要困难与对策》，人民网 http://www.dzwww.com/rollnews/news/201010/t20101025_6758477.htm

四、全媒体转型的启示及报业未来发展的深度思考

（一）报业要实现全媒体是强人所难，全媒体战略并非报业的通用战略

要在生产、传输、服务三个层面实现全媒体，对于下阶段的中国报业来说，几乎是不可能完成的任务。举例来说，报业几乎还没有完全完成“网络化”，在这样的条件下变身“全媒体”谈何容易。但同时，全媒体无疑是媒体发展的趋势，倘若报业无法实现全媒体，还能怎么做呢？

不同类型的报媒机构应该采取不同的发展战略。规模小、实力弱且没有垄断优势的报媒机构，可以整合进传媒集团，充当其在某一区域的信息源；规模中等、实力较强的报媒机构苦于没有跨区域、跨媒介扩张的实力，可以在多元产业上寻找突破口，例如文化产业、房地产等，发挥报媒的品牌优势，积累资金完成商业化转型；内容优势突出、实力较强的报媒机构可以定位为某一区域或者某一专业的内容信息服务商，通过内容售卖实现价值增值；而规模大、实力强的传媒集团，尤其是市场化能力强、品牌好、人才储备足的传媒集团，则应该趁机彻底进行数字化转型，在具体的路径选择上，一方面可以通过异地新办媒体、收购兼并等方式实现跨区域、跨媒介的扩张；另一方面可以在做强现有媒体的基础上，实现各种媒介形态的融合和嫁接，开发出新的媒介形态。

（二）实施全媒体，关键在于新旧媒体之间的文化认同

在数据和物理形式统一之前，最重要的“功课”还是在认识上统一和确认新旧媒体形态及传播模式。报业实施全媒体，除在政策、技术、人才、资金等方面会遭遇诸多困难之外，文化冲突也是一个十分重要但又常被忽视的问题。报业全媒体转型，势必要在新媒体领域有所作为，而新旧媒体之间的差异不仅仅表现在媒介形态上，更关键和本质的还是两者之间的管理模式和文化方面的差异。

这种差异表现在很多方面，在生产上表现为传统纸媒的研发模式深入骨髓，即由少数人甚至金字塔尖的几个人根据假想的目标读者的需求，对新闻进行选择、采写和加工，然后提供给读者。而互联网采取的则是运营模式，即网站本身只提供一个平台，信息的产生、编辑甚至传播，都由用户本身完成。此外，还表现对风险的承受和认知上。互联网是一种高投入、高风险、高回报的新事

物,这就意味着面对风险时要有承受能力和处理能力。风险投资不是感性的,而是理性的,在风险投资的介入下,新媒体技术与资本结缘,资本对利益的驱动使得互联网新媒体的运作更加完善和成熟,也助推了新媒体产业的成长。而传统报业在技术转型过程中虽然也投资了新技术,但技术只是手段,关键是要接受前卫的新概念要求投资者、合作者具备共同的冒险精神和承受能力。在这一点上,传统报业恰恰缺乏抵御风险的能力和分配机制。

第五章　技术变革视角下报业发展演变中的深层问题

回顾历史，为什么报业一直在奋力抗争，却难改惨淡现状？究其根本，是技术与资本、技术与政治、技术与文化之间的矛盾冲突，造成了现实的报纸技术变革的兴衰起伏。未来怎么办？要生存就意味着转型，报业发展正酝酿着新一轮的转型，但必须要对转型有清晰的认识，避免转型的误区和问题，毕竟留给报业的时间已经不多了。

第一节　报业发展演变遵循技术发生发展的一般规律

报业发展的历史也是一部新技术的应用史，过去报纸的每一次进步都利用了新技术，无论是告别铅与火，从黑白到彩色，还是进入厚报时代和开发电子版。在报业发展的漫长历史中，有哪些规律可循？这些规律如何影响和决定报业的发展变革？

一、报业发展遵循技术演变的一般规律

任何技术都有一个诞生、成长、传播的过程。同样，每一个的技术变革，对报业的发展也都有着不同影响，因为技术的不同，报业呈现出不同的发展过程。

(一)技术发生发展的一般规律

一般来说，技术从诞生到发展，会经历一个“初始(认知)—导入(采纳)—成长(普及)—成熟—衰退”的过程。由于新技术具有风险性和不确定性，最先采用它的往往是少数独具慧眼、有胆识的尝试者。随着新技术市场效应的增强，

学习和模仿者越来越多，技术的扩散速度明显加快，从而使新技术得到普及。当技术被绝大多数使用者掌握时，就会发生产业转型。

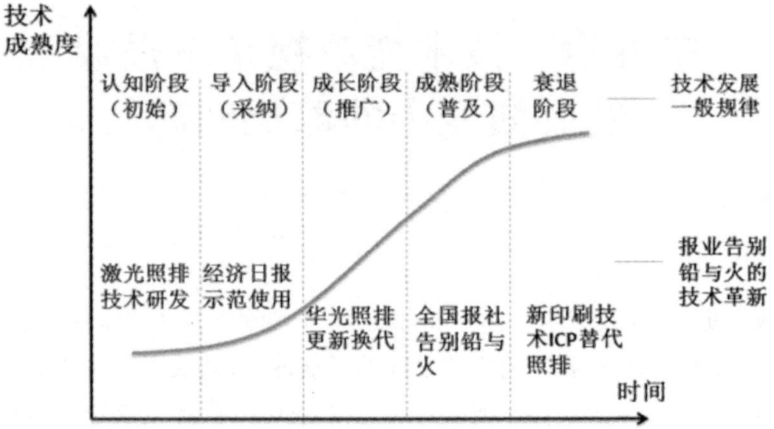

图 5—1　报业告别铅与火的技术革新遵循技术发展的一般规律

20 世纪 80 年代，报业使用激光照排技术告别“铅与火”的技术革新过程，就遵循了技术发展的一般规律(见图 5—1)。在计算机技术快速发展的背景下，国家组织高尖端科研力量研发中文激光照排技术，第一代华光中文激光照排技术问世后，《经济日报》成为采用新技术的第一批创新者。正是中央级大报的示范效应，使得华光照排技术在不断升级改良后，开始在全国报纸行业范围内推广开来，继而使得报业彻底告别了落后的铅字热排技术；与此同时，计算机技术的应用也从生产印刷环节扩散到整个行业的其他环节，例如采编环节和经营环节，从而提升了报业的整体技术水平和生产管理效率。

(二)数字技术发生发展的规律

不同的技术创新在推广发展的过程中会存在一些差异，因此也会出现不同于常规意义的技术发展过程。大约在 20 世纪 90 年代中期，信息技术研究和咨询公司 Gartner 发现了创新发展规律，并将其总结为五段式技术成熟曲线[①](见图 5—2)。

技术萌芽期　创新曲线从一个新技术突破、新产品原型公开展示等事件开

---

① Gartner:《2012—2013 年技术曲线成熟度报告》，福布斯中文网. http://www.china—cloud.com/yunzixun/yunjisuanxinwen/20121024_15746.html

始，促使媒体和业界对它发生兴趣；接着，越来越多的人看到它的潜力，一波浪潮迅速传递开来。

期望膨胀期　一些领头的公司抓住这项新技术，并在其他竞争对手之前进入；接着，其他公司跟进，新技术被推到极限。

幻灭低谷期　虽然新技术提供商已经尽了最大的努力，但逐渐暴露出的问题使人们发现事情不像他们当初想象的那样；最终，负面情绪取代了开始时的激情，创新的潜在价值被低估，新技术跌入低谷期。

希望爬坡期　技术供应商根据早期的反馈不断改进产品，随着时间的推移，新技术不断成熟，应用的最佳实践开始推广。

实质生产高峰期　新技术被展示、被接纳，技术和产品的风险大大降低；由此一个普及曲线开始了，并迅速形成生产力和产生使用价值。

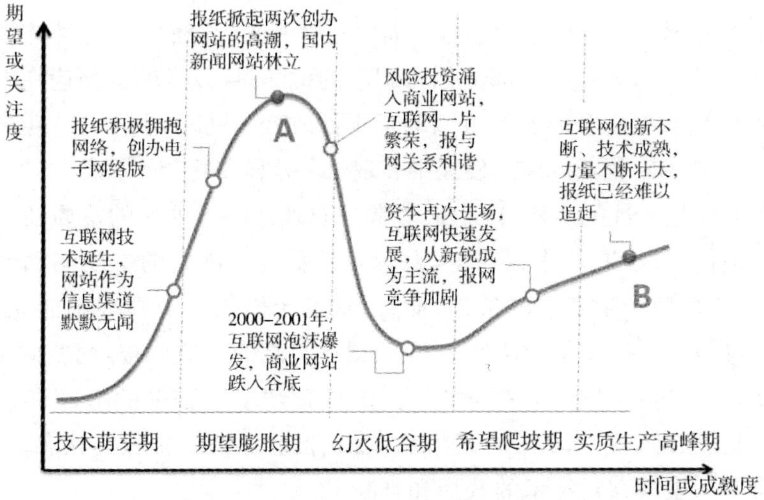

图 5—2　Gartner 互联网技术发展曲线及报业技术导入情况

报业对互联网技术的推广普及过程印证了这样一个规律：互联网技术诞生初期，报业认为互联网技术能够扩大报纸的传播效果，对互联网技术采取了积极介入的态度，纷纷兴办电子网络版。此时，因为网络还处于初始阶段，较为弱小，报纸与网络之间是和谐的友谊关系。但 2000 年，互联网技术遭遇到了互联网泡沫的低谷期，当初积极介入的报业发现事情不像他们想象的那么美好，于是负面情绪取代了最开始的热情。经历了“网络泡沫”的爆裂，互联网开始进入理性耕作时代，经过洗牌生存下来的各类互联网技术公司开始寻找差异化的定位、专业化的服务、成熟的商业运营模式，希望借此获取可持续发展的动力。随着时间的推移，互联网公司对于新技术的应用已经非常成熟，且力量不断壮大，与报纸之间形成了竞争甚至替代关系。而报纸则一直沿用传统思路发展网络，止步不前，直到发现威胁才意识到应积极应对，但为时已晚。

二、报业技术导入中的关键因素：技术和人

为什么报业会出现技术变革过程的差异？为什么不同于一般的"S"型技术发展过程，在数字技术的发展中会呈现出过山车一样的曲线规律？这其中有两方面的原因。

一方面是技术的本质，即技术性质和能效的不同，造成了技术的影响范围和程度不同。涉及面越广、影响程度越深的技术，在发展过程中的路线越复杂、越反复。激光照排技术的技术革新只涉及报纸行业内部，且报纸通过自身对新技术的采纳，可以完成技术导入的整个过程。而以互联网为代表的数字技术本身具有颠覆性，已经超出了报业行业内部消化和调整的范畴，且技术的创新应用会给传统报纸带来生产机制、媒介形态等方面的根本性改变。同时，由于有一定的市场风险，因而这一技术在报业的应用发展中表现出了差异和复杂的状态。

另一方面是人性的本质，因为人常常是非理性的。人性的本质使人容易对新事物期望过高，如果未达到期望，人就容易受挫。创新的本质驱动着新事物缓慢地、一步步地产生真正的价值，而且，这两个因素的节奏并不能完全同步。如图 5－2 所示，人们总是期望在 A 点获得比较高的价值回报，而实际上要到 B 点才能实现。在报纸网络化探索早期，正是看到了互联网的泡沫和盈利的无望，缺乏对互联网新技术的充分理解和认识，报业才处于犹豫的状态。此外，人的主观理解还表现在对技术的选择和判断上。

三、不同主体判断标准不同，影响技术的采纳与导入

（一）技术选择的一般标准

技术选择有各种标准，总的来看，有基于政治立场的政治标准，基于经济立场的经济标准，以及基于技术立场的技术标准等。技术经济学认为，技术选择既要注意技术的先进性，又要考虑错综复杂的内外部条件和诸多因素影响下技

术的适用性，只有这样才能有效地利用先进技术。[①] 技术选择的标准主要有以下几个方面[②]：

(1)先进性。所谓先进技术，是指那些具有发展前景的先进技术、关键技术。

(2)经济性。指投资少，见效快，经济效益好的技术。

(3)适用性。从客观条件出发去选择适宜消化、吸收的技术。

(二)不同技术采纳者采用不同的判断标准

不同的技术采纳者会根据自身的立场和眼光运用不同的技术判断标准。同样的技术，因为技术采用者用不同的评判标准和眼光去判断，会直接影响到技术的最终采用，从而影响整个技术发展的进程。

例如，如果资本角度去评判新技术，则不是生产效率的问题，而是能不能带来更好的市场前景和市场空间，也就是市场回报的问题。对于报纸的经营者来说，判断一个技术的标准，与资本视角基本相同，是从长远来看新技术是否能带来更多的商业机会；对于报纸生产环节的编辑者来说，是考虑新技术能否带来更大传播效果和影响力、更高的工作效率；对于报纸管理机构政府管理者来说，对技术的考量则主要集中在它能否提高生产效率，能否满足更多的社会需求，同时还不会危及社会安全。

在上述规律的作用下，具体来看报业的技术应用。在政治领域不存在太大差异、不涉及太多意识形态层面的前提下，报业是否选择一项新技术主要取决于技术本身是否具有足够的效率；技术是否可行，采纳者是否具备足够的支付能力，资源和组织是否匹配；以及技术导入后能否得到足够的回报。如图 5－3 所示，如果三者都为“＋”，则技术百分之百会被采纳；如果两项为“＋”，报业决策者会犹豫；如果三项中有两项正负偏差很大，则报业决策者会对风险进行评估。

而事实上，从技术本身来看，技术是客观存在的一个事实，之所以表现出被采纳与否、被采纳快慢的差别，与技术采纳者的不同判断有很大的关系。

在发达国家，报业在引进一项技术的时候，无非考虑以上几点因素。例如在报纸电子网络版的创建上，英国的不同报纸就表现出了不同的选择：《卫报》

---

① 毕梦林：《高等学校教学用书·技术经济学》，东北大学出版社 1996 年版，第 54－56 页。

② 陈念文、杨德荣等主编：《技术论》，湖南教育出版社 1987 年版，第 184－186 页。

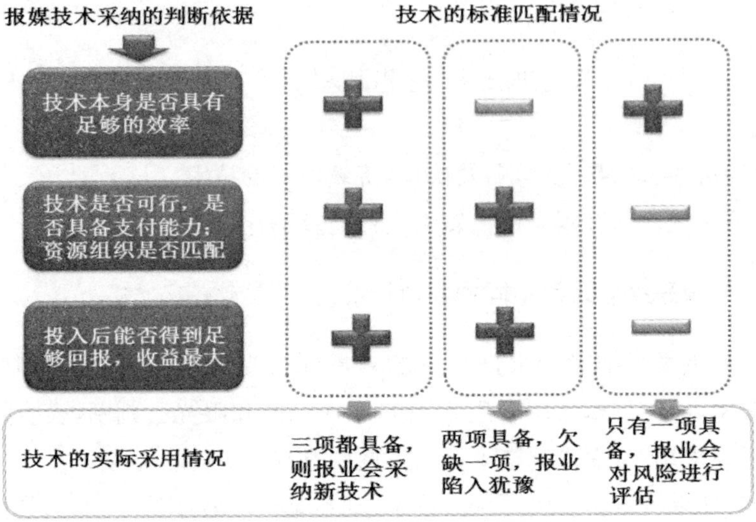

图 5—3　报业的技术选择依据及判断过程

《每日电讯报》同为欧洲报纸数字化的先锋，1994 年，《每日电讯报》在英国报纸历史上第一次尝试建立自己的电子版；而直到五年后，经过长时间的论证和对全球 IT 业的发展方向进行评估，《卫报》才大规模地启动自己的网站。事实上，正是因为对新技术的市场风险有着不同的评估和判断，才导致了不同报纸媒体在技术导入上的时间差异。

第二节　技术变革主导下报业发展各阶段显现的深层问题

从海外报业以及全球媒介发展演变的宏大历史过程中来看，中国报业与外国报业是存在共性的，如都具有事业和产业属性，中国报业的特殊性表现在事业属性更强、事业属性的涉及面更广，但产业属性及其发展规律又是不可抗的。

本节将参照海外报业的发展历程，对中国报业因其自身的特殊性而呈现出的发展演变轨迹进行由表及里、由浅入深的剖析，并回答报业在不同的阶段遇到了哪些困难？解决了哪些困难？没有解决哪些困难？从整个四阶段来看（见图 5—4），报纸是一路走低，这个严酷的事实应该如何解释？为什么会出现这样的结局？

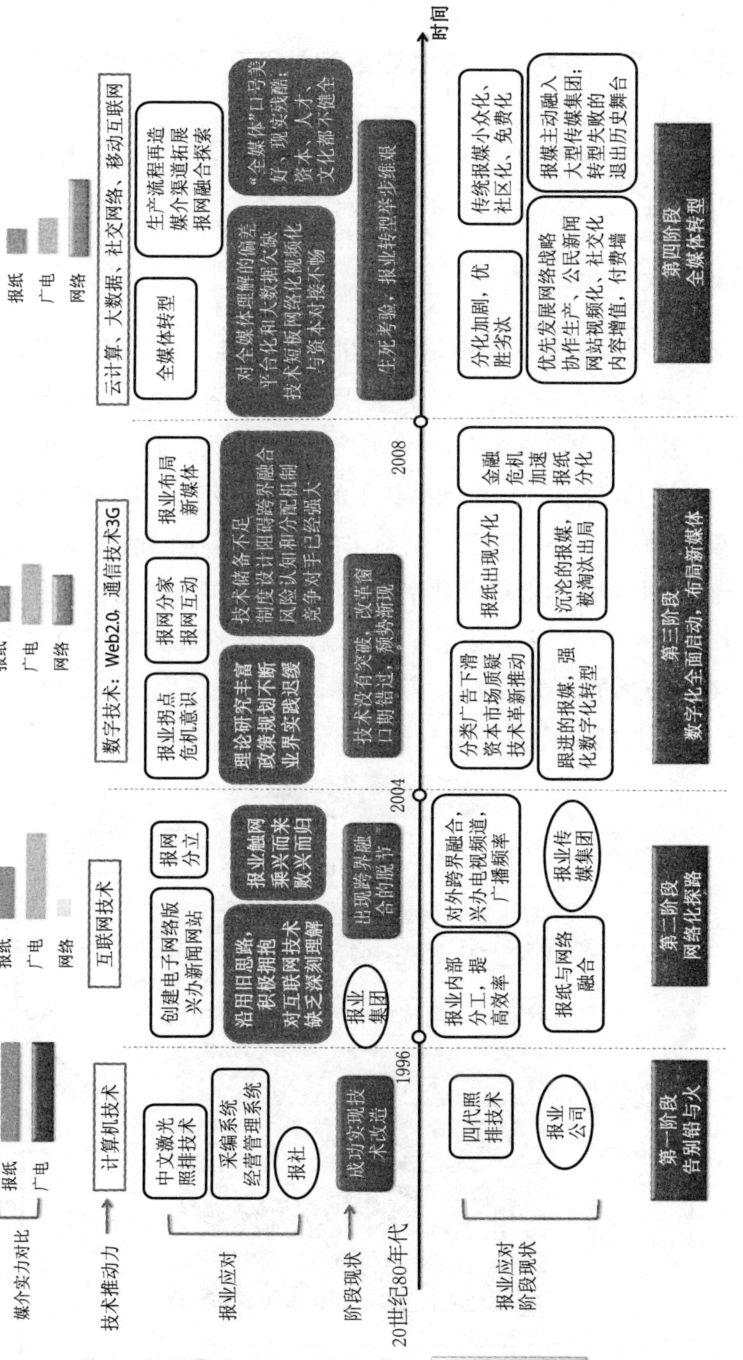

图 5—4　以技术变革为先导的报业发展演变历程

一、第一阶段：报业顺利完成技术变革的关键在于技术领先和行业共识

中国报业从 20 世纪 80 年代接触计算机开始，从某种意义上讲就开始了技术变革的历程。

（一）从硬件到软件的技术革新

这一阶段，技术革新的关键是计算机激光照排系统，它仅装备印刷厂的排字车间，是报纸生产中一个环节的数字化，这种变革发生在报纸的排版和印刷两个环节，涉及排版和印刷工人，因此有“告别铅与火，迎来光与电”一说。进入 20 世纪 90 年代后，随着计算机网络技术的发展以及数字设备的大量涌现，报社的各个业务环节开始逐步实现数字化：采编环节从新闻采编综合业务网发展到新闻综合业务网，传统报业借助数字技术实现了新闻业务的自动化和网络化改造；在财务管理系统、广告系统等方面开始逐步实现经营管理的数字化等。随着报业采编业务网的纷纷建立，记者、编辑的工作手段也发生了根本改变，告别了纸与笔，业务上实现了网络化（见图 5－5）。

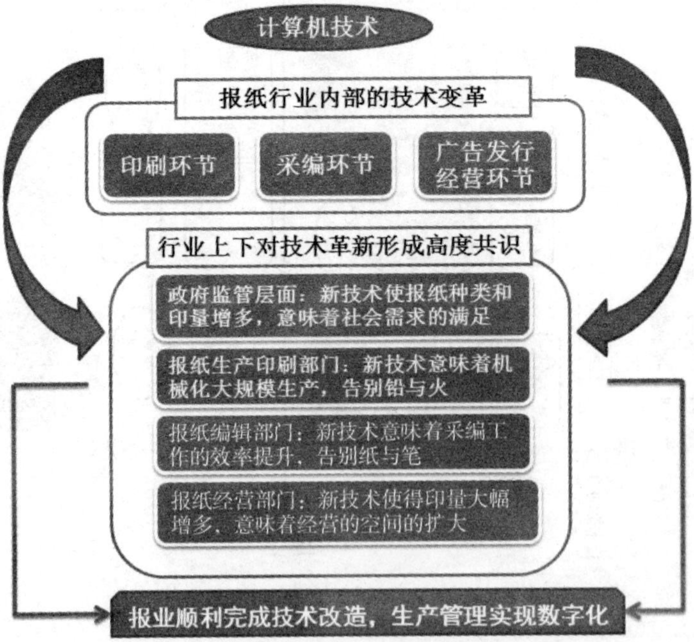

图 5—5　第一阶段，中国报媒顺利完成计算机技术革新

(二)对于技术的采用形成了高度共识

汉字的特殊性导致其难以实现大规模的机械化印制，且“活字印刷”“铅字热排”的人工操作手段已经严重束缚了报纸的生产效益。因此，当国产中文激光照排机问世之后，经过《经济日报》等中央级大报示范单位的试用，激光照排技术这项技术革新便在行业上下取得高度一致的认识，一举成功。

当时，报纸全行业已认识到“铅字热排”的印刷手段极需要突破，也认识到了计算机技术应用对效率的提升作用，在技术采纳的判断上已达成了共识。在政府监管层面，新技术使报纸种类和印量增多，意味着社会需求的满足；在报纸内部编辑部层面，新技术意味着采编工作的效率提升；在经营部门看来，新技术使得印量大幅增多，意味经营的空间扩大。因此，各个利益主体达成了高度的一致，要不要技术转型已经不是问题。

从技术革新的角度来说，这个“跨越”无疑是成功的：投入国家级的科研力量追赶世界先进水平并在技术上实现了突破，中国报纸媒介告别铅与火的时间虽然比海外同行晚了十年，起步虽然晚，但是进步快，基本上保持了同步。

二、第二阶段：三大层面准备不足导致报业网络化探索受阻

为什么报纸会采取积极拥抱的态度？报纸是否认识到互联网技术的优势和价值？为什么积极拥抱的结果反而落差巨大？不同于上一阶段的印刷技术的革新，互联网涉及更多更复杂的问题。首先，互联网技术已经超越了人们的知识范围，存在较大风险。其次，技术带来融合跨界的问题，也带来了政策管理的限制问题；不仅有“愿不愿意做”的问题，而且还涉及“能不能做”的问题。最后，互联网这种技术带来了巨大的成本风险。这里的成本风险指投资之后的回报周期可能很漫长，对于所有的投资人来说，理论上可以接受，行动上却很迟缓(见图5—6)。

(一)认识层面：互联网技术超越传统报业认知，报业缺乏深刻认识

报业对网络新技术之所以采取“热烈拥抱”的态度，关键是报纸在该阶段初始对互联网新技术缺乏真正认识，对技术的认识还停留在“告别铅与火”的时代，认为互联网技术只是工具或者手段，“通过一个技术的采纳就可以实现报纸的华丽转身”。实际上，互联网技术不仅仅是硬件软件的技术革新，而是涉及报

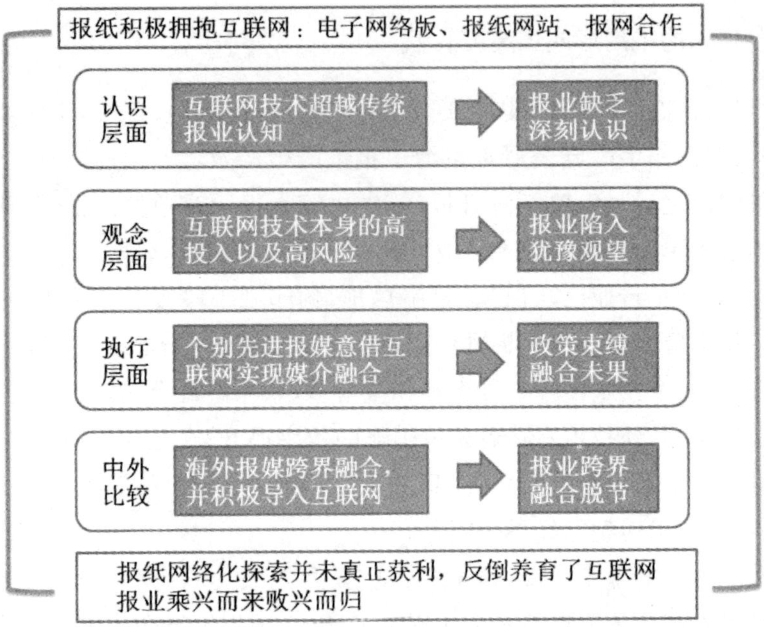

图 5—6　第二阶段，中国报媒网络化探索受挫

媒内部生产流程、管理机制、业务模式等一系列变革。只有真正了解互联网技术是何种技术，才能知道新种新技术会对报业产生怎样的影响，才能知道对这种可能出现的未来影响做哪些准备、预防哪些问题。而报业恰恰没有意识到这些问题，缺乏这样的眼光和观念。互联网新技术是一把双刃剑，正因为认识不充分，结果在实际的操作中，报业可谓是“乘兴而来，败兴而归”。兴高采烈地拥抱新技术，结果却换来痛苦的现实。

(二)观念层面：互联网的技术风险使得报媒犹豫观望

报业长期以来都是对技术不敏感的行业。因为技术隔阂和后知后觉，报业长期以来在技术储备上都是慢半拍。报业后来虽然积极引入互联网技术，但是碍于自身在硬件软件上储备不足，如网络系统搭建、计算机设施设备等，互联网技术难以在报业内真正产生价值，反而产生了风险。

互联网技术本身有风险：没有工厂，没有车间，不生产有形产品，甚至没有自己的原创内容，上世纪 90 年代末期，雅虎这样的互联网企业创造了一个全新的商业模式，新浪、搜狐也是沿袭了这样的模式：免费服务是它们的一大特征，其商业模式不是传统的基于成本的，而是基于用户量这个指标的。在用户量未达到一定数目之前，不可能实现盈利，这就意味着风险。因此报媒虽然在理论上能够认识到新技术的好处，但落实到实际行动上就显得非常迟缓了。

大部分互联网新媒体在初创期间都需要大笔投入来追求规模效应，资本投入成为关键因素。在互联网诞生之初的数年里，资本也确实起到了举足轻重的作用。同时，资本市场的态度在某种程度上也决定了互联网产业的冷暖和悲喜。2000 年的网络泡沫正是因为互联网商业模式不清晰，导致互联网商业化运作出现障碍，进而导致大量投资人动摇后退出而造成的。

互联网本身的高风险以及网络泡沫的现实，使报业对互联网发展前景产生了质疑，特别是对互联网的高风险充满了不安，结果报业在最应该积极采纳互联网新技术进行媒介融合突破的关键时期反而表现出行动上的犹豫观望。

(三)执行层面：个别先进报媒欲借互联网实现媒介融合突破但未果

相对于报纸整个行业对互联网技术的懵懂认知，个别市场化程度较高的媒介机构已经看到互联网作为一种创新技术的美好前景，并认识到了互联网的优势，也意识到报纸如果不尽快介入互联网，未来也许会走投无路。早在上世纪 90 年代，《广州日报》就曾在网络版的基础上筹办大洋网，提出"超媒体"的想法，希望能通过大洋网突破报纸单一形态的局限，实现包括图片、文字、音频、视频在内的多种形态的"超媒体"，但这种想法并未得到真正实践。在一些学者的相关研究中，对此也有过论述和表达。黄升民教授在 2000 年的《重提媒介产业化》一文中提出，报纸可以互联网为"中间地段"，实现媒介融合(如图 5－7)。

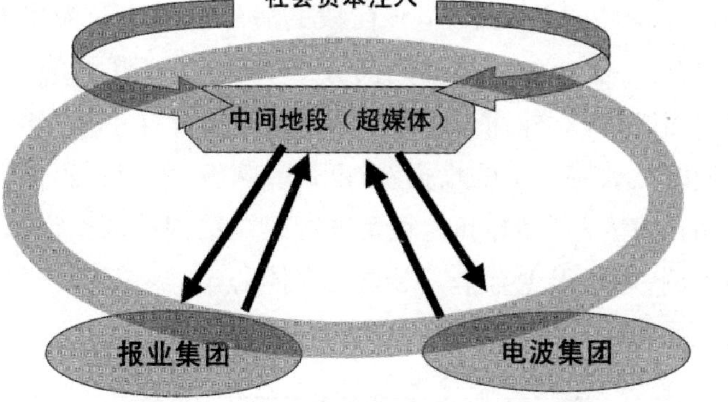

图 5－7　报业集团的出路——中间地段

"鉴于中国媒介经营的特殊性,报业集团所企盼的股票上市和参与电视频道经营都是相当困难的事情,所以,要有一个规避政策风险和行业冲突的中间地段。什么是中间地段?具备媒介的特性,但又不被纳入传统的媒介管理,不同的媒介可以在此融合。互联网就具备这个'中间地段'的特性。互联网具备几乎所有的媒介特性,有极强的媒介兼容性,尤其是宽带环境,此外,具备极强的风险融资特性。投资网络,不只是自身宣传,关键是寻找融资和融合的途径,报业集团的发展出路可能就在这里。"①

虽然互联网技术对于中国报业是一个新生事物,行业整体上缺乏对这种新技术的深刻认识,但业内有远见的部分报媒显然已经意识到了互联网技术带来的跨界融合机遇,并试图通过介入互联网来实现媒介融合。报媒的确想到了,但却未能实际做到。制度设计上的"分业管理"和"属地管理",使报纸的跨界融合探索步履维艰。因此,虽然部分报媒已经意识到了互联网的潜力,但实际上却不能"想做就做"。

(四)中国报媒网络化探索受阻,导致跨界融合脱节

从技术应用和变革来说,海外报纸媒体与中国报纸媒介几乎是同时开始互联网技术应用的,在报纸电子网络版上的试验和探索也几乎是同时间开始的。但我国报纸的技术探索并没有继续深入,而是停留在了"探路"阶段,在网络化过程中长期处于一种"原始状态",典型的表现就是报纸兴办的网站长期处于一种"报网分立"状态。因此,中国报业在这一阶段的转型出现了"第一个脱节"——跨界融合的脱节。

从媒介产业发展的角度来看,该阶段的海外报纸媒介为提高效率,对内进行了延展与整合,各个业务与媒体之间分工明确,对互联网的应对也是在整个报业集团的层面进行;对外通过不断兼并收购,开始对互联网的跨界和融合进行探索。他们既是数字技术的投资者,也是鼓吹者,为与新媒体技术同步,这些报业传媒集团在投入巨资的同时,频繁进行组织结构的调整以适应新的市场需求。以美国为例,业界很少有单一形态的媒体公司,多是以传媒集团的形式,建立以报纸为主导,杂志、电视、广播、网络并存的跨界融合的经营平台。

---

① 黄升民:《重提媒介产业化》,《现代传播》2000年第4期。

三、第三阶段:报业启动数字化未能触及核心——机制问题

在互联网技术的导入上,报纸遭遇了一次挫折。等别人尝完了第一只螃蟹后自己再下定决心制定相应策略时,报纸在数字化技术面前已然落后了一大截错过了转型的良机(见图 5—8)。

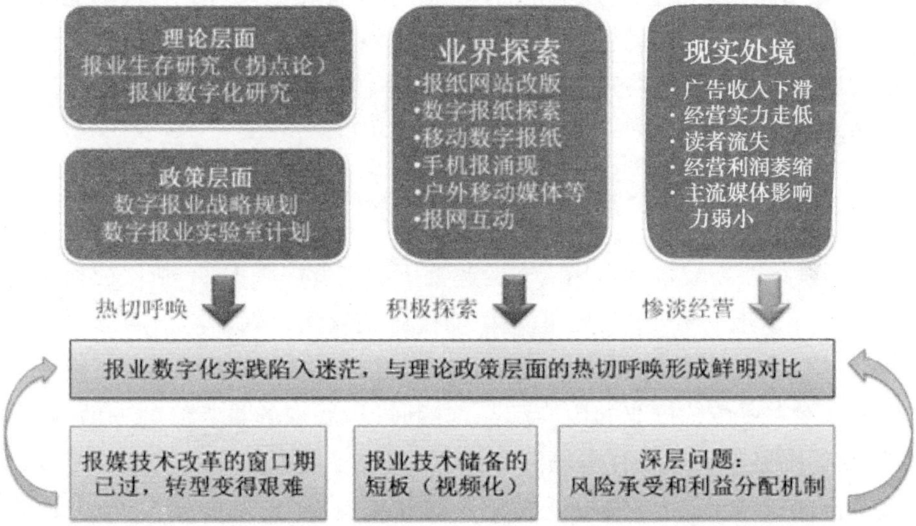

图 5—8　第三阶段报业启动数字化为时已晚,转型艰难

(一)报业数字化实践陷入迷茫,与理论政策层面的热切呼唤形成鲜明对比

报纸在互联网技术领域严重受挫,使得报媒对数字化的探索与努力陷入彷徨之中。尽管报业尝试了数字报、移动多媒体报、手机报、电子纸报、报网互动等花样繁多的方式方法,但仍难以形成清晰的思路,效果大多不明显。很多在当时被寄予厚望的数字化尝试,如数字报[①]、手机报这些曾经红极一时的报纸新媒体,后来都难逃失败的命运,这与政府规划、学界理论的"热切呼唤"形成了鲜明的对比。

在这一阶段,"数字报业""报业数字化"成为热门词语,不仅频频出现在新

① 该阶段对报纸的网络版进行了多媒体内容的植入,同时考虑到阅读的移动接收,因此衍生出了数字报纸、多媒体数字报、移动多媒体数字报等形式,但这些仍然是基于报纸网络版的再加工和改良。

闻出版总署的文件中，也得到了学界的关注。主管部门的产业规划鼓励报业实施跨界融合，理论研究也描绘了融合的种种愿景，中国报业的规模在一步步扩大，但利润值却不升反降。其作为主流媒体的影响力也在不断缩小。最让报业紧张的是，报纸经营实力不断走低，经营者们拿不出更好的经营策略，报业处于转型的十字路口。

以上种种因素汇聚起来，导致这一阶段的报业转型表现出了一些很有意思的"怪现象"：一是关于报业数字化的理论探索非常热门，也很丰富，但业界得到的真正指导却不多；二是关于"数字报业"的战略规划和政策部署很多，但报业转型依然方向不明；三是整个报纸行业在艰难转型的摸索中出现了集体困惑和焦虑的状态。

(二)报媒技术改革的窗口期已错过，转型举步维艰

网络媒体在新技术和市场资本的簇拥下已经发展壮大，不断侵蚀报纸的市场。2005年出现的报业广告衰退现象使传统报媒认识到了网络媒体"魔鬼"的一面。一直以来，新媒体在与传统报业打交道时通常是两副面具：一副天使一副魔鬼。在需要传统报业的内容和品牌的时候，展现的是天使的一面；在羽翼丰满、与传统报业争夺内容市场的时候，展现的是魔鬼的一面。互联网有自身发展逻辑，并不会因为传统报纸的介入就停止发展，且发展势头更猛、速度更快。随着报纸的规模、经营的资质、信息的提取量等原有的优势逐渐被互联网全面超越，报业开始真正感受到危机的来临。

此时，报纸显然已经意识到自己上一阶段在互联网上的种种实践都没有获利，甚至几乎是策略失误，于是开始自发进入数字化的发展阶段。在数字化方面，报业一线从业者的意识一直都领先于主管部门的政策法规，对手机报、网络版、电子纸报等等都一一做了尝试，希望能找到新的生存希望。2006年，作为报业主管部门的新闻出版总署从发布纲领性文件到成立国家级实验室，统一了认识，此后，以"数字报业"为战略思维的转型开始在业界推开。

然而，这一阶段的技术背景和生存环境已发生变化，即便报纸主动积极地"融入"互联网，采纳新技术，市场上的竞争对手也已经非常强大，一时间难以赶超，报媒的技术改革窗口期已经错过。此时，启动数字化转型已经为时过晚，转型的难度也是超常的。

(三)报业数字化转型迟缓的核心问题:风险认知和分配机制

事实上,学界高度关注的数字化研究以及政策层面的战略调整和部署,并不能掩盖中国报业在数字化过程中依然存在的需要自身克服的一些问题。

表面上看,报业数字化反映了报业技术储备的短板,例如网络化、视频化的探索过程,这个是中国报媒尚未真正经历的。报业技术转型发展到第三阶段,即 2006 年以来,视频成为很重要的技术和业务应用,而这恰恰是报业一直以来的技术短板,报业心有余而力不足,越发感到被边缘化。

然而,报业数字化在执行层面之所以难以突破,其实有着更为隐蔽的深层原因。报业在这一阶段进行数字化转型,"数字报业"战略规划可谓给报业指明了道路,且在产业政策上都有明确指导。报业的数字化战略方向是明确的,制度设计上也是有所规划的,可以说宏观政策上是鼓励和支持报业实施数字化的。排除宏观制度安排的因素,我们发现问题出在微观主体的执行层面。在报业的实际探索中,为什么数字化没有预期的那么美好?报业数字化在执行层面出了哪些问题?

先来看我国的新媒体产业是如何发展起来的。互联网本身就是一个不同于以往经济形式的新生事物,本身没有成熟的商业模式。新媒体公司的发展目标很清晰,就是提出创意,吸引风险投资,最终上市。这一发展路径也被誉为改变了资本雇佣劳动的传统经济发展路径,形成了"劳动雇佣资本"的新经济发展模式。互联网新媒体企业将创业者的智慧发挥到极致,高度依赖人的创造力,前期耗资巨大,需要大量的资本投入。

在新媒体的发展壮大过程中,"风险投资"是一个必不可少的角色。这种基于契约关系而建立的融资理念,要求被投资的企业本身具备高成长性、高风险性和高收益性,目的是通过投资和提供增值服务,把投资企业做大,然后通过公开上市、兼并收购或其他方式退出,在产权流动中实现投资回报。风险投资人投的是钱和经验,赌的是创业团队,成功与否则靠团队成员的聪明才智和努力。

在高科技领域,企业的所有资产都在人的脑子里面,特别是创业团队的经验和知识。风险投资可谓是最明确、最彻底地承认人力资源资本价值的投资机制,创业者凭借智慧寻求与资本的合作,而风险投资也很明确自身定位——风投仅仅是一个辅助者的角色,是辅助创业团队取得成功的关键,企业始终都是创业者。风险投资奉行的基本规则是:有钱的出钱,有力的出力,让创业者挣最多的钱。

这其中就涉及两个很关键的问题。一是对于风险的承受能力，它要求投资人、创业者具备足够的冒险精神和风险承受力：投资成功，获得高额回报；投资失败，甚至血本无归。二是对于创业团队高报酬的态度。创业者付出了时间和劳动，一旦企业获得成功，就应该获得高额的回报，其中包括高薪和股权。

报业所进行的新媒体探索恰恰在以上两个关键环节的设计上出了问题。首先，在报媒机构内部，因为责权利不对等，报媒的领导层多是具有一定行政级别的官员，这些人中几乎没有人愿意承担新媒体投入的高风险，因此报业对新媒体的投入困难重重；其次，报业新媒体的运营团队难以获得真正市场化运作的新媒体公司那样的高薪，因此难以留住真正有用的技术人才；最后，报业集团内部部分从业人员不满和抵制新媒体，所以，很难按照新媒体的发展规律和要求来办。

如果报媒机构作为投资主体，因为风险大而不投入或者少投入互联网新媒体，那么报媒所期望的新媒体高产出高收益的运营前景就难以实现；如果创业团队的利益得不到保障，高报酬无法兑现，执行起来就会缺乏积极性，从而导致人才队伍的匮乏，进而导致报业发展新媒体业务的实际执行力难以解决，数字化转型难以到位。究其根本，还是由于报业缺乏抵御风险的能力和合理的利益分配激励机制（见表5—1）。

表5—1 报业新媒体与互联网新媒体资金投入与运作机制对比

	报业新媒体	互联网新媒体
主要资金来源	国有企业利润收入（传统报业收益，包括广告收入、发行收入等）	投资人（有限合伙人） 风险投资公司委托人
投资主体	报业集团（政府等行政主体）	风险投资人
运作机制	风险低、投入少、回报快	成长快、风险高、收益高
基本规则	前期控制投入，追求短期收益，获得稳定回报	不在乎企业当前的盈亏，旨在资产增值；把企业做大，通过公开上市、兼并收购或其他方式退出
核心理念	投资要稳妥，风险要控制，收益要保证，不愿意承担投资失败的风险	投资人与投资公司共担风险，允许投资失败
利益分配	收益回报均为国有；沿用事业单位收入分配，关键岗位和人才没有高薪回报	一旦成功，创业团队将获得高额报酬，包括基薪和股权
运营企业	报业集团所属的国有企业，企业负责人为体制内人员	自主经营、自负盈亏的企业公司，企业为创业者一手创办

(四)国外报业公司优胜劣汰,行业出现分化

就在国内报业全行业积极进行数字化探索的同时,在数字技术的冲击下,海外的报业市场竞争日趋激烈,开始出现优胜劣汰的一幕。

2006年,《经济学人》杂志发起了一场关于"谁谋杀了报纸"的大讨论,这场由华尔街股票分析师发起的讨论,在进行的同时就已经在用鞭子抽打英国和美国先知先觉的报纸了。为了对付广告与发行的双双下滑,也为了向资本方有更好的交代,这些报纸的数字化转型步伐加快了:他们专心致志地推进报纸的数字化转型,做报纸的改版改型吸引年轻读者;办免费报,以便在地铁上维持大众媒介的现状;努力做报网互动,以便让高端读者到他们的网站上浏览新闻并死死地黏在上面。

在这一轮数字化技术变革中,优势资源进一步向大型传媒集团集中,报纸企业的优胜劣汰导致行业的集中度更加明显。

分化的结果是出现了两类媒体:一类是能够跟进的媒体,另外则是继续沉沦的媒体。在经济、技术、资本、需求等多种因素的综合作用下,一些报业传媒集团积极保持与新技术的同步,运用上述种种策略顺应时代发展的要求,不断调整自身的发展;另一些则故步自封,试图以不变应万变,继续沿用传统思路,竭力挽留广告商和读者。后者将被时代所淘汰,无论其过去多么辉煌。比照国外报纸媒介同行的同期发展态势,国内报媒存在着长远的隐忧。

四、第四阶段:报业全媒体布局存在偏差,关键环节未有实质性进展

到2008年,我国报业已经进入一个全新的阶段,在"全媒体"上找到了战略方向,希望通过"全媒体转型"重新获得生机。但事与愿违,报业以全媒体为名的转型实践依旧问题重重(见图5—9)。

(一)报业以全媒体为名转型,难改全面落后的现实处境

这一阶段,我国报业显然已经认识到了"全媒体"转型的必然性与必要性。"全媒体"的提出,对整个报业来说是一种刺激,仿佛给报业带来了新生。在这一轮转型中,报业不仅对技术有了充分的认识,危机感增强;而且也意识到了资本的力量,例如新闻网站上市等举动;一些有实力的报纸机构也在积极尝试突破,但结果却发现做"全媒体"远比"拥抱互联网"更加艰难。转型进程缓慢,且

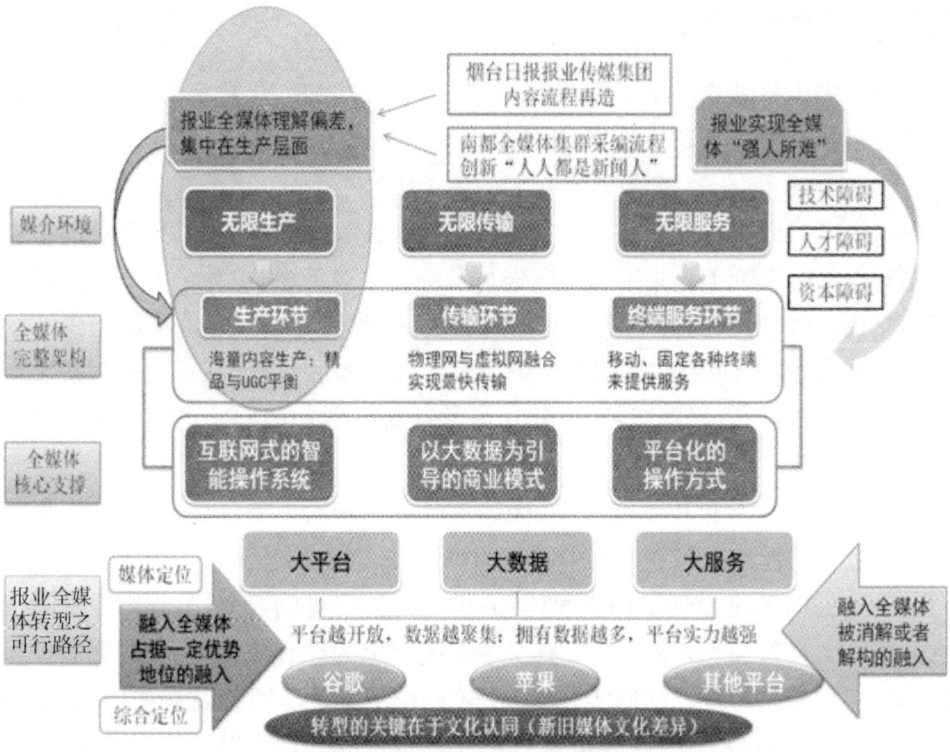

图 5—9　第四阶段，报业希望借全媒体实现翻身但未获成功

未有实际突破。

此时，一方面，新技术催生的新兴产业已经更加强大，在与新媒体的较量中，不论是桌面互联网还是移动互联网对手，它们的实力已然完全超越了报纸，报业的内容优势、技术筹备、人才队伍、媒体地位已经全面滞后于现实。随着技术对报业的冲击愈加深刻，报业的生存处境更加艰难。另一方面，报业不仅仅要应对不断变化的技术潮流，还要面对自身各方面的变革，如非时政类报刊转企改制问题。总结来看，报业在第四阶段全媒体转型的布局中并没有在技术革新、资本运作、人才队伍上取得实质性的进展，反而在与技术行业的竞争中失去了更多的领地。

此时，全球媒介发展进入到一个分化时期，格局重新分化，甚至出现了全新的媒介势力，如谷歌、苹果、亚马逊等。国外的报纸已经呈现出一种"全媒体"的融合态势，如新闻集团旗下拥有广电、报刊、有线电视网、新媒体等各种媒介。在分化过程中，只有极少数报媒机构获得成功，大部分都失败了。那些成功转型的传媒集团以一种“全媒体”的态势继续发展，失败的报媒机构则要么被融入这些为数不多的全媒体机构中，要么直接退出历史舞台。

（二）报业对全媒体理解偏差，集中在生产环节

为什么报业全媒体实施起来困难重重？我们认为，当前报业对“全媒体”理解有问题，才造成了实际操作上的偏差。

如果从生产、传输、服务三个层面来理解全媒体，全媒体的概念有广义、狭义之分。

狭义的全媒体是指生产环节的全媒体，如今已经有报媒机构在实践，如烟台报业传媒集团的流程再造。但事实上，全媒体所涉及的并不仅仅是技术手段，还涉及从生产端、传输端到服务端这三个端口。因此，广义的全媒体是指内容生产环节、传输环节、终端服务环节的“全媒体”。

这里的“全媒体”，首先不是单一媒体，而是多种媒体的复合；其次，是全产业链的，从内容端到传输端到服务终端，虽然不一定都介入，但必须具有很强的适应性。在这些外相背后支撑的：一是三体化的网络架构；二是以大数据为引导的商业模式，其核心经营思路是基于完善的数据率体系，吸纳大数据，分析大数据，并且应用大数据作为经营的基准；三是平台化的操作思维，从内容、传输到终端都平台化。

按照上述理解，报业要实现“全媒体”，除了要达到生产环节上海量内容与专业生产内容的平衡；还必须具备平台化的操作理念，而报纸一直以来都没有“平台”概念，没有大数据概念，报纸对数据的把控一向较弱。

（三）报纸全媒体转型的两种可能路径

就最终事实来说，未来能够获得胜利的媒体，一定是“全媒体”。就报业的现实来看，报纸向全媒体的转型，包含两层意义：一是报纸实现全媒体；二是报纸可以融入全媒体。

对于第一种认识——报纸“实现”全媒体，就目前的现实来看，报纸实现全媒体是“强人所难”，难度超乎想象。为什么这么说？报纸只能在自己擅长的领域进行全媒体布局，进行文字处理或者信息处理的“全媒体化”，而全媒体是一个非常庞大的架构，报纸几乎力所不能及。举例来说，全媒体中首先要解决的就是“网络化”“视频化”的问题，而要想同时攻克这两大课题，对于报纸这种单一形态的媒体来说简直是不堪重负。此外，报纸还欠缺激励创新机制（如员工

持股)、充满创业激情的人才队伍、鼓励创新允许失败的资本,最为关键的是欠缺完全不同的文化。基于上述种种,我们认为报纸实现全媒体有难度,只能实现局部的全媒体,无法完整地实现全媒体。这种判断不是用是否盈利来衡量的,而是从可持续发展的角度来衡量的,毕竟,局部的全媒体是无法形成合理的、可持续的、长远的发展模式的。

对于第二种认识——报纸"融入"全媒体,全媒体的大平台、大数据、大服务不是一般的媒体机构可以架构的,真正能够做到生产、传输、服务三个层面都实现全媒体的屈指可数。平台越是开放,大数据越是汇集;而越拥有或接近大数据,平台的实力和规模就越强大。

那么,报业未来的生存发展空间在哪儿?

报纸将融入平台中,扮演其中的某一个角色,共享大数据资源,但必须遵守平台既定的游戏规则。这种趋势现实已经出现,例如在智能终端上的报纸 APP 就必须按照平台所有者苹果或谷歌的规则上传发布,报媒机构开发的客户端要经过苹果公司的审核和批准才能发布,APP 用户的数据库被苹果公司牢牢把握,报纸的很大一部分利润也被苹果公司通过捆绑式销售方式拿走。

在这种形势下,报业可以选择的进入方式还有哪些?具体分为两种情况:一种是被消解或解构地融入,另一种是在某个分工领域占据一定地位地融入。

目前来看,业界已经有一些专业强的报纸媒介融入了全媒体,如《金融时报》《华尔街日报》,凭借深入、透彻的财经专业报道,这两家报纸不论是印刷版还是网络版都为受众提供了出色的专业新闻内容,成为财经信息的服务商。而新闻集团这样的老牌大型传媒集团早在 20 年前就已开始转型,经过多年的摸索和经营,其数字化业务版图已基本成形,涵盖了包括电影娱乐、广播电视、报纸杂志、图书出版与营销教育等在内的多个业务板块。

虽然各自的情况不同、起点不一,但海外报媒机构全媒体转型的经验完全可以给中国报业以启示。在融入全媒体的过程中,报业也有两种不同的角色定位:媒体定位和综合定位。

媒体定位指在媒体范围内的角色变化。内容依旧是报业的根本,在自身内容强大的基础上,朝着在全媒体环境下提供内容和贩卖内容的多渠道内容分发平台方向发展。报业全媒体转型如果定位在媒体层面,就意味着更优质的内容、更独特的信息服务。很多报纸内容供应商在出售内容时是盈利的。比如《经济学人》就坚持必须订阅其纸质出版物才能使用其数字内容,它的独特价值就在于它能提供任何人都无法提供的东西。必须承认,这种依靠内容增值的角色转型过程将会非常艰难。

综合定位指报媒不再将视野局限在媒体范围内，而是将范围向相关产业资源拓展。报业在做好多样化的内容生产的同时，利用自身的品牌优势、政策优势、人脉优势，通过嫁接、衍生等多种手段，从事多元产业，实现经营的转型。这种综合定位的转型，机会相对大，对报业来说也较为容易。

（四）报业全媒体转型的难点在于文化认同

不论报业选择何种形式融入全媒体，或者选择其他方式，经过前三个阶段的变革过程，新技术的导入和接受已经不再是困扰报业的难题，新媒体领域的介入对报业来说也并不是难事，且报业已经把握到全媒体的融合趋势，正在朝着融合的方向努力。那为什么过程依然不畅，结果依然不理想呢？本研究认为，报业除了在技术、人才、资金等方面遭遇诸多困境之外，文化冲突是十分重要而又常被忽视的一个因素，在这里文化冲突不仅仅是草根文化与精英文化的冲突，还包括思维观念在内的冲突。

尽管报业在这一阶段找到了全媒体转型的突破口，业界在小心探索，学界在谨慎支招，但是由于报业长期习惯了传统思维模式，业界的探索未必深入到位，学者开出的药方也未必灵验。尽管传统报纸从业人员非常羡慕新媒体的商业前景，期待实现全媒体的融合未来，但要放弃自己的专长而向陌生的领域转型，他们在心理上有障碍。以互联网新媒体为代表的新技术力量的先锋性、超越性，与传统报业的保守性、落后性，体现了两种思维的对立，也显示了文化上的差距。

正如黄升民教授所言："一些成功的大媒体及其管理者，由于以往的成功，会对自身的思维模式、操作模式形成定式。他们对旧模式极其自信，也多少抱有希望小修小补即可完善自身的侥幸心理，固有的思路、传统的文化、不确定的风险，都使得破旧立新的阻力可想而知。另外，传统媒体巨头的企业文化也往往会带有一种反改革的超稳定因素，即使领导者做出开放的姿态，其周围关系、氛围却会让这种开放姿态反而显得另类。与人体接受异体移植一样，我们不可能实现从上到下、从里到外的'大换血'，也就只能承受'排异性'可能造成的各种负面后果。"①

① 黄升民：《再说媒介转型》，《广告大观》（媒介版）2013年第4期。

第三节　报业发展演变中的矛盾与冲突

从大众媒介发展史的角度来看，媒介的种种变化通常都是从微小的、个别的技术变革开始的，由技术领域逐渐扩展到内容生产，动摇原来的媒介秩序，产生一系列诸如"政策"和"制度"上的冲突和矛盾。最后波及社会沟通、传播方式，进而波及整体社会文化问题。

所谓矛盾，是形成对峙状态的力量，这些力量紧密相关、互相影响、此消彼长，从而形成影响事物发展的关键性因素。从行业发展动因的角度来看，行业内部存在的矛盾力量，往往会成为左右行业发展的重要因素。以技术变革为主线的报业转型发展到今天，所遭遇的深层问题和技术变革的深刻影响，都使得这一过程的特殊性日益显现出来，而报纸产业本身的特殊问题则使得其产业进程必然面临一些矛盾和冲突。这些矛盾与冲突表现为技术与资本的冲突、技术与管理体制的冲突、技术与文化的冲突、技术与观念的冲突。未来报业如果要实现突破，就必须对这些问题作出回应，提出解决方案。

一、技术与资本

从报业技术转型四个阶段的研究可以发现，不论是网络化、数字化，还是全媒体，报业进行技术转型、改造传统流程、布局新媒体等等都需要资金投入。这些资金从哪里来？过去，传统报业资本的积累主要通过垄断优势，靠媒介自身经营广告等积累资金，但数量有限，而且过程缓慢。在国家投入和自身积累都有限的情况下，对外融资就成为报业技术变革中必然会遇到的问题。

报业应对技术变革，从依赖财政拨款顺利完成了告别铅与火的技术革新，又依靠在广告和发行市场上的自我积累开始了网络化探路，创办电子网络版和建立网站。但是，随着技术变革的快速更新，再根据互联网新媒体的发展规律要求，到进行数字化、全媒体探索的时候，报业已经进入到"大投入大产出，不投入不产出"的发展阶段，业界也一致认识到了资本运营的重要性。

在实际操作中，资本运营涉及两个关键问题：第一是用什么吸引资本？第二是资本用来做什么？对资本来说，就是回报什么。

(一)用什么吸引资本

资本的本性就是追求利润,而互联网创业者对资本的承诺是:风险巨大,但回报也巨大,一旦成功,是十倍、百倍的回报。本着“一起冒险”的基本共识,传统资本退场,风险资本介入,促成了互联网产业的蓬勃发展。但我国对纸媒的投资管制甚严,非公有资本只能进入部分经营业务,或者通过与拥有垄断性资源的报业集团合作开展业务。市场准入的限制和不规范的合作形式,使得合作双方既无法形成以产权为纽带的稳定合作关系,又容易在合作过程中出现难以避免的短期行为、行政干预和各种摩擦。虽然资本对报纸行业关注已久,但由于担心触及政策底线而没有找到最合适的路径,最终只能对报纸敬而远之。

(二)用资本做什么

当手中握有大量资本的时候,如何扩大事业、让手中资本增值便成为一个重要课题。很多报媒机构还是用以前向国家贷款的意识来看待从股市获取的资本,一味想着圈钱而没有投资回报的概念。这样来发展新媒体肯定是有问题的。

实际上,互联网吸引的资本可以用来研发新技术应用,扩大企业规模。如果报业无法给资本一个新的经营空间,即便有资本介入也对转型无济于事。报业资本的去向和用途,如果用于扩大印量,那么会遇到跨地区经营的问题;如果用于跨媒体,做电视、做广播,那么会遇到跨媒体融合的问题。这两个资金去向都因为受到政策的阻力而遭遇挫折。因此我们说,使用新技术具体来做什么,政策上并没有给予足够的市场空间,这两方面的产业实践都缺少相应的制度安排。

最典型的案例就是北青传媒公司上市之后的资金问题。2004 年,北青传媒公司因为三年连续经营业绩良好,且资产清晰,仅用半年时间就实现了香港 H 股上市,可见资本市场对其赢利模式的认可。北青传媒传媒公司对资本市场原本承诺要做新媒体、做电视等等,但上市后却因为跨媒体、跨地域融合受政策所限,原本的计划一直无法实施,上市后筹集到到的资金始终没有好的去处,结果是有钱比没钱还要难受。

因此,在新技术面前,报纸遇到的问题,不仅仅是“想不想做”“愿不愿意做”的问题,还包括“能不能做”的问题。

二、技术与管理体制

大众媒介发展史屡屡证明，作为媒介手段的科学技术进步必然带来根本性的体制变革，而体制变革的深化又会给科学技术的进步拓展更加宽阔的空间。传媒体制改革就是在技术与制度的博弈中一步步推进的。

在报业的发展变革中，技术与管理体制之间的矛盾冲突主要表现在以下三个方面：一是新技术与旧管理制度之间的矛盾；二是技术融合与管理制度之间的矛盾；三是技术市场化运作与体制机制之间的矛盾。

(一)新技术与旧管理制度之间的矛盾

在网络技术发展初始，互联网还是一个新生事物，此时相关管理部门对其采取了谨慎限制的管理政策，互联网没有独立的采访权，必须仰赖报业获取新闻信息。然而这一政策忽略了互联网的本质和意图，互联网具有全新的基因，是融合的新事物，并且带有很多不可控的因素，这必然导致新技术与现有管理体制之间出现冲突。

(二)技术融合与管理制度之间的矛盾

技术浪潮推动了媒介融合的发展趋势，报业在转型发展中要实现媒介融合，最先遇到的问题就是行业壁垒和政策瓶颈。中国报业在第二阶段网络化探索时就试图通过互联网技术这一“中间地带”间接实现对音频、视频等领域的融合，但终究没有成功。之所以如此，就是因为传统媒介管理方式“条块分割”现象严重，产业壁垒难以打破，制约了报业发展。

(三)技术市场化运作与体制机制之间的矛盾

技术的发展要求报业布局新媒体，在进行数字化转型时进行市场化运作，向市场融资，解决技术发展造成的产业升级的资金缺口，但传统报业三十来年形成的经营体制出现了严重的老化现象，对外缺少经营规模和经营合力，对内缺少弹性和激励机制，无论是经营观念还是经营体制都远远落后于整个社会经济的发展。此外，技术变革必将破坏报业现有的经营格局，更多的新的网络、移动设备等信息渠道载体肯定会影响广告经营的既有格局，使报业的数字化、全媒体转型受到既得利益者的阻挠，导致改革动力严重不足，进而导致报业内部机制调整步伐缓慢，新旧媒体之间因利益而产生矛盾。

三、技术与文化

从实际成果来看，报业的网络化、数字化、全媒体转型都不让人满意，但即使遭遇了种种不顺，报业却一直在进行应对技术变革的转型。为什么报业数字化转型迟迟无果呢？其中的根本问题就在于新技术与传统文化之间的冲突矛盾。报业是人类工业生产时代的产物，在其血液中就流淌着大生产时代的文化和基因。伴随着技术的更新换代和社会物质生产的极大丰富，人类在对精神文化产品的追求也在网络化，经济化环境中展现出全新的面貌，形成了一个全新的虚拟帝国，成就了一场新的权力争夺的游戏，而这正是对报业传统文化的颠覆。

这些差异从表面来看，表现在传统报业以内容为王的诉求和总编辑负责制的管理与新媒体（包括互联网、移动终端等各种新兴媒体形态）更多地强调用户为王和总经理负责制之间的矛盾冲突的管理：报社一般将技术作为运营维护支持及执行部门，新媒体则更多地以技术为决策源头；报社允许记者单兵作战，新媒体则强调生产线及团队协同；报纸每一篇每一版都须经纯手工制作，新媒体则更具备批量标准化生产的基础……

从中观来看，冲突体现在话语体系上。报业在漫长的媒介发展历程中建立了一套稳固的话语体系——在缜密的生产规范指引下设置公众议程、影响舆论进程，并在相对封闭的精英式新闻生产系统中主导“新闻”定义的大权——事实真相总是掌握在专业调查记者手中，新闻被认为是媒体建构起的一种价值卷入的意识形态。[①] 对传统报业原有结构体系造成冲击的外部力量最早来自互联网媒体及其内容生产模式，Web2.0 的“海量性”“互动性”特征使得传统纸媒编辑部的新闻的单一、静态的弊端相形见绌。如此，就导致了传统报业精英文化和互联网新媒体草根文化之间的矛盾冲突。

四、技术与观念

以互联网为代表的新媒体商业逻辑是互联网本身没有成熟的商业模式。

---

① 〔美〕郝伯特·甘斯著，石琳、李红涛译：《什么在决定新闻》，北京大学出版社 2009 年版，第 232 页。

新媒体公司的发展目标很清晰，就是提出创意，吸引风险投资，最终上市。其中，互联网新媒体企业将创业者的智慧发挥到极致，高度依托人的精神创造力，并且前期耗资巨大，需要大量的资本投入。尽管中国的互联网新媒体公司，在创业阶段并不规范，甚至有很多投机的因素包含其中。但是，这并不妨碍新媒体产业的发展效率。究其原因，风险投资与上市机制作为两道筛选机制而存在，保证资本与具有较好前景的传播价值产品结合，并通过一系列的标准化公司治理改造，进一步规范传媒组织的市场行为。尽管这一套体制与国际市场竞争者相比，并没有明显的差异，也看不出特别的竞争优势所在。但是，和传统媒体"事业单位、企业化管理"的体制相比，却表现出明显的比较优势，即资源的配置方式与价值判断指标的一致性，而不是纠结于产业目标与非产业目标之间而丧失了资源配置的效率。

以上还只是两种经营理念的碰撞，技术与文化的冲突从深层次来看，核心在于传统报业对于风险认知的文化和利益分配的文化。面对互联网新媒体的"高风险高投入高回报"，风险投资与互联网一拍即合的操作理念，报业在风险认知上就表现出不适应，资金投入总是担心损失，担心血本无归，没有人愿意承担失败风险，更是不清楚对于风险的承受底线。在风险投资的较量中，传统报纸败下阵来，不敢投风险大的新技术新项目。

再者，新媒体技术的开拓是一种高风险的事业，更要求有宽容的精神予以激励。这种宽容表现在对于创业团队的高薪酬和管理层持股的认可甚至鼓励上。据统计，硅谷新创办的公司在三年后的成活率不到百分之一，大量生、大量死的机制是硅谷技术创新的显著特征，大量的失败者在宽容机制的保护下可以再去尝试，可以卷土重来。但是，在我国传统报业领域，由于长期以来的政策保护和实际上的资源垄断，报业大多过惯了舒适的日子，因此，不仅内部缺乏技术变革的动力，对发生在身边的技术创新尝试也表现出不屑甚至极大的不宽容。这大抵是中国报业数字化转型陷入今日这种被动局面的很大原因之一。

第四节　报业在现实矛盾中的艰难选择

纵观历史发展脉络，横向剖析问题成因，"转型"是中国报业应对技术变革唯一可选的道路，报纸面临的技术是决定自身生与死的颠覆性技术，报纸也无法阻挡技术革新的滚滚潮流。

一、重新认识报业的转型

当前报业正在进行的转型还处在尝试阶段，报业所作出的努力仍然十分有限，几乎没有报媒机构在重要的、新的数字领域取得较大的进步，也未见有成功转型的案例出现。但从另一个角度来看，报业虽然在技术转型上未见有实际突破，但也在一些方面进行了转型的尝试，例如跨媒体、跨地域遭遇政策阻力，就在跨行业上进行探索。

（一）转型不是一蹴而就，而是循序渐进、不断进行

在技术变革的影响下，报业未来的转型不是阶段性的，而是持续的、伴随性的，是与组织改革更新一起发生的。当前来看，产业的转型往往伴随着复杂的内外因素，并不是采纳一个新技术就可以完成转型，或者说有一个很好的模式路径可以完成转型。报业现在的问题是，不论是传统媒体还是新媒体，每时每刻都在遭遇到新的革命。报业本身已经是后进者了，希望通过新技术变革实现华丽的转身，但在目前阶段，暂时没有看到转身的可能。但不排除特殊情况，如国家补贴、政策红利等，使报业的衰退得以暂缓，但报业终将面对转型的考验。

即使海外报媒集团经历了这么多年的生生死死，它们的转型之路仍在继续。如果以生病救治来做比喻的话，则传媒机构的转型远不是开几个药方、吃几盒药片、做个外科手术那么简单。对于这些少则五六十岁、老则上百岁的海外传媒巨头而言，它们光辉耀目的外表之后，掩藏不住的是长期的、慢性疾病带来的疲劳与苦痛。恰恰也是由于经年发展造就的巨大体量、复杂结构，让这种诊治牵一发而动全身，绝非“头痛医头脚痛医脚”能够成事，这就注定了它们的转型不可能一蹴而就，而需循序渐进、不断进行。

其实，数百年来传媒业的发展历程都存在普遍的内在规律，其不断发展和转型的过程都是在适应当时各种环境和需求之下对于组织结构、技术模式、业务范围和商业模式的一种调整，它是传媒机构逐渐培育身体机能的一个过程，需要长时间的努力。可以说，转型对传统报业来说已经不是一个阶段性的目标，而是一种伴随性的成长方式。

（二）转型的过程无比艰难、代价和成本巨大

表面上看，转型可以是产品层面的转型，从单一媒介产品形态转向多种媒

介产品形态；也可以是组织机构的转型，从报纸集团转向传媒集团。有些时候的转型是很容易实现、做得到的，因为技术带来普遍好处会使大家对转型有一个基本的共识，从而推动转型的成功；然而一旦技术触动了产业更深层次的变革，牵涉到深层的各方利益，且风险巨大，转型就会失去“共识平台”，变成纸上谈兵。

在转型的动力方面，既得利益者会作祟，会使技术创新受到传统报业内部既得利益者的阻挠。转型的资金，也会面临同样的境况，因为风险不确定，且回报又无法清晰界定，责权利不清晰，资本自然不愿进入。

在转型的过程中，也会出现徘徊和停滞。在新技术形态的刺激下，传统报业原先的结构性矛盾，如集权式专业化生产、单一的广告经营模式、行业管理与属地管理等，这些原本就存在的矛盾冲突会更明显、矛盾更为激化：生产流程需要再造，组织架构需要搭建，商业模式需要重新建构，而既得利益集团和组织的立场以及它们之间的界限将会更为清晰和对立。利益与合作、冲突与对立将成为架构相互关系的新基石；新技术推翻原有产业管制的基础，但新的产业管制基础和建立在其上的管制体制又有待确立。

报业转型必须顶层有设计，且要从“难”的部分着手，机构转型、经营转型已经非常艰难，再涉及文化转型、社会转型，报业的转型将是一个无比巨大的工程。

任何技术的创新，肯定会带来替代和牺牲，产业进步喜悦的背后，必然隐藏着衰败的悲哀，而这将是转型的代价所在。要实现转型，报业自身要有革命的精神，要具备承受巨大风险的能力，纵然失败，依然信念坚定。

二、报业的中国式特殊转型的可行性

必须看到，数字化革命已经是一场不可逆转的大潮，一味地回避、等待、埋怨不能解决问题，再不行动就会被技术浪潮抛弃，唯有相时而动，转变观念，以积极行动应对技术革命，才能赢得生机。

那么生机在哪里呢？唯有寄希望于现有的制度，在现有的特殊环境下争取一些时间，搭上最后一艘救生船。传统报业既然无法实现“华丽的转型”，那么通过行动改变实际境遇还是可以做到的。

2013 年 3 月，作为文化管理体制改革的重要环节，国家广电总局和新闻出版总署合并为国家新闻出版广电总局，此举打破过去媒体业务分割管理的局面，初步实现了“大文化”的统一管理体制。这意味着报业与广播电视的融合在行政层面已经得到解决和突破。虽然是迟到的举措，但依然是利好的消息，报纸与广电可以“抱团取暖”了。未来还可以期待的是，如果可以将互联网的监管合并在内，那么就真正为全媒体的实现创造了行政监管空间。国家对互联网暂未开放，无形中给予报业一个缓冲的时间。如果报业能意识到上述问题，实实在在做一些改革，那么现状终将改变，好消息自然会找上门来。

如上所述，报业在现阶段不论是转型还是改革，要付出的成本和代价都是巨大的，而且要冒着失败的风险。如果选择转型或者改革，就意味着50%的生存几率。与100%等死相比，在改革转型中求得50%的生存几率也是一件有价值、有意义的事情。转型的要义也就在此。

当前中国报业的转型经历和心态历程都极像中国的国有企业。国企改革也面临同样的问题，当包袱去掉之后，在垄断优势的保护下，央企依然可以扩大规模，虽然企业内部也在进行大大小小的调整，但依然没有进行彻底的改革，企业的生存还是依赖政策的抓手和保护，只是为求得一个缓冲时间来快速壮大自己而已。这也体现出中国国情的特殊性。在政府的庇佑下，产业的衰退暂时得到一定缓解，不会马上陷入悲惨境地。

报业对应技术变革所做的转型，刚刚才起步，还处在刚刚打开大门的状态。除了要把握“缓冲期”之外，报业转型还需要充分理解和采纳技术，需要有组织体系和体制上的重新安排，需要有新的资源和资本的注入，而且要解决资源的契约关系，最后还要处理好文化的认同问题。正如黄升民教授所言：“纸媒转型之难，难在有权者无识，有识者无权，有识有权者无钱，有识有权有钱者无可用之人。”这里再加上一句，即使以上数者兼备，还要有创业者敢担风险的勇气和允许失败的宽容。

主要参考文献

【专著】

〔美〕A. B. 索恩、C. L. 奥根、J. 鲍里奇著，辜晓进译：《报业管理艺术》，中国人民大学出版社 1991 年版。

〔美〕阿尔文·托夫勒著，黄明坚译：《第三次浪潮》，中信出版社 2006 年版。

〔美〕埃德温·埃默里、迈克尔·埃默里著，展江译：《美国新闻史》，新华出版社 1982 年版。

〔美〕保罗·莱文森著，何道宽译：《软利器：信息革命的自然历史与未来》，复旦大学出版社 2011 年版。

毕梦林：《技术经济学》，东北大学出版社 1996 年版。

范东升等：《拯救报纸》，南方日报出版社 2011 年版。

黄升民、丁俊杰：《国际化背景下的中国媒介产业化透视》，企业管理出版社 1999 年版。

黄升民、丁俊杰：《媒介经营与产业化研究》，北京广播学院出版社 1997 年版。

黄升民、丁俊杰：《中国广电媒介集团化研究》，中国物价出版社 2001 年版。

黄升民等：《数字传播技术与传媒产业发展研究》（第 1 版），经济科学出版社 2012 年版。

〔英〕冯·库伦伯格、丹尼期·麦奎尔：《媒体政策范式的转型：论一个新的传播政策范式》（英文版），载金冠军、郑涵、孙绍谊主编：《国际传媒新视野》，上海三联书店 2005 年版。

匡文波：《网络媒体概论》，清华大学出版社 2001 年版。

李良荣：《新闻学概论》，复旦大学出版社 2001 年版。

李鹏：《媒聚变——媒介融合背景下报纸转型研究》，北京大学出版社 2012 年版。

陆群、张佳昺：《新媒体革命：技术、资本与人重构传媒业》，社会科学文献出版社 2002 年版。

吕尚彬：《中国大陆报纸转型》，上海交通大学出版社 2009 年版。

〔日〕马清福著，崔保国、艾勤径、高扬译：《报业的活路》，清华大学出版社 2005 年版。

〔英〕丹尼斯·麦奎尔：《麦奎尔大众传播理论（原文第 5 版）》，清华大学出版社 2010 年版。

麦尚文：《全媒体融合模式研究——中国报业转型的理论逻辑与现实的选择》，中国人民大学出版社 2012 年版。

〔美〕尼葛洛庞帝著，胡泳、范海燕译：《数字化生存》，海南出版社 1996 年版。

冉华、张金海、程明、李小曼:《报业数字化生存与转型研究——基于产业发展的视角》,武汉大学出版社 2010 年版。

石磊:《分散与融合——报业数字化转型研究》,中国社会科学出版社 2010 年版。

〔美〕唐纳德·M. 吉尔摩等著,梁宁等译:《美国大众传播法判例评析(第 6 版)》,清华大学出版社 2002 年版。

唐绪军:《报业经济与报业经营》,新华出版社 2006 年版。

屠忠俊、吴廷俊:《网络新闻传播导论》,华中科技大学出版社 2002 年版。

〔美〕托马斯·鲍德温、史蒂文森·麦克沃依、查尔斯一斯坦菲尔德著,龙耘、官希明译:《大汇流:整合媒介信息与传播》,华夏出版社 2000 年版。

王菲:《媒介大融合:数字新媒体时代下的媒介融合论》,南方日报出版社 2007 年版。

王正鹏:《报纸突围:数字时代传统媒体变身记》,中山大学出版社 2010 年版。

谢文:《为什么中国没出 Facebook》,凤凰出版社 2011 年版。

杨海军、王成文:《传媒经济学》,河南大学出版社 2008 年版。

〔美〕约翰·帕夫利克著,周勇译:《新媒体技术——文化和商业前景(第 2 版)》,清华大学出版社 2005 年版。

【论文】

蔡雯、陈卓:《试论报网互动的基本模式》,《现代传播》2007 年第 5 期。

曹轲、庄慎之、陈雨:《南都全媒体集群构想》,《南方传媒研究》第 23 辑,2010 年第 4 期。

曹思诚:《杂交、两栖、混血——南都副总编辑、奥一网总经理任天阳访谈》,《南方传媒研究》2007 年第 7 辑。

黄升民:《广电媒介的聚合与裂变》,《国际广告》2002 年第 11 期。

黄升民:《媒介产业化十年考》,《国际广告》2007 年第 1 期。

黄升民:《中国电视媒介的数字化生存》,《现代传播》1999 年第 6 期。

黄升民:《重提媒介产业化》,《现代传播》2000 年第 4 期。

黄升民、马涛:《报业转型:从"全媒体"到"全媒体营销"》,《中国报业》2011 年第 9 期。

黄升民、马涛:《在挑战中奋起,在竞争中转型——2012 报业盘点》,《中国报业》2013 年第 1 期。

黄升民、周艳、宋红梅:《中国广电媒介三十年变迁轨迹解析》,香港中文大学学术会议论文。

马涛:《保持先行者的优势——专访烟台日报传媒集团社长、总编辑郑强》,《广告大观(媒介版)》2010 年第 6 期。

马涛:《大报发展的五道考题——报业集团老总如是说》,《广告大观(媒介版)》2011 年第 9 期。

马涛:《大网之下的大内容猜想》,《广告大观(媒介版)》2011 年第 6 期。
宋建武:《传统媒体集团向综合信息服务商的转型》,《新闻与写作》2011 年第 9 期。
唐润华、陈国权:《走出“全媒体”的集体迷思》,《新闻记者》2011 年第 4 期。
吴海民:《报业衰退的三大特征》,《新闻与写作》2007 年第 1 期。
吴海民:《应对报纸产业衰退的八大战略举措》,《新闻记者》2006 年第 6 期。
吴恒权:《报网融合:既是现在,也是未来》,《新闻战线》2010 年第 8 期。
向熹:《为纸媒业掘墓,为传播业开新局》,《南方传媒研究》(第四辑),南方日报出版社 2006 年版。
尹明华:《流程再造中的价值发现》,《传媒》2010 年第 8 期。
曾凡斌、张玉敏、曾妍:《国外大报报网互动探析》,《中国报业》2007 年第 5 期。
张姝、吴海民:《报网互动是个战略问题》,《传媒》2007 年第 4 期。
郑强:《从传统报业到全媒体的探索之路》,《传媒》2008 年第 10 期。
支庭荣:《网络聚合、社区互动与增值运营——论“全媒体”背景下的赢利模式创新》,《新闻与写作》2009 年第 11 期。
周燕群、王武彬:《南方报业全媒体转型的思路与做法——专访南方报业传媒集团董事长杨兴锋》,《中国记者》2012 年第 3 期。
朱春阳:《报网互动在中国:技术、效率与制度的关联分析》,《南方传媒研究》2007 年第 7 辑。

后 记

二十年前，报纸还是一片蒸蒸日上的辉煌景象；二十年后，报业已被视作夕阳产业，颓势渐显，盛景不复。如今，这个曾经影响时代进程见证历史发展的老牌媒体，正面临着前所未有的危机，几乎是站在命运的门槛上。

作为八〇后的我亲历了报纸媒体在这期间不断收到病危通知、遭遇死亡威胁，也见证了网络媒体的成长和壮大。那个当初怀揣新闻理想、无限憧憬人民日报、新华社的新闻专业毕业生，自己都在一天天远离报纸、投身网络，当初的梦想早已不在。选择"中国报业数字化"这样一个研究议题，对我来说本身就是一件很纠结和困扰的事。

技术进步不可逆地解构了传统报业的信息采集和传播方式，加速了因循守旧的传统报业的瓦解。技术浪潮之下，报业经历了怎样的兴衰起伏？为什么现在会落得如此处境？报业是否进行了抗争？行业乃至个体都进行了哪些尝试？这些尝试为什么没有使报业实现翻身？报业数字化一直难见起色的真正原因是什么？报业到底还要不要继续数字化？我寄希望在历史回顾中找出答案。

为探寻报业数字化的发展轨迹，基于技术视角和报业发展规律，我开始试图追踪梳理从20世纪80年代开始到2013年这一过程中报业技术变革。同时在"研究过去"的基础上观照当下，试图回应当下报业转型中的纠结与艰难，揭开表象，透视其问题的根本和核心。

在调研与写作过程中，我曾经惊喜地发现报业的数字化变革最早可以追溯到告别"铅与火"的激光照排技术，为王选教授自主研发的"汉字激光照排技术"的先进和领先感到自豪，它扫除了会意文字排版的障碍，彻底解决了存在多年的汉字与印刷机不可调和的现实；也意外地发现报纸竟然是传统媒体网络化的开创者，其开办电子刊和网站的时间都要早于广播和电视……

尽管如此，也不得不为报业虽然起步早却错过互联网发展的第一次浪潮而惋惜，为报业数字化的现实境遇所苦恼纠结，大多数数字化努力化为泡影，报业一直找不到遏制新媒体崛起或者说摆脱自身困境的有效方法；也庆幸很多报媒并不愿坐以待毙，各种拯救报业的行动都在实施，谋求转型升级因而成为全行业的集体行动；为报业生存未来而担忧，虽然报纸会不会消亡这一问题仍在争议难有定论，但报纸影响力的流失却是事实……

从报业数字化三十年的历史脉络来看，先前有些问题的答案已经浮出水面，有些则还需继续问道求索；曾经的技术难题早已攻破，但一些症结却根深蒂固短期难以解决……报业对应技术变革所做的努力，尽管已经走了很长的路，但还只是刚刚起步。在研究结论部分，作为对产业实践的一种回应，本人提出“报业已无退路，唯有迎难而上，在这无比艰难之中，与其活活等死，倒不如去思考如何自救，制定出具体的、可行的、清晰的调整与改革方案，毕竟活下去就是最大的理由”。

本书内容的底稿是我在中国传媒大学广告学院完成的博士论文，后来在留校任教后的科研工作中进行了持续的跟进研究。在此过程中，我始终努力保持对报业数字化最新动态的关注，包括国内和海外，始终找寻机会与业界的报业同仁交流，探讨交流研究中的观点结论。始终想尽善尽美地对理论研究的软肋进行补漏，但由于能力所限，其中的一些弊病仍未能及时修正，而作为一名学术新人，调研的展开、历史阶段的界定、研究论点的诠释，也难免出现不成熟、不充分的地方，请同行们大力批评指正。

本书历时逾三年的探索与写作过程，虽然充满曲折波澜、起起伏伏，但是得益于做学术研究中获得的诸多前辈的鼎力支持和关爱，特别是我的博士生导师黄升民教授：做学问，博大精深，思想深邃，睿智；教育弟子，勤勤恳恳，精益求精。在多年的求学生涯和论文修改过程中，他的精心点拨和一丝不苟的态度，是我读书和写作的精神动力，也得以使我的论文在艰苦创作之中获得向上的勇气和毅力。“一日为师，终身为父”，感谢黄老师的栽培和支持！

同时感谢在本书写作过程中，提供过指导和帮助的诸多老师和同事，以及在调研过程中的诸多媒体同行朋友的大力支持和配合。同时，本书的出版获得了中国传媒大学出版社编辑欣雯老师的大力支持，她精益求精的工作态度为本书增色良多，在此深表谢意！

马　涛

2013年10月于中国传媒大学

图书在版编目(CIP)数据

中国报业数字化30年/马涛著.—北京:中国传媒大学出版社,2014.8
ISBN 978-7-5657-0897-8

Ⅰ.①中… Ⅱ.①马… Ⅲ.①报业—数字化—研究—中国
Ⅳ.①G219.2—39

中国版本图书馆CIP数据核字(2014)第321206号

中国报业数字化30年

著　　者	马　涛
责任编辑	愚　言
责任印制	阳金洲
封面制作	泰博瑞国际文化传媒
出 版 人	蔡　翔
出版发行	中国传媒大学出版社
社　　址	北京市朝阳区定福庄东街1号　邮编:100024
电　　话	86—10—65450528　65450532　传真:65779405
网　　址	http://www.cucp.com.cn
经　　销	全国新华书店
印　　刷	北京中科印刷有限公司
开　　本	710mm×1000mm　1/16
印　　张	15.5
版　　次	2014年10月第1版　　2014年10月第1次印刷
书　　号	ISBN 978-7-5657-0897-8/G·0897　　**定　价**　58.00元